财智睿读

国家级一流本科课程配套教材

会计学

（第二版）

主　编　王爱国　潘秀芹　李爽
副主编　李秀玉　袁玉娟

中国财经出版传媒集团
经济科学出版社
Economic Science Press
·北京·

图书在版编目（CIP）数据

会计学/王爱国，潘秀芹，李爽主编．--2版．
北京：经济科学出版社，2024.6．--（国家级一流本
科课程配套教材）．--ISBN 978-7-5218-5989-8

Ⅰ．F230

中国国家版本馆CIP数据核字第2024BY4723号

责任编辑：冯　蓉
责任校对：隗立娜
责任印制：范　艳

会计学（第二版）
KUAI JI XUE（DI ER BAN）
王爱国　潘秀芹　李　爽　主编
李秀玉　袁玉娟　副主编
经济科学出版社出版、发行　新华书店经销
社址：北京市海淀区阜成路甲28号　邮编：100142
总编部电话：010-88191217　发行部电话：010-88191522
网址：www.esp.com.cn
电子邮箱：esp@esp.com.cn
天猫网店：经济科学出版社旗舰店
网址：http://jjkxcbs.tmall.com
北京季蜂印刷有限公司印装
787×1092　16开　19印张　350000字
2024年6月第2版　2024年6月第1次印刷
印数：0001—8000册
ISBN 978-7-5218-5989-8　定价：56.00元

前　言

1962年6月23日，中共中央在批转财政部党组和中国人民银行党组《关于全国会计工作会议情况的报告》时指出："办经济离不开会计，经济越发展，会计越重要。"党的二十大报告明确提出以中国式现代化全面推进中华民族伟大复兴，要求构建高水平社会主义市场经济体制，作为党和国家监督体系主要支柱之一的财会监督，在推进中国式现代化和高质量经济发展过程中无疑发挥不可或缺、无可替代的重要作用。会计之所以重要，是因为自诞生以来，它就担负起"治理"这一重任。《吴越春秋》载：禹"三载考功，五年政定，周行天下，归还大越。……乃大会计治国之道"。可以说，大禹开创的"大会计"模式，确立了几千年来会计在治国理政中的地位。自中国共产党建党起，红色会计有力促进了新民主主义革命的胜利，并为革命胜利后的社会主义经济建设打下了坚实的基础，也为中国式现代化道路奠定了社会与政治基础。市场经济时代对会计提出了更高的要求；会计不仅担负着激励市场主体高效参与市场竞争的职责，更通过政府会计的有效运作，规范着政府行为，从而将"有为的政府"与"有效的市场"有机结合起来。因此，对会计职能及其运作方式的理解，既是理解中国革命胜利的重要视角，也是理解现代市场经济的基础。

本书是"国家级一流本科课程配套教材"之一，为高等院校经济类、工商管理类（非会计专业）和其他经济管理类专业学习会计学而定制的立体化会计教材，也可供财会、经管人员在业务学习中使用。在体例上，改变了传统会计教材以经济业务为起点、以报告编制为终点的编写模式，改为以会计逻辑为基础，以财务报告及其简要分析作为编写起点，以报告框架引导经济业务的核算、会计数据的采集、流转与应用，贯彻了"问题导向"的研究和学习思路，并在每个章节中增加了相关思政案例，突出了教材所蕴含的思政元素。每章章前均有学习目的与要求，章后有内容小结及案例分析。本教材所选案例内容丰富，既包括展现历史的“红色会计”案例，又包括上市公司的真实案例，可有效引导学生拓展思路。在教材形态上，借助现代信息技术，将教学内容、教学计划、教学资源和数字化教学支持服务等以多种媒介、多种形态、多个层次进行整合，打造具有灵活性、开放性和动态性的立体化、数字化教材。

本书编写提纲由教育部会计学专业教学指导委员会委员、山东省高等学校工商管理类专业指导委员会主任委员（含：农林经济管理专业）、山东财经大学会计学院原院长、博士生导师王爱国教授和山东财经大学会计学院会计系的部分同志讨论商定的。由王爱国教授、潘秀芹副教授和李爽教授担任主编，李秀玉副教授、袁玉娟副教授担任副主编。各章分工如下：第一章由王爱国编写，第二章由潘秀芹编写，第三章由李秀玉、李爽编写，第四章由李秀玉、潘秀芹编写，第五、第六章由李爽编写，第七章由袁玉娟编写，第八章由潘秀芹编写，最后由王爱国总纂。

教材另有配套的《〈会计学〉习题与案例（第二版）》，供学习中进行章节测试、期末测试及快速复习使用。除以上教学设计外，还配套了丰富的线上资源，在中国大学慕课平台和学习强国上都有相应的视频、课件、在线测试等资源，已运行多个学期，受众已达上万人。正文中，各章节针对重要的知识点，也配有线上视频讲解。读者可扫描二维码获取线上资源，参与在线学习。

在教材编写过程中，我们进行了多次讨论，力求内容编排合理；考虑不周、表达不当之处，敬请读者批评指正。

编　者

2024年5月28日

教师教学资源使用指南

本教材为立体化教材，配有（1）配套习题册；（2）中国大学慕课线上视频、课件、章节测试、线上期末测试等；（3）学习强国线上免费视频资源等。

一、《会计学（第二版）》样书申请

教师可扫描“财智睿读服务”二维码，关注微信公众号“财智睿读服务”，申请免费样书。

二、《〈会计学〉习题与案例（第二版）》样书申请

《会计学（第二版）》另有配套的《〈会计学〉习题与案例（第二版）》，供学习中进行章节测试、期末测试及快速复习使用，教师可扫描“财智睿读服务”二维码，关注微信公众号“财智睿读服务”，申请免费样书。

三、相关知识点视频资源

教材中相关知识点内容可直接微信扫描正文中各章节右侧二维码，获取视频资源。

四、中国大学慕课线上资源

微信扫描“中国大学慕课平台”二维码，可获取线上同步授课视频、章节测验、期末测验、课件等资源（每学期教师团队线上答疑）。

五、学习强国线上视频

打开学习强国 App，按照“教育—大学慕课—管理学门类”即可查询到山东学习平台的《会计学（第二版）》课程视频。

财智睿读服务　　中国大学慕课平台

目 录

二维码目录

线上视频目录

第一章　会计学概论

（1）生活中的会计；（2）会计发展史；（3）财务报告的目标；（4）会计基本假设；（5）会计对象；（6）会计静态要素；（7）会计动态要素；（8）会计基础；（9）会计计量属性

第二章　会计核算方法

（1）经济业务的种类；（2）会计科目和账户；（3）古老而又崭新的方法－借贷记账法；（4）借贷记账法——习题分析；（5）存在纠错的机制吗－试算平衡；（6）认识会计凭证；（7）填制原始凭证；（8）填制记账凭证；（9）认识账簿；（10）填制会计账簿

第三章　流动资产

（1）库存现金；（2）银行存款及其他货币资金；（3）应收票据和预付账款；（4）应收票据贴现；（5）应收账款与其他应收款；（6）交易性金融资产1；（7）交易性金融资产2；（8）增值税的讲解；（9）取得存货的核算：以原材料为例；（10）存货发出的核算：以原材料为例

第四章　固定资产与无形资产

（1）固定资产增加的核算：以外购为例；（2）自行建造和接受投资固定资产的核算；（3）固定资产折旧的核算；（4）固定资产折旧的计算方法；（5）固定资产后续支出的核算；（6）固定资产处置的核算；（7）无形资产增加的核算：外购和接受投资；（8）自行研发无形资产的核算；（9）无形资产摊销和处置的核算；（10）财产清查的程序和方法；（11）银行存款的清查；（12）财产清查结果的会计处理

第五章　负债

（1）短期借款；（2）应付账款、应付票据和合同负债；（3）应付职工薪酬；（4）应交税费；（5）长期借款；（6）实收资本和资本公积

第六章　收入、费用和利润

（1）收入的定义；（2）收入的确认；（3）收入核算的账户设置；（4）收入的核算1；（5）收入的核算2；（6）生产费用的核算；（7）期间费用的核算；（8）利润的形成；（9）利润的结转；（10）利润的分配

第七章　财务报告

（1）财务报告概述；（2）资产负债表；（3）利润表；（4）现金流量表和所有者权益变动表

第八章　会计循环和账务处理程序

（1）会计循环；（2）记账凭证账务处理程序；（3）科目汇总表账务处理程序；（4）多栏式日记账账务处理程序汇总记账凭证账务处理程序

第九章　会计机构及会计职业道德

（1）会计机构；（2）会计职业道德1；（3）会计职业道德2

说明：“学习强国”的线上视频是上述目录的全部视频；“中国大学慕课平台”每学期会根据当学期时间安排，有所调整。

第一章　会 计 导 论

学习目的与要求

了解会计的历史，掌握会计的概念、特征和对象；掌握会计概念框架，包括会计目标、基本前提、财务信息质量、会计要素、会计确认、计量与报告等；掌握会计恒等式，以及会计要素、会计等式与财务报表的关系。

第一节　会计的意义

一、会计的沿革

会计是人类社会生产发展到一定历史阶段的产物。学习会计，不仅要熟知它的现状，还要了解它的历史渊源和演进过程，做到“知其然，知其所以然”。正如恩格斯所言，“历史从哪里开始，思想进程也应当从哪里开始，而思想进程的进一步发展不过是历史过程在抽象的、理论上前后一贯的形式上的反映”。①

会计发展史

会计有着悠久的历史，其萌芽可以追溯到石器时代的“结绳记事”“刻符记事”“绘图记事”。山东嘉祥东汉武梁祠浮雕上刻有“伏羲仓精，初造王业，画卦结绳，以理海内”的文字②，可为佐证。《易经·系辞下》云：“上古结绳而治，后世圣人易之以书契。百官以治，万民以察。”《周易郑康成注》曰：“结绳为约，事大，大结其绳，事小，小结其绳。”结绳记事兼具“契”

---

① 马克思恩格斯文集（第二卷）[M]. 北京：人民出版社，2009：603.

② 朱锡禄. 武氏祠汉画像石 [M]. 济南：山东美术出版社，1998：103.

和“约”的法律表意功能，如同简单刻记一样，表现了会计萌芽阶段的形态，可以说中外皆然。玛雅文明中也有过结绳记事的做法。古代秘鲁的国王，专门设立一种官职（quipu camayas），结有色的绳为记录（quipu），每年送存首都以备存考①。

在中国，目前所见“会计”一词的最早记载是在西周时期。《周礼·天官》中记载：“司会掌邦之六典、八法、八则……而听其会计。”而“司会”就是当时“掌国之官府郊野县都之百物财用”的会计机构，主要职责是“以九贡之法，致邦国之财用。以九赋之法，令田野之财用。以九功之法，令民职之财用。以九式之法，均节邦之财用。”并“以参互考日成，以月要考月成，以岁会考岁成。”战国时期《孟子·万章》中又记载：“孔子尝为委吏矣，曰：‘会计当而已矣’。”东汉许慎在《说文解字》中称：“会，合也。……计，会也，算也。”清代焦循在《孟子正义》中更明确地指出：“会，大计也。然则零星算之为计，总合算之为会。”不过，需要指出的是，焦循的解释也只是一种个人观点，“会计”一词的释义并非只有一种。

随着人类社会生产的发展，会计得到了进一步的发展和完善。自春秋战国到秦，《礼记·王制》中所讲的“量入以为出”的“上计”报告制度为统治者继承，“籍书”（亦称“簿书”）开始出现，“入”和“出”也被作为一种记录符号来使用。在汉代，“上计簿”已经成为核算国家财政收支的重要会计工具。至迟到战国末期，已经形成以“收入”“支出”和“结余”为要素的“三柱清册”结算法。例如，在2002年出土的里耶秦简中，有一枚公元前213年的木简，上记载：“迁陵已计，卅四年余见弩臂百六十九。凡百六十九。出弩臂四，输益阳。出弩臂三，输临沅。凡出七。今九月见弩臂百六十二。”到了唐朝中期逐渐发展成为以“旧管”“新收”“开除”和“实在”为要素，以“旧管＋新收＝开除＋实在”为等式的“四柱清册”结算法。

唐宋时期，四柱结算法已流行于民间。敦煌出土文献中有大量资料可以佐证。如唐后期沙洲净土寺所编制的年终会计结算账单，就已运用该法。两宋时期有不少包含会计内容的诗词流传，说明会计已渗入日常生活。如北宋黄庭坚的《赠李辅圣》诗云：“旧管新收几妆镜，流行坎止一虚舟。”南宋辛弃疾的《雨中花慢》中有“怅溪山旧管，风月新收。”《西江月》云：“早趁催科了纳，更量出入收支。乃翁依旧管些儿，管竹管山管水。”甚至那些不为我们重视的“番邦”，都已熟练运用四柱结算法。《全辽志·卷二·马政志》

① 李守常．原人社会于文字书契上之唯物的反映//李守常．史学要论［M］．石家庄：河北教育出版社，2000：202.

载："辽东苑马寺设于永乐四年，原辖升平、新吕、辽河、长平、安市、永宁等六监。每监各属四苑，共苑二十有四……随将合应马匹唱名俵给一应比较，点报各注旧管、新收、开除、实在，其年终具册送部并缴精征咸如例焉。"

明清之际（16、17 世纪），中国社会出现一股重商潮流，如大商人资本的兴起、市镇勃兴、工场手工业的出现等。交易的复杂化推动着会计的变革，山西商人创造出一种当时比较先进的记账方法，把全部账目划分为"进""缴""存""该"四大类，并运用"进 - 缴 = 存 - 该"的平衡式检验账目、计算盈亏、编制"进缴表"和"存该表"，且两表计算得出的盈亏数应当相等，称之为"合龙门"[①]。

同时期的欧洲，早已发生会计的变革，最具代表性的当属威尼斯的复式记账法（double entry bookkeeping）。这一方法由 15 世纪欧洲最著名的数学家卢卡·帕乔利在《算术、几何、比及比例概要》（1494）中总结，先后被译为荷兰文、德文、法文、英文、俄文传遍整个欧洲，后又传至世界各地。《概要》是百科全书式的意大利文巨著，对于当时的数学知识和商业应用知识，巨细靡遗收录其中。该著的第三卷第九部第十一篇题为"计算与记录要论"[②]，详细介绍了流行于威尼斯的会计方法，也就是至今日仍通行于全球的借贷复式记账法。

西方的复式记账法在清明开始传入中国。1905 年，湖北官书局出版了蔡锡勇、蔡璋编写的《连环账谱》，这是中国最早介绍西式簿记的书。民国时期（1912 ~ 1949 年），爱国学者为中国前途计，借鉴引进了西方发达国家的会计法律制度，直接推动了国民政府的会计立法进程。1912 年初，南京临时政府制定《会计法草案》；1914 年，北洋政府发布中国历史上第一部会计法——《民国三年会计法》，该法系以日本会计法为蓝本拟定而成。1927 年，南京国民政府颁布了《财政部会计则例》，1931 年开始实行"超然主计制度"，并改

① 学界一般认为，"龙门账"是中式复式簿记的典型方式，并多以举例方式说明"进""缴""存""该"及"合龙门"的方式。但史籍文献中提及"龙门账"者并不多见。甚至在中国著名的本土会计师徐永祚先生的《改良中式簿记概说》中，也未见有关"龙门账"的讨论。关于"龙门账"的历史叙事，国内外都有学者提出不同意见（如赵丽生，2006；Hoskin et al.，2014；等等）。有关"龙门账"的问题，也一直是会计史学界及有关方面关注的重要议题。对此，我们需要获得更多确凿的证据，做进一步研究。至于学者们经常提到的在龙门账基础上所形成的"三脚账""四脚账"，此处就不再讨论了。（可参考：赵丽生．龙门账的创建问题——中国会计学界的一个悬案［J］．会计之友，2006（12）：4 - 6，以及 Hoskin K.，Ma D.，Macve R. H.．A Genealogy of Myths bout the Rationality of Accounting in the West and in the East［J］．SSRN Electronic Journal，2014．）

② 这部分内容曾被美国学者译成英文，另附卢卡·帕乔利的生平及写作背景一并出版。中文版请见：卢卡·帕乔利．簿记论［M］．林志军，等，译．上海：立信会计出版社，2009.

审计院为审计部，进一步提高了政府审计的独立性。民国时期，社会审计和会计教育事业发展迅速。1918 年，谢霖在北京创办了中国第一家会计师事务所——正则会计师事务所。1924 年，商务印书馆出版了潘序伦编写的英文版《簿记与会计》和《公司财政》；1927 年，潘序伦会计师事务所创立，翌年更名为立信会计师事务所，并举办各种会计补习班；1937 年，潘序伦正式创立立信会计专科学校，从此掀起了全面介绍、学习和应用西式会计的新高潮。在这一时期，潘序伦、顾准等与徐永祚发起了关于“中式簿记前途”的论战，引起了社会的广泛关注。

中国共产党自成立以来就一直重视会计事业。大革命失败后，中国共产党探索出一条“农村包围城市”的正确道路。在几十年艰苦卓绝的革命岁月里，红色会计在“为人民理财”这一理念指导下，成功地维护了广大人民群众的切身利益，保障了红色政权建设和革命战争的最终胜利。从 1931 年的《人民委员会训令财字第 2 号——统一财政、编制预算决算制度》、1934 年的《中华苏维埃共和国中央政府执行委员会审计条例》到 1949 年东北总会计局成立，从预算会计、军队财政会计、税务会计到支前会计、粮秣会计、被服会计，无不反映出红色会计鲜明的时代特征。历史地看，红色会计制度建设为根据地培养了大批合格的财经干部，成功地“唤起工农千百万”，也为新中国的会计制度建设奠定了基础。

新中国成立初期，为了适应高度集中的计划经济模式，我国借鉴和引进苏联的会计核算模式，后来虽有所中国化，但基本内容和结构一直沿用至 20 世纪 80 年代末。1992 年，党的十四大正式确立建设社会主义市场经济体制的伟大目标，对旧会计模式的改革提上日程。为了吸引外资、进一步地改革开放，实现中国会计与国际会计惯例的接轨，1992 年 11 月财政部颁布了《企业会计准则》和《企业财务通则》（以下简称“两则”），正式掀开了中国会计国际化的新一页。2006 年 2 月，随着 1 个基本会计准则和 38 个具体会计准则的颁布，意味着一个既有中国特色又体现国际会计惯例的创新型会计模式的正式诞生，标志着我国会计制度已基本实现了与国际会计标准的实质性趋同。2011 年，财政部发布《小企业会计准则》，以取代原《小企业会计制度》。2014 年，财政部发布了《企业会计准则第 39 号——公允价值计量》《企业会计准则第 40 号——合营安排》和《企业会计准则第 41 号——在其他主体中权益的披露》三项具体准则；2017 年发布了《企业会计准则第 42 号——持有待售的非流动资产、处置组和终止经营》；与此同时，财政部还对某些不适应社会主义市场经济体制的部分准则条款进行了修订①。至此，中国的《企业会计准则》与《国际财务报告准则》的趋同程度进一步加强。

二、会计的概念

会计是什么呢？

根据《说文解字》的解释："会，合也。……计，会也，算也。"清代焦循在《孟子正义》中也讲过："会，大计也。然则零星算之为计，总合算之曰会。"然而，依据会计发展的历史，会计是人类社会发展到一定历史阶段的必然产物，是随着生产力的发展而发展、生产关系的变革而变革的。会计一开始只是"生产职能的附带部分"，在"生产时间之外附带地把收支及支付日期等记载下来"，后来才从"生产职能中分离出来，成为特殊的、专门委托的当事人的独立职能……"②"在记账时，每时每刻把商品转化为价值符号，抛开商品的底料和它们所具有的一切自然属性，只把它们当作交换价值登记下来"③。但是，具体到我国，在我国站起来、富起来、强起来的不同历史阶段，会计又有不同的理解。

1949 年新中国成立到 20 世纪 80 年代末，受苏联"会计核算（也叫作会计或簿记）是在完成国民经济计划的各个部门中反映和监督经济活动的方法"（马卡洛夫，1957）观点的影响，我们一般把社会主义会计定义为"反映和监督生产过程的一种方法，是管理经济的一个工具"。

1978 年，党的十一届三中全会胜利召开，确立了"以经济建设为中心"的党的工作重点，"会计是一种方法""会计是一种工具"的观点受到质疑，杨纪琬、阎达五（1980）指出："会计是人们管理生产过程的一种社会活动……，会计不仅仅是管理经济的工具，它本身就具有管理职能。"同一时期，余绪缨

① 比较重要的修订如下：
2014 年修订了《企业会计准则——基本准则》《企业会计准则第 9 号——职工薪酬》《企业会计准则第 30 号——财务报表列报》《企业会计准则第 33 号——合并财务报表》《企业会计准则第 2 号——长期股权投资》《企业会计准则第 37 号——金融工具列报》；2017 年修订了《企业会计准则第 22 号——金融工具确认和计量》《企业会计准则第 23 号——金融资产转移》《企业会计准则第 24 号——套期会计》《企业会计准则第 37 号——金融工具列报》《企业会计准则第 16 号——政府补助》和《企业会计准则第 14 号——收入》；2018 年修订了《企业会计准则第 21 号——租赁》；2019 年修订了《企业会计准则第 12 号——债务重组》《企业会计准则第 7 号——非货币性资产交换》；2020 年修订了《企业会计准则第 25 号——保险合同》。

② 马克思．资本论（第二卷）[M]．北京：人民出版社，1975：151.

③ 马克思．政治经济学批判大纲（第 1 分册）[M]．北京：人民出版社，1973：99.

（1983）指出：“应把会计看作是一个信息系统，它主要是通过客观而科学的信息，为管理提供咨询服务”；葛家澍等（1983）也撰文指出：“会计旨在提高企业和各单位活动的经济效益，加强经济管理而建立的一个以提供财务信息为主的经济信息系统”；杨时展（1992）则撰文强调：“现代会计是一种以认定受托责任为目的，以决策为手段，对一个实体的经济事项按货币计量及公认原则和标准，进行分类、记录、汇总、传达的控制系统。”从此，在我国学术界出现了较长时间的会计信息论、会计管理论和会计控制论之争。

现在看来，会计是一个信息系统的观点为人们所普遍接受。从信息论和系统论角度理解，信息和系统是普遍的客观存在。信息是系统所传输和处理的对象，这些信息可以是经济性的，也可以是非经济性的；其中，经济性的信息又可以进一步区分为货币性和非货币性的。作为一个信息系统，会计处理和传递的主要是货币性经济信息，或者说是经济活动中可用货币表现的方面。从这个角度，我们可以把会计概括为是一个货币性经济信息系统。

换个角度，一方面从企业本质和企业管理角度理解，会计是一项管理活动，是企业管理中不可或缺的一项重要工作；另一方面从公司治理和控制论角度来看，会计也是衡量和交卸企业管理当局经管受托责任的一种控制系统。诚然，在信息社会，无论参与企业管理，还是交卸受托责任，会计主要还是通过提供会计信息来实现的，这也是现代社会尤其是市场经济健康、有序和理性发展的必然要求。

会计能做什么呢？

马克思曾经说过：“过程愈采取社会的规模，愈失去纯粹个人的性质，簿记——当作生产过程的控制和观念总结——就愈成为必要。所以，簿记对于资本主义生产，比它对于手工业经营及自耕农经营的分散的生产，更为必要；它对于社会共同的生产，又比它对于资本主义生产，更为必要。”[①] 这里马克思所说的簿记就是今天的会计，所讲的社会共同的生产就是指以公有制为基础的社会化大生产。不难看出，这段话至少有两层含义：一方面会计不仅不会消亡、不会退出历史舞台，反而会随着社会发展越来越重要，“经济越发展，会计越重要”；另一方面会计的基本职能，一是“对生产过程的控制”，即监督或控制，二是“对生产过程的观念总结”，即反映或核算。由此我们可以认为，会计的基本职能是反映和监督或者核算和控制。在当今社会，一般采用后者，即将会计的基本职能理解为核算和控制。

需要说明的是，会计的职能属于管理职能范畴，而不是生产职能。会计

① 马克思．资本论（第二卷）［M］．北京：人民出版社，1975：152.

职能是与管理职能相契合的，呈现多层次、多元化特征。管理有很多职能，至少包括预测、决策、预算、控制、指挥和考评等，会计也应该有这些方面的职能，只不过在会计发展的不同阶段各有侧重而已。也就是说，会计职能会随着人类社会的发展和人们认知水平的提高而不断地赋能发展。当然，会计的基本职能是一成不变的，因为它是会计内在所固有的矛盾关系的本质体现，是会计这一事物区别于其他事物的重要特质。

综上所述，我们认为，在市场经济和技术变革高度发达的今天，会计是一项管理活动，是一项旨在提供会计信息和其他经济信息的经济管理活动。习惯上，我们把向企业或其他类似组织的投资者、债权人等利益相关者提供会计信息和其他经济信息的会计称为财务会计，他们是专门为企业或其他类似组织外部管理服务的；我们把向企业或其他类似组织的决策和执行机构或部门提供会计信息和其他经济信息的会计称为管理会计，他们是专门为企业或其他类似组织内部管理服务的。前者侧重于会计核算，也就是记账、算账和报账，注重会计确认、会计计量、会计记录和会计报告；后者侧重于会计管理，也就是为企业管理或决策提供数据分析和辅助决策信息服务，注重会计分析、会计预算、会计控制和会计评价。以下我们讲的会计，如果没有特别说明的话，主要是指财务会计。

三、会计的特点

会计是一项管理活动，是一项有别于企业管理其他活动的特殊管理活动。其特殊性概括起来主要包括：

（一）以货币为主要计量单位进行会计核算和监督

定量尤其是货币计量是会计的根本特征。会计作为一项管理活动、一个企业管理系统中的经济信息系统，虽然需要对其核算和监督的内容进行定性，但是如果只有定性而没有定量，那就不能将其称为会计。现实生活中，定量单位有很多，如质量、体积、长度等实物量单位，小时、日、月、年等劳动量单位和人民币、美元、欧元等货币量单位。实物量单位能够反映财产物资的物理特征，但是只能计量某一种或同一类财产物资，而不能提供综合性的会计信息；劳动量单位能够反映经济活动所消耗的劳动时间，但是再生产过程中劳动耗费的计量就比较复杂。相反，货币量单位就可以综合反映不同种类的财产物资、不同性质的收入支出和不同内容的成本费用，以此全面、系统和总括地反映企业发生的错综复杂的各项经济活动和财务收支情况。因此，在市场经济环境中，会计必须以货币为主要计量单位进行综合的核算和监督。当然，这并不排斥实物量单位和劳动量单位，必要时还要借助它们进行辅助性计量。

（二）以实际发生的交易或事项为依据进行核算和监督

真实、可靠和如实反映是会计的基本特征。真实、可靠、客观是会计的灵魂，是会计信息发挥作用的前提、基础和关键。会计核算与监督的一切生产经营业务或财务收支活动必须是真实发生的、有凭有据的、合理合法的，不能是主观臆造或弄虚作假的。也就是说，会计所涉及的有关数据、资料、信息都要有出处、有凭据、有痕迹，都要合法、合规、合理，符合真实交易业务情况和国家法律、法规及政策要求。

（三）连续、系统、完整或全面地进行会计核算和监督

连续、系统、完整或全面是会计的重要特征。企业或其他类似经济组织所发生的生产经营或财务收支活动都是不间断的、连续的，各种数据资料纷繁复杂，需要会计进行连续、系统、完整或全面的核算与控制。所谓连续，就是按照经济业务发生的时间顺序加以反映；所谓系统，就是对各项生产经营业务或财务收支情况要进行科学分类，并进行相互联系的核算和监督，保持会计信息之间的勾稽关系；所谓完整或全面，就是对某一单位发生的所有经济业务或会计事项都要进行全面反映和控制，不得遗漏、重复和错误。

四、会计的对象

会计对象

会计对象是指会计核算和监督的内容。从马克思对会计是“对生产过程的控制和观念总结”的论述可以了解到，生产过程就是会计所要核算和控制的内容，就是会计最一般、最概括的对象。但是，具体到不同性质、不同类型的组织，会计对象又不完全一样。一般来说，组织可以划分为营利性和非营利性两大类。企业就是典型的营利性组织；政府就是典型的非营利性组织。

“企业”一词，源自英语中的“enterprise”，即企图持续性地冒险从事某项事业，后来引申为各种生产要素组合在一起，且相对持续性存在的独立经营组织或经营体。在当今社会，企业是依法设立的、以营利为目的的经济组织，自主经营、自我发展、自负盈亏是其基本特征。

按照不同标准，企业又有不同的分类。按照所有制形式，企业可以分为国有企业、民营企业、中外合资或合作企业和混合所有制企业等；按照生产

经营特点，企业可以分为工业企业、农业企业、商品流通企业、交通运输企业、建筑安装企业和餐饮服务企业等；按照出资方式和最终责任，企业可以分为独资企业、合伙企业和公司制企业等。需要说明的是，当今社会普遍存在的公司是企业的一种特殊形式。我国《公司法》中所规范的公司主要包括股份有限公司、有限责任公司、国有独资公司和一人有限责任公司。下面我们以工业企业为例来说明会计对象的具体内容。

工业企业主要是指从事产品生产和销售的那一部分企业。为了完成既定的生产与销售任务，工业企业必须拥有一定数量的资金，用于购建厂房、招募工人、采购材料和组织生产与管理，并及时将产品销售出去，实现资金的回笼。从资金流程看，工业企业的资金有一个由投入、循环与周转到退出的过程；从资金形态看，工业企业资金是经由货币资金、生产资金、产品资金、增加了的货币资金而周而复始运动的；从生产经营过程看，工业企业主要经历供应、生产和销售三个阶段。

在供应阶段，会计的对象主要是核算和监督工业企业的材料采购以及所形成的与供货单位的货款结算业务；在生产阶段，会计的对象主要是核算和监督工业企业的材料领取、加工生产以及产品形成与成本计算等业务；在销售阶段，会计的对象主要是核算和监督工业企业的产品销售以及所形成的与销货单位或销售渠道的货款结算业务。除此以外，会计还应反映工业企业与职工的薪酬、税务部门的税款、投资者的分红等方面的结算业务。凡此种种，不再一一列举。

现实生活中还有一类组织是不以营利为目的的，一般称为非营利组织，主要包括政府部门、事业单位和各种公益性组织。这些组织主要是提供公共产品或公共服务的，所需资金往往有特定的来源渠道，或者由政府财政拨付，或者接受社会各界捐赠，或者根据国家政策向社会或个人募集，并且资金的使用往往有指定的用途。因此，在这类组织的会计对象主要是核算资金的财务收支情况，保证资金来源和资金使用的合法性、合规性和公共性。

第二节　会计概念框架

会计概念框架是一个由会计目标和与之相联系的基本会计概念所组成的协调一致的概念体系。它是用来制定、完善会计准则和解释、指导会计实践的基本理论基础，包括会计目标、会计假设、会计要素以及会计确认、计量与报告和会计基础等主要内容。

一、会计目标

财务报告的目标

会计目标是会计活动想要达到的境地，或者通过会计工作所要实现的目的，包括基本会计目标和终极会计目标。前者也称直接会计目标，是指为企业的出资人或投资者、债权人或信贷者等利益相关者提供决策有用的会计信息和其他经济信息；后者也称间接会计目标，是指为提高企业经济效益和促进企业价值最大化。目前，关于会计目标的理论根源主要有两大学术流派。

受托责任观认为，由于企业资源或财产所有权和经营权的分离，致使受托者负有对资源或财产委托者解释、说明其活动及结果的义务。因此，会计目标就是要向企业资源或财产提供者，也就是委托者交卸资源或财产经营管理情况的受托责任，主要侧重于定期报告资本或财产的保值和增值情况。

决策有用观认为，基于市场经济中的理性经济人假设，为了便于会计信息使用者的价值预测或价值判断，会计目标就是要提供决策有用的会计信息，也就是应确认实际已经发生和虽然尚未发生但对企业已有影响的所有交易或事项，以满足会计信息使用者理性决策的需要。

当前，会计目标是侧重决策有用观的，是否考虑受托责任观，或者两种观点并重，在国际上一直存在争议。我国《企业会计准则——基本准则》（以下简称“基本准则”）第四条第一款规定：财务会计报告（又称财务报告或会计报告，下同）的目标是向财务报告使用者提供与企业财务状况、经营成果和现金流量等有关的会计信息，反映企业管理层受托责任履行情况，有助于财务会计报告使用者作出经济决策。

理论上，会计目标至少要回答谁需要会计信息，会计信息使用者需要哪些方面的会计信息、会计信息使用者的信息需求和会计应该提供什么样的会计信息、会计信息的质量特征三个方面的问题。

广义的，凡是能够影响企业目标的实现，或者能够被企业实现目标的过程所影响的任何个人或群体，也就是与企业存在利害关系的利益相关者，都是企业会计信息的使用者或者需求者。它至少包括现在及潜在的出资人或投资者、债权人或信贷者、员工、企业管理者、供应商、分销商、顾客、政府、社区、产业竞争者和生态环境以及其他利益相关者等。其中，最为重要的会计信息使用者应该是那些直接给企业提供资源（或财产）的出资人或投资者以及债权人或信贷者。我国“基本准则”第四条第二款规定：财务会计报告使用者包括投资者、债权人、政府及其有关部门和社会公众等。

当然，由于利害关系和利益诉求各异，不同会计信息使用者对企业会计信息的要求又是各不相同的。例如，投资者、信贷者、供应商等企业资源或财产提供者，他们所关心的一般是企业对所提供资源的利用决策是否可行、希望能够评估企业实现预期经营目标的程度，也就是更加关心资本保值和增值情况、希望预测未来要提供多少资源以及分析企业在资源上依赖他们的程度；再如，政府、顾客、员工等企业利益获得者，他们一般与企业保持长期的利益联系或者长期依附于企业，企业效益好坏直接关系着他们的切身利益，所以希望通过会计信息了解和掌握企业的效益和成本水平以及持续从企业获得利益的趋势。但是，基于信息成本的考虑，会计只能提供满足主要会计信息使用者共同需要的通用会计信息，而不能提供满足他们个别需要的特殊会计信息。

会计信息必须具有"决策有用性"，也就是必须能够帮助会计信息使用者就企业的现状和未来作出较为精确的预测或判断。会计信息的决策有用性是由若干质量特征来保证的。根据美国财务会计准则委员会（FASB，1980）的研究，这些质量特征构成了一个相对完整的层级结构。其中，与会计信息使用者相关的质量特征是可理解性和决策有用性；首要质量特征是相关性和可靠性，进一步地，前者又由预测价值、反馈价值和及时性来保障，后者则由如实反映、可验证性和中立性来保障；次级及交互作用的质量特征是可比性和一致性。另外，还要考虑收益大于成本这个普遍的约束条件和重要性这个信息确认的门槛。根据国际会计准则理事会（IASB，2018）的研究，会计信息质量特征应划分为基本和强化两个层次。其中，基本质量特征包括相关性和如实反映，前者由预测价值和证实价值组成，从企业角度的相关性要求是重要性，后者由完整性、中立性和避免重大错误组成；强化质量特征包括可比性、可验证性、及时性和可理解性。我国"基本准则"中没有明确提出会计信息的质量特征，只是具体提出了八项会计信息的质量要求，但是没有作出层级划分。详细内容如下：

（1）可靠性。是指会计信息不仅如实反映意在反映的交易或者事项，而且是不受个人情感影响的，即是完整的、可验证的和不偏不倚的。我国"基本准则"第十二条规定：企业应当以实际发生的交易或者事项为依据进行会计确认、计量和报告，如实反映符合确认和计量要求的各项会计要素及其他相关信息，保证会计信息真实可靠、内容完整。

（2）相关性。是指会计信息必须与其使用者决策所需要的信息密切相关，并有助于提高使用者的决策能力。我国"基本准则"第十三条规定：企业提供的会计信息应当与财务会计报告使用者的经济决策需要相关，有助于财务会计报告使用者对企业过去、现在或者未来的情况作出评价或者预测。

（3）可理解性。是指会计信息必须易于为使用者所理解、接受和把握，也就是表述要简明扼要、通俗易懂。我国“基本准则”第十四条规定：企业提供的会计信息应当清晰明了，便于财务会计报告使用者理解和使用。

（4）可比性。是指同一企业不同时期或者不同企业同一交易或事项间提供的会计信息要尽量一贯或者一致，以保持信息的纵向或者横向可比。我国“基本准则”第十五条规定：企业提供的会计信息应当具有可比性。同一企业不同时期发生的相同或者相似的交易或者事项，应当采用一致的会计政策，不得随意变更。确需变更的，应当在附注中说明。不同企业发生的相同或者相似的交易或者事项，应当采用规定的会计政策，确保会计信息口径一致、相互可比。

（5）实质重于形式。是指会计信息的形成要更加注重交易或者事项的经济实质，而不是仅仅依据它们的法律形式。我国“基本准则”第十六条规定：企业应当按照交易或者事项的经济实质进行会计确认、计量和报告，不应仅以交易或者事项的法律形式为依据。

在实际工作中，交易或事项的外在法律形式并不总能完全反映其实质内容。所以，会计信息要想反映其所拟反映的交易或事项，就必须根据交易或事项的经济实质，而不能仅仅根据他们的法律形式进行核算和反映。

例如，销售商品的售后回购，如果企业已将商品所有权的主要风险和报酬转移给购货方，并同时满足收入确认的其他条件，则销售实现，应当确认收入；如果企业没有将商品所有权上的主要风险和报酬转移给购货方，或没有满足收入确认的其他条件，既是企业已将商品交付购货方，销售也没有实现，不应确认为收入。

再如，以租赁方式取得的使用权资产，虽然从法律形式来讲企业并不拥有其所有权，但是由于租赁合同中规定的租赁期相当长，接近于该资产的使用寿命，租赁期结束时承租企业有优先购买该资产的选择权；在租赁期内承租企业有权支配资产并从中受益，所以，从其经济实质来看，企业能够控制其创造的未来经济利益，所以，会计核算上将以使用权资产视为企业的资产。

（6）重要性。是指会计信息对其使用者决策而言必须是相对重要的，也就是必须重要到足以影响使用者决策的科学性和准确性。我国“基本准则”第十七条规定：企业提供的会计信息应当反映与企业财务状况、经营成果和现金流量等有关的所有重要交易或者事项。

在评价某些项目的重要性时，很大程度上取决于会计人员的职业判断。一般说来，应当根据企业所处环境，从项目性质和金额大小两个方面加以判断。从性质来说，当某一事项有可能对经济决策产生一定影响时，就属于重要项目；从金额方面来说，当某一项目的数量达到一定规模时，就可能对决策产生影响。

（7）谨慎性。是指会计信息应遵循稳健主义原则来提供，也就是既不能过高预计资产或者收益，也不能过低预计负债或者费用。我国“基本准则”第十八条规定：企业对交易或者事项进行会计确认、计量和报告应当保持应有的谨慎，不应高估资产或者收益、低估负债或者费用。

企业的经营活动充满着风险和不确定性，在会计核算工作中坚持谨慎性原则，要求企业在面临不确定因素的情况下作出职业判断时，应当保持必要的谨慎，充分估计到各种风险和损失，既不高估资产或收益，也不低估负债或费用。例如，要求企业在资产负债表中判断资产是否存在减值的迹象。资产存在减值迹象的，应当估计其可收回金额。可收回金额的计量结果表明资产的可收回金额低于其账面价值的，应当将资产的账面价值减记至可收回金额，减记的金额确认为资产减值损失，计入当期损益，同时计提相应的资产减值准备，就充分体现了谨慎性要求。

需要注意的是，谨慎性并不意味着企业可以任意设置各种秘密准备，否则，就属于滥用谨慎性。

（8）及时性。是指会计信息的收集、加工和传递速度要快，要赶在会计信息使用者作出决策之前揭示或者披露。我国“基本准则”第十九条规定：企业对于已经发生的交易或者事项，应当及时进行会计确认、计量和报告，不得提前或者延后。

二、会计假设

会计假设是会计核算工作的前提条件。这些前提条件一般可以从会计核算工作的对象条件、存在条件、时间条件和手段条件四个方面去描述和理解。其中，对象条件，也就是会计主体假设，规定了会计核算活动的客体和空间范围；存在条件，也就是持续经营假设和时间条件，也就是会计分期假设，规定了会计核算的时间界限；手段条件，也就是货币计量假设，明确了会计方法与会计对象之间的必然联系。会计主体、持续经营、会计分期和货币计量等假设构成了一个相对完整有机的会计假设体系。缺少任何一个条件或假设，都将使会计核算活动失去之所以成为会计的规定性：没有一定对象或者客体的会计核算活动将是虚幻的；不在一定时间范围内进行的漫无边际的会计核算活动是毫无价值的；缺失必要手段或者方法支持的会计核算活动则一定是无法进行的。

会计基本假设

（一）会计主体假设

会计主体是指会计核算和控制的空间范围，也就是会计服务的对象，指的是某一特定单位的生产经营活动或者财务收支情况的过程和结果。会计核算和控制的对象，既不能漫无边际地扩大，也不能随心所欲地缩小。这些空间或者对象可以是法律上的独立主体，也可以是经济上相对独立的虚拟组织或者分支机构，包括企业、政府、事业单位和其他非营利组织等，但是典型的会计主体是企业。

会计主体前提的作用表现在：

第一，明确了会计处理与财务报告的空间范围。有了会计主体前提，会计处理的经济业务和财务报告才可以按特定的主体来识别，会计所讲的资产、负债、所有者权益、收入、费用等都是针对特定会计主体而言的，这样就很容易将企业的经济业务与所有者及其他利益团体的经济业务加以区分。

第二，确定了会计的独立性。会计应该站在企业的立场上，为企业全体所有者服务，而不应被企业某个所有者或企业以外的任何利益团体所操纵。

需要说明的是，会计主体并不一定是法律主体。作为法律主体是指在政府部门注册登记、有独立的财产、能够承担民事责任的法律实体，它强调企业与各方面的经济法律关系。而会计主体则强调企业的会计活动的空间范围，它是按照正确处理所有者等其他经济组织与企业本身的经济关系的要求而设立的。从会计实践看，会计主体与法律主体经常出现差异，如在企业集团内部，独立核算的母公司与子公司均是法律主体，但从企业集团整体来讲，本身并不是法律实体。从会计的角度来看，为了全面反映企业集团的经营活动和财务成果，就应将企业集团作为一个会计主体来对待，编制合并报表。

（二）持续经营假设

持续经营是指假定会计主体的生产经营活动或者财务收支过程能够永续地进行下去，即在可以预见的未来，不会停业，也不会大规模削减经营业务。唯有如此，我们在进行会计核算时，才能更加关注资产的使用价值而不是其本身的价值，按照合同或者契约的要求确认相关的负债、收入和费用。一旦企业宣告破产而清算，持续经营假设就不再适用，就需要按照企业清算的会计规定处理。我国“基本准则”第六条规定：企业会计确认、计量和报告应当以持续经营为前提。

（三）会计分期假设

会计分期是指将会计主体持续经营的生产经营活动划分成的一个个连续的、相对独立的“片段”。会计分期假设不仅以持续经营假设为前提，而且是持续经营假定的一个必要补充。因为只有这样，会计才能形成具体而有用的会计信息。明确会计分期前提对于会计核算有着重要影响。

第一，由于会计分期，产生了当期与其他期间的差别，从而出现了权责发生制和收付实现制的区别，进而出现了应收、应付、折旧、摊销等会计处理方法。

第二，由于定期提供信息的需要，会计上不得不对某些业务采用估计的方法来核算，使得会计信息受到主观因素的影响，从而影响了会计信息的质量。

在我国，会计年度自公历每年1月1日起至12月31日止。我国“基本准则”第七条规定：企业应当划分会计期间，分期结算账目和编制财务会计报告。会计期间分为年度和中期。中期是指短于一个完整的会计年度的报告期间，如半年、季度和月份。

（四）货币计量假设

货币计量是指会计核算要以货币为统一的主要的计量单位，记录和反映会计主体的生产经营活动或者财务收支情况。货币计量有两层含义：一是会计核算要以货币作为主要的计量尺度；二是假定币值是稳定的。我国“基本准则”第八条规定：企业会计应当以货币计量。

以货币作为统一的计量尺度是建立在币值不变的基础上的，因为对不同时点的货币金额进行汇总，必须以在不同时点上的货币等值为前提，否则，不同试点货币量的汇总就会失去意义。但是，在现实生活中，持续通货膨胀或币值波动已成为事实，建立在币值不变基础上的会计信息的真实性和有用性因此受到影响，如何解决币值变化对会计的影响，是会计界正在努力解决的一大难题。

在我国，企业会计通常以人民币为记账本位币。业务收支以人民币以外的货币为主的企业，可以选定其中一种货币作为记账本位币，但是编报的财务会计报告应当折算为人民币。在境外设立的中国企业向国内报送的财务会计报告，应当折算为人民币。

三、会计要素

会计要素是会计对象的具体化，表现为对会计对象具体内容的基本分类。其功用在于为会计核算和控制提供基本概念和指标形式。现实工作中，会计要素是会计报表的基本构成因素，因此，也称会计报表要素。我国“基本准则”第十条规定：企业应当按照交易或者事项的经济特征确定会计要素。会计要素包括资产、负债、所有者权益、收入、费用和利润。

（一）资产

会计静态要素

1. 资产的定义

资产是指企业过去的交易或者事项形成的、由企业拥有或者控制的、预期会给企业带来经济利益的资源。资产主要包括各种财产、债权和其他权利。资产是企业从事生产经营活动的物质基础，并以各种具体形态存在于生产经营过程之中。任何一个企业要进行正常的生产经营活动，都必须拥有一定数量和结构的资产。

2. 资产的特征

根据资产的定义，资产主要具有下列基本特征：

（1）资产预期会给企业带来经济利益。即资产具有直接或者间接导致现金和现金等价物流入企业的潜力。资产预期会给企业带来经济利益是资产最重要的特征。企业现在所拥有或控制的资源，既可以是有形的（如原材料、机器设备等），也可以是无形的（如专利权、商标权等），但它们都必须具有服务潜力，具有有用性的特点，通过有效利用，能够为企业带来未来经济利益。即资产必须具有交换价值和使用价值，没有交换价值和使用价值的物品，不能给企业带来未来经济利益，则不能作为企业的资产。前期已经确认为资产的项目，如果不能再为企业带来经济利益，也不能再确认为企业的资产。

（2）资产是企业拥有或者控制的资源。即资产作为一项资源，应当由企业拥有或者控制，具体是指企业享有某项资源的所有权，或者虽然不享有某项资源的所有权，但该资源能被企业所控制。企业享有资产的所有权，通常表明企业能够排他性地从资产中获取经济利益，可以按照自己的意愿使用或处置，其他企业、单位或个人未经同意，不能擅自使用本企业的该项资源。但企业是否拥有一项资源的所有权，并不是确认资产的唯一标准。对于一些特殊方式形成的资产，企业虽然不拥有其所有权，但能够实际控制的，同样表明企业能够从资产中获取经济利益，按照实质重于形式的要求，也应当将其作为企业的资产予以确认。所谓“实际控制”一项资源，从形式上看，意味着企业对该项资源具有实际经营管理权，能够自主地运用它从事生产经营活动，谋求经济利益；从实质上看，意味着企业享有与该项资源的所有权有关的经济利益，并承担着相应的风险。例如，企业以长期租赁方式取得的使用权资产，虽然从法律形式来看企业在租赁期内并不拥有其所有权，但由于租赁合同中规定了租赁期限，在租赁期内，承租企业有权支配该项资产并从中受益。因此，从经济实质来看，承租企业能够控制该项资产的使用并获取其所创造的未来经济利益。所以，在会计实务中，将该类资产视为企业的资产，并列示在企业的资产负债表中。

（3）资产是由于过去的交易或事项所形成的。即资产必须是现实的资产，而不能是预期的资产。它是企业在过去一个时期里已经发生的交易或事项所产生的结果，过去的交易或者事项包括购买、生产、建造行为。而未来的交易或事项以及未发生的交易或事项可能产生的结果，不属于现实的资产，不能作为资产确认。例如，企业计划在未来某个时点将要购买的设备，因其相关的交易或事项尚未发生，就不能作为企业的资产。

3. 资产的分类和内容

资产按其流动性不同，可以分为流动资产和非流动资产两大类。

流动资产是指满足下列条件之一的资产：（1）预计在一个正常营业周期中变现、出售或耗用；（2）主要为交易目的而持有；（3）预计在资产负债表日起一年内（含一年）变现；（4）自资产负债表日起一年内，交换其他资产或清偿负债的能力不受限制的现金或现金等价物。流动资产主要包括货币资金、交易性金融资产、应收票据、应收账款、其他应收款、预付账款、合同资产以及存货等。

非流动资产是指流动资产以外的资产，主要包括债权投资、其他债权投资、长期应收款、长期股权投资、其他权益工具投资、投资性房地产、固定资产、无形资产、长期待摊费用等。

4. 资产的确认条件

将一项资源确认为资产，首先应当符合资产的定义。除此之外，还需要同时满足以下两个条件：

（1）与该资源有关的经济利益很可能流入企业。根据资产的定义，能够带来经济利益是资产的一个本质特征，但在现实生活中，由于经济环境瞬息万变，与资源有关的经济利益能否流入企业或者能够流入多少，实际上带有不确定性。因此，资产的确认还应与经济利益流入的不确定性程度的判断结合起来。如果根据编制财务报表时所取得的证据证明与资源有关的经济利益很可能流入企业，那么就应当将其作为资产予以确认；反之，不能确认为资产。

（2）该资源的成本或者价值能够可靠地计量。可计量性是所有会计要素确认的重要前提，资产的确认同样需要符合这一要求。只有当有关资源的成本或者价值能够可靠地计量时，资产才能予以确认。在实务中，企业取得的许多资产一般都是发生了实际成本的，例如，企业购买或者生产的存货、企业建造的厂房或者购置的设备等，对于这些资产，只要实际发生的购买成本、生产成本、建造成本能够可靠计量，就应视为符合了资产确认的可计量性条件。

只有符合资产定义和资产确认条件的项目，才能列入资产负债表；如果符合资产定义、但不符合资产确认条件的项目，不应当列入资产负债表。

（二）负债

1. 负债的定义

负债是指企业过去的交易或者事项所形成的、预期会导致经济利益流出企业的现时义务。

负债是企业筹措资金的重要渠道，但它不能归企业永久支配使用，必须按期归还或偿付。负债实质上反映了企业与债权人之间的一种债权、债务关系，它所代表的是企业对债权人所承担的全部经济责任或义务。

2. 负债的特征

根据负债的定义，负债主要具有下列基本特征：

（1）负债是由于过去的交易或者事项而形成的现时义务。即负债作为企业承担的一种义务，是由过去发生的交易或事项所形成的、企业在现行条件下已承担的义务。换言之，导致负债的交易或事项必须已经发生。例如，企业因赊购商品或劳务，才产生了向供应单位偿付货款或劳务价款的义务；企业因向银行借入资金，才产生了还本付息的义务等。只有已经发生的交易或者事项所形成的义务，会计上才能确认为负债。企业未来发生的交易或者事项所形成的义务，不属于现时义务，不应当确认为负债。例如，企业与其他单位签订的赊购商品合同，只是代表企业就未来的交易所达成的协议，但该交易尚未发生，企业就不能将其确认为一项负债。

（2）负债的清偿预期会导致经济利益流出企业。即企业现在所承担的负债，应根据原有的约定或承诺，在未来一定期间用债权人所能接受的资产或劳务予以清偿。预期会导致经济利益流出企业是负债的一个本质特征，只有企业在履行义务时会导致经济利益流出企业的，才符合负债的定义，如果不会导致经济利益流出企业的，就不符合负债的定义。负债在大多数情况下，需要用现金进行清偿；在某些情况下，也可以用商品和其他资产或者通过提供劳务的方式进行清偿；有些负债还可以通过举借新债来抵补（这种情况实际上是负债的展期）或通过转化为所有者权益来予以了结（这种情况相当于用增加所有者权益而获得的资源来清偿）。无论采用哪种方式清偿负债，企业都要付出相应的代价，从而导致经济利益流出企业，除非债权人放弃债权。

3. 负债的分类和内容

负债按其流动性不同（或偿还期限的长短），可以分为流动负债和非流动负债两大类。

流动负债是指满足下列条件之一的负债：（1）预计在一个正常营业周期中清偿；（2）主要为交易目的而持有；（3）自资产负债表日起一年内（含一年）到期应予以清偿；（4）企业无权自主地将清偿推迟至资产负债表日后一年以上。流动负债主要包括短期借款、交易性金融负债、应付票据、应付账款、其他应付款、预收账款、合同负债、应付职工薪酬、应交税费等。

非流动负债是指流动负债以外的负债，主要包括长期借款、应付债券、长期应付款等。

4. 负债的确认条件

将一项现时义务确认为负债，首先应当符合负债的定义。除此之外，还需要同时满足以下两个条件：

（1）与该义务有关的经济利益很可能流出企业。根据负债的定义，预期会导致经济利益流出企业是负债的一个本质特征。在实务中，履行义务所需流出的经济利益带有不确定性，尤其是与确定义务相关的经济利益通常需要依赖于大量的估计。因此，负债的确认应当与经济利益流出的不确定性程度的判断结合起来。如果有确凿证据表明，与现时义务有关的经济利益很可能流出企业，就应当将其作为负债予以确认；反之，如果企业承担了现时义务，但是导致经济利益流出企业的可能性已不复存在，就不应将其作为负债予以确认。

（2）未来流出的经济利益的金额能够可靠地计量。负债的确认在考虑经济利益流出企业的同时，对于未来流出的经济利益的金额应当能够可靠地计量。对于与法定义务有关的经济利益流出金额，通常可以根据合同或者法律规定的金额予以确定，考虑到经济利益流出的金额通常在未来期间，有时未来期间较长，有关金额的计量需要考虑货币时间价值等因素的影响。

符合负债定义和负债确认条件的项目，应当列入资产负债表；符合负债定义但不符合负债确认条件的项目，不应当列入资产负债表。

（三）所有者权益

1. 所有者权益的定义

所有者权益是指企业资产扣除负债后由所有者享有的剩余权益。公司的所有者权益又称为股东权益。

所有者权益反映了所有者对企业资产的剩余索取权，它是企业资产中扣除债权人权益后应由所有者享有的部分，既可反映所有者投入资本的保值增值情况，又体现了保护债权人权益的理念。

所有者或者股东在企业或者公司中所拥有的权利是多种多样的，比如投票表决权、利益分享权等，但是从会计角度讲，它们最关心的是分配现金和财产的权利、最终清算时对剩余资产的权利以及出售或者转让企业或者公司产权的权利，而这些权利的基础是它们与企业或者公司之间的产权关系，也就是出资比例或者持有股份的多少。基于这样的逻辑，所有者权益或者股东权益一般概括为投入资本和留存收益两大部分。前者是指由所有者或者股东以其拥有的财产直接或者购买股票等方式投入企业或公司，或者由其他方面投入企业或公司而其所有权属于所有者或者股东的资本；后者是指由企业或者公司通过生产经营活动实现的经营成果所形成的盈余，也就是留存于企业或者公司的未分配税后利润。

2. 所有者权益的构成

所有者权益的来源包括所有者投入的资本、直接计入所有者权益的利得和损失、留存收益等，通常由实收资本（或股本）、资本公积、其他综合收益、盈余公积和未分配利润构成。

所有者投入的资本是指所有者投入企业的资本部分，它既包括构成企业注册资本或者股本部分的金额，也包括投入资本超过注册资本或者股本部分的金额，即资本溢价或者股本溢价。前者计入了实收资本（或股本），后者计入了资本公积。

其他综合收益，是指企业根据会计准则未在当期损益中确认的各项利得和损失。

留存收益是指企业历年实现的净利润留存于企业的部分，主要包括累计计提的盈余公积和未分配利润。前者是指定用途、留在企业或公司的税后利润部分，后者是尚未指定用途、留在企业或公司的税后利润部分。需要说明的是，所谓利得是指由企业或者公司非日常活动所形成的、会导致所有者权益或者股东权益增加的、与所有者或者股东投入资本无关的经济利益流入；所谓损失是指由企业或者公司非日常活动所发生的、会导致所有者权益或者股东权益减少的、与向所有者或者股东分配利润无关的经济利益流出。

3. 所有者权益的确认条件

所有者权益体现的是所有者在企业中的剩余权益，因此，所有者权益的确认主要依赖于其他会计要素，尤其是资产和负债的确认，所有者权益金额的确定也主要取决于资产和负债的计量。例如，企业接受投资者投入的资产，在该资产符合企业资产确认条件时，就相应地符合了所有者权益的确认条件；当该资产的价值能够可靠计量时，所有者权益的金额也就可以确定。

（四）收入

1. 收入的定义

会计动态要素

收入是指企业在日常活动中形成的、会导致所有者权益增加的、与所有者投入资本无关的经济利益的总流入。企业取得收入，标志着企业为社会提供了物质产品或服务以及商品或劳务价值的实现，这不仅可以补偿生产经营过程中的各种耗费，而且能够实现价值的增值，从而为企业生产经营活动的持续进行和不断扩展提供基本条件。

2. 收入的特征

根据收入的定义，收入具有下列特征：

（1）收入是企业在日常活动中形成的。日常活动是指企业为完成其经营目标所从事的经常性活动以及与之相关的其他活动。例如，工业企业制造并销售产品、商业企业销售商品、保险公司签发保单、咨询公司提供咨询服务等，均属于企业的日常活动。明确界定日常活动，是为了区分收入与利得，收入产生于日常活动，而利得产生于非日常活动。

（2）收入是与所有者投入资本无关的经济利益的总流入。收入会导致经济利益的流入，但是在实务中，经济利益的流入有时是所有者投入资本的增加所导致的，所有者投入资本的增加不应当确认为收入，而是直接确认为所有者权益。

（3）收入表现为企业资产的增加或负债的减少，或两者兼而有之，最终会导致企业所有者权益的增加。例如，企业销售商品，收到现金或有权在未来收到现金，都会表现为资产的增加，如果企业销售的商品用来抵债，则表现为负债的减少，与收入相关的经济利益流入，则会增加企业的利润，最终导致所有者权益的增加。

3. 收入的构成

收入按企业经营业务的主次不同，可以分为主营业务收入和其他业务收入。其中，主营业务收入是指企业为完成其经营目标所从事的经常性活动实现的收入，例如，工业企业的主营业务收入主要包括销售产成品、自制半成品和提供工业性劳务等取得的收入，商品流通企业的主营业务收入主要包括销售商品所取得的收入，金融企业的主营业务收入主要包括贷款利息收入和办理结算所取得的手续费收入等，主营业务收入一般比较稳定，占企业收入的比重较大，对企业的经济效益具有较大的影响；其他业务收入是指企业为完成其经营目标所从事的与经常性活动相关的其他活动实现的收入，例如，工业企业的其他业务收入主要包括材料销售收入、包装物出租收入、固定资产出租收入、无形资产使用权转让收入以及提供非工业性劳务收入等，其他业务收入不十分稳定，一般占企业收入的比较小。就具体企业而言，主营业务收入和其他业务收入的划分标准，应根据该企业所处的行业及其经营的重心而定。

4. 收入的确认条件

企业应当在履行了合同中的履约义务，即在客户取得相关商品控制权时确认收入。取得相关商品控制权，是指能够主导该商品的使用并从中获得几乎全部的经济利益，也包括有能力阻止其他方主导该商品的使用并从中获得经济利益。（详见第七章）

（五）费用

1. 费用的定义

费用是指企业在日常活动中发生的、会导致所有者权益减少的、与向所有者分配利润无关的经济利益的总流出。

费用是与收入相对应而存在的，它代表企业为取得一定收入而付出的代价，或者企业为进行生产经营活动所发生的资源的牺牲。企业在销售商品、提供劳务等日常活动中，必然要发生各种耗费，包括原材料等劳动对象的耗费、机器设备等劳动手段的耗费和劳动力的耗费以及其他有关的各项支出等，这些耗费与支出就构成了企业的费用。

费用是一个与成本和支出密切相关的概念。成本和费用本质上都是支出。成本是对象化的费用；费用是已消耗的成本。

一般而言，成本是为实现一定的目的而作出的牺牲，是企业在生产经营过程中为争取实现预期经济效益所发生的各项支出。支出则泛指经济资源的丧失或放弃。企业之所以发生支出，无非是为了产出产品或购买商品并最终将其销售出去以获取收入。在制造企业，发生在供、产、销各个环节的支出，只有与购买材料、生产产品、销售商品等一定的具体目的相联系时，才能形成成本。就支出而言，凡是能够归属并且已经归属于某一具体受益对象的支出，我们习惯上称为成本，如材料采购成本、产品生产成本、商品销售成本等；凡是与具体对象无直接联系和尚未分配归属于某一具体对象的支出，则习惯上称为费用，如财务费用、管理费用、销售费用等。就成本而言，它的发生与收入的实现在时间上往往并不一致，我们把尚未实现收入和尚可继续提供效应的成本称为未耗成本，一般表现为各种资产；把已经实现收入不能再使企业在未来时期受益，也就是需要从已实现收入中得到补偿的成本称为已耗成本，一般表现为各种费用。

与计入利润的营业外收入等利得相对应，因发生固定资产盘亏、报废固定资产和罚没款项等与生产经营无直接关系的，也就是偶然或者特殊事项所发生的损失，一般称为营业外支出。

2. 费用的特征

根据费用的定义，费用具有以下特征：

（1）费用是企业在日常活动中发生的。关于日常活动的界定与收入定义中涉及的日常活动的界定相一致。日常活动所产生的费用通常包括营业成本（主营业务成本和其他业务成本）、销售费用、管理费用、财务费用等。将费用界定为日常活动中产生，是为了区分费用与损失，费用产生于日常活动，损失产生于非日常活动。

（2）费用是与向所有者分配利润无关的经济利益的总流出。费用的发生会导致经济利益的流出，但企业向所有者分配利润也会导致经济利益的流出，而该经济利益的流出属于所有者权益的抵减项目，不应确认为费用。

（3）费用表现为企业资产的减少或负债的增加，最终会导致企业所有者权益的减少。例如，企业发生的费用，如果以现金支付，表现为资产的减少，如果款项未付，表现为负债的增加，与费用相关的经济利益流出，则会减少企业的利润，最终导致所有者权益的减少。

3. 费用的构成

费用按其经济用途不同，可以分为营业成本和期间费用两大类。

营业成本主要是指已售商品成本，已售材料成本等。

期间费用是指企业发生的不能计入产品生产成本而应直接计入当期损益的费用，包括销售费用、管理费用和财务费用。其中，销售费用是指企业在销售商品过程中所发生的费用，如运输费、装卸费、包装费、保险费、展览费、广告费、商品维修费、预计产品质量保证损失以及专设销售机构的职工薪酬、业务费、折旧费等；管理费用是指企业行政管理部门为组织和管理生产经营活动所发生的各项费用，如企业在筹建期间内发生的开办费、行政管理部门的职工薪酬、办公费、差旅费、聘请中介机构费、咨询费、诉讼费、业务招待费等；财务费用是指企业为筹集生产经营所需资金等而发生的费用，如利息净支出、汇兑净损失以及相关的手续费等。

4. 费用的确认条件

费用的确认除了应当符合费用的定义外，还至少应当符合以下条件：（1）与费用相关的经济利益很可能流出企业；（2）经济利益流出企业的结果会导致资产的减少或者负债的增加；（3）经济利益的流出能够可靠地计量。

（六）利润

1. 利润的定义

利润是指企业在一定会计期间的经营成果。

利润是企业经济效益的体现。从企业的产权关系来看，企业实现的利润应归所有者享有，企业发生的亏损最终也应由所有者来承担。因此，利润的实现表现为所有者权益增加，而亏损的发生则表现为所有者权益减少。企业作为独立经营的经济实体，其生产经营的最终目的，就是不断增强获利能力，提高盈利水平。企业只有最大限度地获取利润，才能增强企业的发展后劲，提高员工的福利待遇，也才能为社会创造尽可能多的财富，为投资者提供尽可能高的投资报酬，为国家提供更多的积累资金，从而促进社会生产的不断发展。因此，利润不仅是社会主义市场经济条件下企业经营的主要目标，而且是评价企业管理层业绩的一项重要指标，同时也是投资者等财务报告使用者进行决策时的重要参考。

2. 利润的构成

利润包括收入减去费用后的净额、直接计入当期利润的利得和损失等。用公式表示为：

$$利润总额 = 收入 - 费用 + 利得 - 损失$$

其中，收入减去费用后的净额反映的是企业日常活动的经营业绩，直接计入当期利润的利得和损失反映的是企业非日常活动的业绩。直接计入当期利润的利得和损失，是指应当计入当期损益、最终会引起所有者权益发生增减变动的、与所有者投入资本或者向所有者分配利润无关的利得或者损失，其中，利得主要包括与企业日常活动无关的政府补助、盘盈利得、捐赠利得等；损失主要包括公益性捐赠支出、非常损失、盘亏损失、非流动资产毁损、报废损失等。企业应当严格区分收入和利得、费用和损失之间的区别，以更加全面地反映企业的经营业绩。

利润表中，单独列报的项目主要有营业利润、利润总额和净利润、其他综合收益的税后净额、综合收益总额和每股收益等。其中，营业利润是指企业在销售商品、提供劳务等日常活动中所产生的利润，包括主营业务利润和其他业务利润；利润总额是指企业在交纳所得税前的全部利润，它等于营业利润加上营业外收入，减去营业外支出后的金额；净利润是指企业在缴纳所得税后可供所有者支配的利润，它等于利润总额减去所得税费用后的金额。

3. 利润的确认条件

利润是根据收入、费用、利得、损失确定的，因此，利润的确认主要依赖于收入和费用以及利得和损失的确认，其金额的确定也主要取决于收入、费用、利得和损失金额的计量。

四、会计确认、计量和报告

我国“基本准则”第五条规定：企业应当对其本身发生的交易或者事项进行会计确认、计量和报告。

（一）会计确认

会计确认是指确定有关经济数据能否进入会计系统的初始工作，是会计核算和会计控制的第一步。具体是指将某一会计事项作为资产、负债、所有者权益、收入、费用、利润等会计要素正式加以记录和列入报表的过程。它至少要解决什么业务应该进入会计系统，以及进入会计系统的业务应该归属于哪个会计期间、涉及什么会计要素、金额是多少这四个基本问题。

会计确认贯穿会计工作始终，具体包括初始确认、后续确认和终止确认。初始确认是对会计记录的确认，是对交易或者事项进行审核、甄别和记录的会计行为；后续确认是对会计报表予以揭示或者披露信息的确认，就是要确定反映经济业务的信息应否和以何种口径列入会计报表以及列入哪种会计报表；终止确认是为了实现转移资产或者负债的如实反映，当企业丧失对资产的控制或者对负债不再承担现时义务时，应当终止确认。当然，在特殊情形下，有必要继续确认资产或者负债已转移的部分，并确认收取或支付相关利益产生的资产或者负债。

会计确认应遵循一定的标准。一般来说，一是要具有可定义性，即符合会计要素的定义，也就是能够为会计信息使用者提供资产、负债、所有者权益、收入、费用和利润变动的相关信息。二是要具有可计量性，即有确定的计量属性。如果计量方法单一且计量不确定性过高，就会影响信息的相关性。三是要具有可靠性，即能够如实反映或者忠实表述相关会计要素的变动情况。

如果资产或者负债虽然存在，但导致经济利益流入或者流出的概率并不高，也会使信息缺乏相关性。四是要具有相关性，即相应的会计信息能够增加使用者的决策“差别”。五是要具有经济性或者成本性，即符合效益成本原则。

（二）会计计量

会计计量是指对交易或者事项，按照一定单位，通过一定方法，个别或综合地赋予一个尽可能准确的数值的过程。它是由计量对象、计量属性、计量单位和计量时间等要素组成的。会计基本上是一种以货币单位为工具的计量过程。我国“基本准则”第四十一条规定：企业在将符合确认条件的会计要素登记入账并列报于会计报表及其附注时，应当按照规定的会计计量属性进行计量，确定其金额。

会计计量属性

会计计量的关键环节是如何选择计量属性。所谓计量属性是指在会计计量过程中所采用的计量基础，也就是计量对象，即会计对象及其具体化项目可用货币表现的数量方面。我国“基本准则”第四十二条规定：会计计量属性主要包括历史成本、重置成本、可变现净值、现值和公允价值。同时，第四十三条规定：企业在对会计要素进行计量时，一般应当采用历史成本，采用重置成本、可变现净值、现值、公允价值计量的，应当保证所确定的会计要素金额能够取得并可靠计量。

1. 历史成本

在历史成本计量下，资产按照购置时支付的现金或者现金等价物的金额，或者按照购置资产时所付出的等价的公允价值计量。负债按照其因承担现时义务而实际收到的款项或者资产的金额，或者承担现时义务的合同金额，或者按照日常活动中为偿还负债预期需要支付的现金或者现金等价物的金额计量。

2. 重置成本

在重置成本计量下，资产按照现在购买相同或者相似资产所需支付的现金或者现金等价物的金额计量。负债按照现在偿付该项债务所需支付的现金或者现金等价物的金额计量。

3. 可变现净值

在可变现净值计量下，资产按照其正常对外销售所能收到现金或者现金等价物的金额扣减该资产至完工时估计将要发生的成本、估计的销售费用以及相关税金后的金额计量。

4. 现值

在现值计量下，资产按照预计从其持续使用和最终处置中所产生的未来净现金流入量的折现金额计量。负债按照预计期限内需要偿还的未来净现金流出量的折现金额计量。

5. 公允价值

在公允价值计量下，资产和负债按照市场参与者在计量日发生的有序交易中，出售资产所能收到或者转移负债所需支付的价格计量。

（三）财务会计报告

财务会计报告（又称财务报告）是指通过编制会计报表及其附注对外揭示或者披露会计信息或其他经济信息的过程。所谓揭示是指在主要会计报表中列报会计信息的过程；所谓披露是指向会计报表使用者提供有用会计信息的过程。我国“基本准则”第四十四条规定：财务会计报告是指企业对外提供的反映企业某一特定日期的财务状况和某一会计期间的经营成果、现金流量等会计信息的文件。财务会计报告包括会计报表及其附注和其他应当在财务会计报告中披露的相关信息和资料。会计报表至少包括资产负债表、利润表、现金流量表和所有者权益变动表等报表。

另外，我国“基本准则”第四十五条规定：资产负债表是指反映企业在某一特定日期的财务状况的会计报表；第四十六条规定：利润表是指反映企业在一定会计期间的经营成果的会计报表；第四十七条规定：现金流量表是指反映企业在一定会计期间的现金和现金等价物流入和流出的会计报表；第四十八条规定：附注是指对在会计报表中列示项目所作的进一步说明，以及对未能在这些报表中列示项目的说明等。

五、会计基础

会计基础主要是指会计核算的基础，也就是会计核算时应该遵循的基本原则。我国“基本准则”第九条规定：企业应当以权责发生制为基础进行会计确认、计量和报告。

会计核算基础

权责发生制，又称应收应付制，是一种按照权利和责任是否转移或者发生来确认收入和费用归属会计期间的制度。它是配比收入和费用、确定利润或损失的制度基础。具体要求是：凡属本期已经实现的收入，不论其款项是否在本期收到，都应作为本期的收入处理；凡属本期应负担的费用，不论其款项是否在本期付出，都应作为本期的费用处理。反之，凡不属于本期的收入和费用，即使在本期收到或者付出了现金或款项，也不能作为本期的收入或费用处理。

在实务中，企业交易或者事项的发生时间与相关货币收支时间有时并不完全一致。例如，前期销售商品后期收回货款，或者前期预收货款后期销售实现；前期付款后期受益，或者前期受益后期付款等。因此，就需要确认这些收入和费用的归属期间。根据权责发生制的要求，收入的归属期间应是创造收入的会计期间，费用的归属期间应是费用所服务的会计期间。例如，企业销售商品，因而享有收取款项的权利，无论款项是否收到，都应该确认为该期间的收入，而对于已预收货款而尚未发出商品的交易，由于不具有收取货款的权利，因此不能确认为该期间的收入，而是作为一项负债，待以后期间发出商品，享有了收取货款的权利，才能确认为当期的收入；再如，企业本期因使用银行贷款而受益，就有了支付利息费用的责任与义务，无论利息费用是否在本期支付，都应该确认为本期的费用，而对于企业本期预付下期的仓库租金，尽管款项在本期支付，但由于本期并未受益，就不能确认为本期的费用，而应该在下期使用仓库时确认为费用。

我国的“基本准则”第九条规定：企业应当以权责发生制为基础进行会计确认、计量和报告。

与权责发生制相对应的是收付实现制，也称现收现付制。它是以实际收到或者支付款项为依据，进而确认收入和费用归属会计期间的一种制度。与权责发生制相反，其具体要求是：凡是本期已收到或者付出的现金或款项，不论其是否归属本期，都应作为本期的收入和费用处理；反之，凡是本期没有收到或者付出的现金或款项，都不能作为本期的收入和费用处理。

在我国，收付实现制主要运用于政府会计中的预算会计部分。

第三节 会计恒等式与财务报表

一、企业的性质

前面我们讲到会计对象时曾经指出，企业是依法设立的、以营利为目的的经济组织。这个组织，用古典企业理论来讲，是一个消耗各种生产要素的“生产集合”，它由集所有者和经营者于一身的管理者来指挥；用专业化协调理论来讲，是一个具有一定生产能力、完成一定生产任务的“生产实体”，它是社会分工、交换和协作的必然结果；用委托代理理论来讲，是一个追求投资者利润最大化的超级“生产集”，它不再由所有者亲自打理，而是由专门的职业经理人来管理；用交易成本理论来讲，是一个为节约市场交易费用而把外部交易内部化的组织，将边界之外的大量交易内部化，被视为是节约成本或费用的有效途径；在契约理论那里，是由一系列契约所构成的“契约联结”，它包括企业与所有者、债权人和其他利益相关者之间形成的所有契约；在产权理论那里，是一个由众多要素产权通过契约关系所形成的“产权集合”，其中企业所有者的权利主要表现为剩余索取权和剩余控制权。凡此种种，不再赘述。

现代意义上的企业，是指专门从事商品生产和商品交换，自主经营、自我核算、自负盈亏，具有独立法人资格的经济组织。我国《中华人民共和国民法典》第五十七条规定：法人是具有民事权利能力和民事行为能力，依法独立享有民事权利和承担民事义务的组织。第六十条规定：法人以其全部财产独立承担民事责任。第七十六条规定：以取得利润并分配给股东等出资人为目的成立的法人，为营利法人。营利法人包括有限责任公司、股份有限公司和其他企业法人等。也就是说，作为一个法人组织、一个营利法人组织，企业拥有一定数量的财产物资，不仅是从事生产经营活动的需要，而且也是独立承担民事法律责任的需要。问题是，这些财产物资并不是企业与生俱有的，而是企业在设立时由出资人投人，或者设立后作为法人组织从银行等金融机构借入以及在日常经营活动中暂借，或者从历年盈利结余中留存形成的。这些出资人或者所有者、债权人或者信贷者在将其拥有的财产投入或借给企业时，在形成企业财产的同时，自然形成了企业对这些资源或财产提供者所承担的经济利益关系。在会计上，我们把所形成的企业财产称为资产，相应地，把企业所承担的经济利益关系称为权益。这些资产和权益会随着企业生产经营活动和财务收支过程的变化而增减。

二、资产和权益的平衡关系

企业为了完成生产经营活动，必须拥有一定数量的资产，而取得或者拥有这些资产，必然会形成与之相对应的同等数量的权益。资产和权益反映企业从事生产经营活动所需要的财产物资，也就是其货币表现形式——资金，这同一个事物的两个不同的侧面，是从不同的角度观察和分析的结果。企业的资金总额，从其存在形态方面来说，就是该企业的资产总额；从其利益关系方面来说，就是企业的权益总额。换句话说，一方面，这些资金分布在企业生产经营活动的各个方面，表现为不同的资产存在形式；另一方面，这些资金又都来自企业的所有者和债权人，他们在对企业提供一定数量的资产的同时，又对企业存在一定数量的求偿权，即权益。在现实经济生活中，企业既不存在没有权益的资产，也不存在没有资产的权益。从某一时点上看，企业从事生产经营活动所拥有或者控制的资产总额，一定等于在取得或者形成这些资产时所对应的权益总额。我们把资产等于权益的这种平衡关系称会计等式。用公式表示如下：

资产 = 权益

由于企业的资产来自企业的所有者和债权人，他们与企业之间的经济利益关系也就是权益关系是不完全一样的。债权人是企业的债务权利人，对企业资产具有优先求偿权；所有者是企业的出资人或者投资人，只对企业净资产，也就是企业资产减去债权人求偿后的部分具有求偿权。为此，我们把企业对债权人的权益称为负债，把企业对所有者的权益称为所有者权益或者股东权益。会计等式扩展为资产等于负债加所有者权益。用公式表示如下：

资产 = 负债 + 所有者权益

三、经济业务对会计等式的影响

经济业务的种类

企业会经常不断地发生各种各样的经济业务。这些经济业务发生后所引起的资金运动无外乎资金进入企业、资金退出企业、资金在企业内部的循环周转和资金在企业权益方面的相互转化四种类型。下面我们通过这四种类型，举例说明企业经济业务发生对会计等式的影响。

假定泰山公司在 20×3 年 2 月 28 日的资产总额为 200 000 元，负债和所有者权益总额为 200 000 元。3 月又发生以上四种类型的经济业务，具体内容如下：

（1）从银行借入 50 000 元，期限半年，存入银行。

这是一笔资金进入企业的经济业务。在使银行存款这一资产增加 50 000 元的同时，使短期借款这一负债增加 50 000 元。这笔经济业务使资产和权益同时发生了相同数额的增加，资产总额和权益总额依然保持平衡。

（2）用银行存款上缴企业所得税 100 000 元。

这是一笔资金退出企业的经济业务。在使银行存款这一资产减少 100 000 元的同时，使应交税费这一负债减少 100 000 元。这笔经济业务使资产和权益同时发生了相同数额的减少，资产总额和权益总额依然保持平衡。

（3）用银行存款支付购买原材料款 10 000 元，材料已验收入库。

这是一笔资金在企业内部循环周转的经济业务。在使原材料这一资产增加 10 000 元的同时，使银行存款另一资产减少 10 000 元。这笔经济业务仅涉及资产内部的增减变化且增减金额相等，资产总额和权益总额依然保持平衡。

（4）将长期借款转化为企业投资，金额为 20 000 元。

这是一笔资金在企业权益方面相互转化的经济业务。在使长期借款这一负债减少 20 000 元的同时，使实收资本这一所有权权益增加 20 000 元。这笔经济业务仅涉及权益内部的增减变化且增减金额相等，资产总额和权益总额依然保持平衡。

上述经济业务所引起的该企业资产和权益的变动情况如表 1 – 1 所示。

表 1 – 1　资产和权益的平衡关系变动情况　单位：元

资产（期初数）	200 000	权益（期初数）	200 000
（1）	+50 000	（1）	+50 000
（2）	−100 000	（2）	−100 000
（3）	+10 000 −10 000		
（4）			−20 000 +20 000
资产（期末数）	150 000	权益（期末数）	150 000

从表 1 – 1 可以看出，四类经济业务发生后，企业的资产总额（150 000 元）和权益总额（150 000 元）还是相等的。因此，我们可以得出这样的结论：企业任何一项经济业务的发生，或者引起资产和权益两方以相等的金额同时增加或同时减少，或者引起资产或权益方面的至少两个相互关联项目以相等的金额一增一减。也就是说，企业发生的任何一项经济业务，尽管都会引起资产和（或）权益的增减变化，但是都不破坏资产和权益之间的平衡关系。正因如此，我们把资产等于权益或者资产等于负债加所有者权益的这一会计等式，称为会计恒等式。会计恒等式是设置账户、复式记账和编制资产负债表的理论依据。

四、会计等式的进一步解释

通过商品生产和商品交换，也就是通过不断地生产经营活动发生费用、获取收入、实现利润，是企业的主要甚至是唯一经济目的。企业在一定会计期间所实现的收入减去该期与之相匹配的费用以后的差额，就是企业该期实现的利润总额或者发生的亏损总额。用公式表示为：

收入 - 费用 = 利润或亏损

进一步地，由于企业是所有者投资设立的，企业实现的利润自然归属于所有者，表现为所有者权益的增加；相反，企业发生的亏损也自然由所有者负担，表现为所有者权益的减少。鉴于所有者权益可以视为资产减去负债的差额，也就是净资产。因此，会计等式可以动态地用公式表示如下：

资产 - 负债 = 所有者权益 + 利润（或者 - 亏损）

即，　　资产 - 负债 = 所有者权益 +（收入 - 费用）

移项后，得：

资产 + 费用 = 负债 + 所有者权益 + 收入

很显然，企业发生的费用在没有从实现的收入中得到补偿以前，是具有资产性质的；同理，企业实现的收入在没有抵偿相关费用、形成利润或亏损以前，是具有权益性质的。一旦企业在一定会计期间实现的收入与该期为实现收入所发生的费用相匹配，即计算出企业的利润或亏损总额后，会计等式又可以静态地表述为资产等于负债加所有者权益。用公式表示为：

资产 = 负债 + 所有者权益

由此可见，会计等式是企业资金运动的起点，也是企业经过一定时期的生产经营活动以后，企业资金运动的终点。资产、负债和所有者权益反映的是企业在特定日期净资产的存量情况，也就是企业的财务状况；收入、费用和利润或亏损反映的是企业在一定期间的净资产的增量情况，也就是企业的经营成果。换句话说，会计等式分别从静态和动态角度揭示了企业在某一特定日期的财务状况和特定会计期间的经营成果之间的相互联系。

五、会计要素、会计等式与财务报表的关系

会计要素是对会计对象及会计核算的具体内容进行的基本分类。会计的基本目标之一是为有关方面提供会计信息。企业向有关方面提供会计信息的工具或者会计信息的载体主要是财务报表。财务报表是综合反映企业财务状况和经营成果的书面文件。其中，财务状况是指企业某一特定日期的资产和权益情况，是资金运动相对静止状态时的表现。经营成果是指企业在一定期间内从事生产经营活动所取得的最终成果，是资金运动变动状态中的主要体现。企业编制财务报表的依据是日常会计核算资料，这就要求财务报表所反映的内容及其基本分类，应与日常会计核算保持一致；而日常会计核算对经济活动的分类，也应满足编制财务报表的要求。因此，会计要素既是会计核

算内容的基本分类，也是财务报表的基本构成要素。

为了满足会计信息使用者的要求，企业需要编制很多财务报表，但其基本财务报表主要是资产负债表、利润表。根据我国《企业会计准则》的规定，可以将六大会计要素划分为两组。第一组是反映企业财务状况的会计要素，包括资产、负债与所有者权益，也称为资产负债表要素。第二组是反映企业经营成果的会计要素，包括收入、费用与利润，也称为利润表要素。这两组会计要素又分别构成会计的第一等式和第二等式。其中第一组会计要素构成了反映企业某一特定日期财务状况的会计等式，即资产 = 负债 + 所有者权益。第二组会计要素的构成反映企业一定时期经营成果的会计等式，即收入 − 费用 = 利润。会计的第一等式和第二等式又分别成为企业编制资产负债表和利润表的理论依据，因此，会计的第一等式也称为资产负债表等式，会计的第二等式，也称为利润表等式。

资产负债表是反映企业在某一特定日期财务状况的财务报表，由于它反映的是企业某一时点的财务状况，因此也称为静态报表、财务状况表。资产负债表是根据“资产 = 负债 + 所有者权益”这一基本等式，按照一定的分类标准和次序，将企业在某一特定日期的全部资产、负债和所有者权益项目予以适当分类、汇总和排列，并对日常会计核算工作中形成的大量会计数据进行高度浓缩整理后编制而成的。资产负债表的一般格式如表 1 − 2 所示。

表 1 − 2　　　　资产负债表（简表）

编制单位：泰山公司　　　　20 × 3 年 1 月 31 日　　　　单位：元

资产	期末余额	负债与所有者权益	期末余额
流动资产：		流动负债	
货币资金	86 620	短期借款	160 000
应收账款	79 500	应付账款	52 000
其他应收款	3 400	应付职工薪酬	19 600
存货	91 770	应交税费	15 067.5
流动资产合计	261 290	其他应付款	11 250
		流动负债合计	257 917.5
非流动资产：		非流动负债：	
固定资产	910 000	非流动负债合计	
非流动资产合计	910 000	负债合计	257 917.5

续表

资产	期末余额	负债与所有者权益	期末余额
		所有者权益（或股东权益）：	800 000
		实收资本（或股本）	95 200
		盈余公积	18 172.5
		未分配利润	
		所有者权益（或股东权益）合计	913 372.5
资产总计	1 171 290	负债与所有者权益（或股东权益）总计	1 171 290

在我国，资产负债表采用的是左右对称的账户式结构，即报表分为左右两方，左方列示资产各项目，反映全部资产的分布及存在形态；右方列示负债及所有者权益各项目，反映全部负债及所有者权益的内容及构成情况。通过左右两方金额的计算，体现资产与负债、所有者权益三者之间的平衡关系，即资产总计等于负债及所有者权益总计。左方资产各项目按其流动性由大到小顺序排列，依次为流动资产和非流动资产；右方负债，各项目按其到期日由近及远顺序排列，依次为流动负债和非流动负债；右方所有者权益各项目按其留在企业的永久性程度，由大到小顺序排列，依次为实收资本、资本公积、盈余公积和未分配利润等。

利润表是反映企业在一定会计期间经营成果的财务报表。由于它反映的是企业经营资金运动的动态表现形式，所以利润表是一种动态报表。利润表是根据“收入－费用＝利润”这一会计等式，依照一定的标准和次序，将企业在一定时期内的全部收入、费用和利润项目予以适当分类、汇总和排列后编制而成。利润表的一般格式如表1－3所示。

表1－3　　利润表（简表）

会企02表

编制单位：泰山公司　　20×3年度　　单位：元

项目	本期金额	上期金额
一、营业收入	625 000	
减：营业成本	375 000	
税金及附加	1 000	

续表

项目	本期金额	上期金额
销售费用	10 000	
管理费用	79 000	
财务费用	20 750	
加：投资收益（损失以“-”号填列）	15 750	
二、营业利润（亏损以“-”号填列）	155 000	
加：营业外收入	30 000	
减：营业外支出	14 000	
三、利润总额（亏损总额以“-”号填列）	171 000	
减：所得税费用	42 750	
四、净利润（净亏损以“-”号填列）	128 250	

利润表的格式实际上就是“收入-费用=利润”这一计算公式的表格化。在我国，利润表是采用报告式，从上到下的顺序，分别列示不同性质的收入和费用，并加以对比。经过三个步骤，依次计算出营业利润、利润总额、净利润、每股收益等指标。

本章小结

会计是一个信息系统，也是一项管理活动。会计作为一项管理活动，其特殊性包括：以货币为主要计量单位进行会计核算和监督；以实际发生的交易或事项为依据进行核算和监督；连续、系统、完整或全面地进行会计核算和监督。会计的对象是指会计核算和监督的内容。

会计概念框架是一个由会计目标和与之相联系的基本会计概念所组成的协调一致的概念体系。它是用来制定、完善会计准则和解释、指导会计实践的基本理论基础，包括会计目标、会计假设、会计要素以及会计确认、计量与报告和会计基础等主要内容。

会计要素是会计对象的基本分类，是会计对象的具体化。会计要素包括资产、负债、所有者权益、收入、费用和利润。

企业为了完成生产经营活动，必须拥有一定数量的资产，而取得或者拥有这些资产，必然会形成与之相对应的同等数量的权益。资产和权益反映的是企业从事生产经营活动所需要的财产物资，也就是其货币表现形式——资金，这同一个事物的两个不同的侧面，是从不同的角度观察和分析的结果。企业的资金总额，从其存在形态方面来说，就是该企业的资产总额；从其利益关系方面来说，就是企业的权益总额。我们把资产等于权益的这种平衡关系称为会计等式。用公式表示为：资产 = 权益或资产 = 负债 + 所有者权益。

企业在一定会计期间所实现的收入减去该期与之相匹配的费用以后的差额，就是企业该期实现的利润总额或者发生的亏损总额。用公式表示为：收入 - 费用 = 利润或亏损。

会计等式是企业资金运动的起点，也是企业经过一定时期的生产经营活动以后，企业资金运动的终点。资产、负债和所有者权益反映的是企业在特定日期净资产的存量情况，也就是企业的财务状况；收入、费用和利润或亏损反映的是企业在一定期间的净资产的增量情况，也就是企业的经营成果。

会计要素既是会计核算内容的基本分类，也是财务报表的基本构成要素。资产负债表是反映企业在某一特定日期财务状况的财务报表，资产、负债与所有者权益，也称为资产负债表要素。资产负债表是根据“资产 = 负债 + 所有者权益”这一基本等式编制的。利润表是反映企业在一定会计期间经营成果的财务报表。收入、费用与利润，也称为利润表要素。“收入 - 费用 = 利润”是利润表的编制原理。

会计思政案例分析

案例一：

毛泽东同志一生注重调查研究；其现存最早的一篇关于农村调查的报告是《中国佃农生活举例》，被列入“中国国民党中央农民运动讲习所丛书”，于 1927 年 3 月由农讲所出版。

在这篇报告中，他分析了一位佃农全年的生活收支，择要介绍如下。

报告开篇即提出一个“假定事实”：

一个壮年勤敏佃农，租入十五亩田（一佃农力能耕种之数），附以相当之园土柴山，并茅屋一所以为住宅。此佃农父母俱亡，仅一妻一子，妻替他煮饭喂猪，子年十二三岁，替他看牛。这个佃农于其租来之十五亩田，可以全由自己一人之力耕种，不需加雇人工。因穷，田系贩耕，没有押租银可交，所以田租照本处通例要交十分之七。

第一，支出之部。

列示了11个项目，分别是：

食粮、猪油、盐、灯油、茶叶、工资、种子、肥料、牛力、农具消耗和杂用，共计一百六十七元三角六分五厘五。

第二，收入之部。

列示了4个项目，分别是：田收、喂猪、冬季或砍柴或挑脚、工食省余，共计一百四十七元七角二分。

而这些收入的实现，还须假定在下列六个条件之下才有可能：绝无灾害、身体熬练、精明会转计、所养猪牛不病不死、冬季整晴不雨、终年勤劳，全无休息。

第三，结论。

收支相抵，不足一十九元六角四分五厘五。

作者最后总结道：这就是中国佃农比世界上无论何国之佃农为苦，而许多佃农被挤离开土地变为兵匪游民之真正原因。

（案例来源：毛泽东著《中国佃农生活举例》（1927年），该著是中国国民党中央农民运动讲习所丛书之一。）

思考：毛泽东在调查报告中运用了哪些会计理念？红色会计在“唤起民众”方面起到了什么作用？

案例二：

张文投资100 000元现金和一个价值50 000元的店面，注册了一家小型超市。开业当天公司发生的有关经济业务情况如下：

（1）购进价值100 000元的商品，其中60 000元付现款，其余40 000元尚欠；

（2）购进柜台设备等共40 000元，当即支付现金30 000元，尚欠设备款10 000元；

（3）余10 000元现金。

经营了一个月之后，张文公司的有关经济业务如下：

（1）已销售出进价为30 000元的商品，收入50 000元现款；

（2）通过银行转账偿还供货商欠款10 000元；

（3）支付雇员工资8 000元；

（4）机器设备和门面折旧费用1 200元。

要求：

1. 请你帮助张文计算一下公司开业当天共拥有多少资产，共拥有多少负债？张文在公司享有多少权益？

2. 营业一个月之后，请你帮助张文计算一下公司这个月共实现了多少收入，共发生多少费用，这个月利润是多少？

3. 张文的公司经过一个月的运营后，会计恒等式是否仍然成立？

第二章　会计核算方法

学习目的与要求

通过本章的学习，掌握会计科目和账户的设置；熟悉借贷记账法的基本内容，并能结合简单的经济业务加以初步运用；掌握总分类账户和明细分类账户平行登记的要点，掌握平行登记的方法。了解设置会计凭证的意义和原则，掌握会计凭证的含义、基本分类，熟悉掌握会计凭证的填制和审核方法。了解账簿设置和登记的重要意义，掌握账簿的分类、各种账簿的设置和登记方法等内容。了解会计循环及会计账务处理步骤。

会计核算方法概述

会计的方法体系包括会计核算方法、会计分析方法和会计检查方法。会计分析和会计检查方法详见财务分析、审计等课程，本书重点介绍会计核算方法。

会计核算方法是会计的基本方法，已形成了一套比较科学、完整的体系。在会计核算中，对经济业务需要经过确认、计量、报告的处理程序。具体包括：设置账户、复式记账、填制和审核凭证、登记账簿、成本计算、财产清查和编制财务报告。在会计核算中，利用这七种方法对经济业务进行确认、计量和报告。下面简要介绍这七种专门方法。

1. 设置账户

设置账户是对会计对象的具体内容进行分类核算的方法。企业、事业、行政单位的经济活动是错综复杂的，在资金运动过程中，这些经济活动会引起资金的增减变动，为了便于分类地、连续地记录和反映各种资产、负债、所有者权益、收入、费用、利润的增减变动情况和结果，就必须事先规定分类核算的项目，设置一定的账户，以便取得经济管理所需要的核算资料。设置账户是保证会计核算资料系统性的必要条件（详见本章第一节）。

2. 复式记账

复式记账是运用两个或两个以上的账户，以相等的金额相互联系地记录一项经济业务的方法（详见本章第二节）。

3. 填制和审核凭证

填制和审核凭证是为了确认经济业务是否合法合理，保证账簿记录正确完整而采用的方法。会计凭证是记录经济业务，明确经济责任的书面证明，是登记账簿的依据（详见本章第三节）。

4. 登记账簿

登记账簿是根据审核无误的会计凭证在账簿上全面、连续、系统地记录经济业务的方法。会计凭证只是将每项经济业务分散记录，不能集中反映经济活动全部核算指标，为了把分散的经济业务集中起来，以便提供经济管理所需要的各项指标，还需要在具有一定格式的簿籍中进行登记。登记账簿起着记录、储存、分类和汇总信息的作用。账簿的记录是编制会计报表的依据（详见本章第四节）。

5. 成本计算

成本计算是按照一定对象归集各个经营过程中发生的费用，从而确定各对象的总成本和单位成本的方法。这一方法主要是企业会计中采用（详见第七章）。

6. 财产清查

财产清查是通过盘点实物、核对往来款项来检查财产和资金实存数额，确定财产物资实存数额与账存数额是否相等的方法（详见本章第五节）。

7. 编制财务报告

编制财务报告是定期总括反映各单位经济活动情况和结果的方法。在核算过程中，已经运用不同的专门方法进行了全面、系统、连续的记录和反映，但这些记录分散在各种账簿中，为了更集中、更概括地反映经济活动的状况，就需要编制财务报告。编制财务报告是一个将财务信息对外输出的过程。编制财务报告，就是把账簿分散记录的资料进一步加工整理，使之成为一套完整的指标体系，集中地反映了会计核算的综合性（详见第八章）。

本章的内容主要根据会计核算方法展开。

第一节　会计科目和账户

会计核算的一般对象是资金运动，对会计对象进行初步分类，形成六大会计要素，这构成了会计的具体对象。但对于一个企业来说，它发生的经济业务是复杂多样的，如果会计核算仅仅提供六大会计要素增减变化的总括信息，显然过于笼统，很难满足企业外部会计信息使用者和企业内部加强经营管理的需要。因此，为了系统地核算企业所发生的经济业务，有必要对会计对象的具体内容，即会计要素，按一定的标准进行进一步的分类，即设置适当的会计科目。

会计科目是按照信息使用者的需要，对会计对象的具体内容进行分类，并赋予标准的名称。

一、会计科目

会计科目和账户

（一）会计科目的意义

会计科目的设置包括规定会计科目的数量、名称、核算内容和层级关系等。设置系统的、科学的会计科目，其意义主要表现在以下几个方面：

1. 会计科目的设置为全面、系统、分类地核算经济业务和提供财务信息创造了条件

会计要素是对会计对象的初步分类，但同一会计要素中，由于具体的经济内容也有所差异，因此按其差异不同应再细分为不同的科目。只有这样，才能够全面、系统、分类地核算以货币表现的经济业务及其财务影响，从而能够向各方信息使用者提供其所需的财务信息。

2. 会计科目是组织会计核算工作，统一会计核算方法的依据

我国的《企业会计准则》为各类企业规定了统一的会计科目表。表中列明了会计科目的名称与编号，以及每一个会计科目的核算内容。这样，在会计工作中就可以根据会计科目的有关规定组织会计核算，如根据会计科目设置账户，根据会计科目的规定对日常发生的会计事项进行账务处理等，为各企业提供口径一致、相互可比的财务信息创造了条件，便于企业投资者、债权人、管理者以及各有关方掌握和分析企业的财务状况、经营成果和现金流量。

3. 会计科目是对会计主体的经济活动加强管理的重要手段

会计本身是一种管理活动，而会计科目的有关规定，是对企业日常经济活动进行核算与管理的重要标准之一。无论是会计部门的内部稽核，还是企业外部有关部门的检查、审计，都要以会计科目的核算内容和范围为依据来进行，并且这种控制是制度性的事前控制，能有效地发挥会计的监督职能。

（二）设置会计科目的原则

我国要求各企业应按《企业会计准则》中的会计科目表来选择设置本企业所需的会计科目，各企业没有对总分类科目命名的自主权，这与西方国家有所不同，但企业仍有对某些明细科目命名的权利。一般认为，科学合理的会计科目体系的设置应遵循以下原则：

1. 会计科目的设置要满足信息使用者的需要

会计信息系统存在的主要目的就是向信息使用者提供他们所需要的信息，因此会计科目的内容和详尽程度要考虑信息使用者的需要。设置会计科目是对会计要素的进一步分类，正确地区分会计要素的内容，科学地设置会计科目，能够为不同的会计信息使用者提供分门别类的精确信息，满足其各自的决策需求，如果设置的会计科目不科学，则很难正确地提供某一方面或某一种类的会计信息。比如，外部信息使用者更为关注总括的、不同企业间能够相互可比的信息，因此，企业应按规定设置总分类科目以满足外部使用者的需要，而管理者需要的明细信息则可以通过设置明细科目来反映。

2. 设置会计科目要将统一性与灵活性结合起来

按照会计核算的可比性原则，企业在设置会计科目时，要遵守《企业会计准则》的统一规定，保证核算标准、口径的统一，从而有利于会计资料的可比性和会计工作的稳定化，进而有利于国家进行综合平衡和有效的宏观经济调控。在保证统一性的前提下，由于各企事业单位的具体情况千差万别，因此，应符合本单位会计对象的特点，结合本单位的实际情况，选择适用的会计科目。

3. 会计科目的设置要使其具有完整性和互斥性

所谓完整性，即所设置的会计科目能全面地、完整地、系统地体现会计主体所有的能用货币表现的经济业务。所谓互斥性，是指会计科目要概念清楚，每个会计科目必须核算一定的经济内容，每个会计科目所含经济内容的界限必须明确，不允许混淆。

4. 设置科目要力求简明扼要，通俗易懂

根据经济业务的特点，简洁明确地规定会计科目的名称，并且还要注意中文表达习惯，能够望文生义，能让大多数有一定会计知识的人正确理解，要尽量避免使用晦涩难懂的文字或任意简化缩写。

（三）会计科目的分类

1. 按反映的经济内容分类

以制造业企业为例，会计科目按其反映的经济内容不同，可分为资产类、负债类、共同类、所有者权益类、成本类、损益类六大类。我国《企业会计准则》中规定的会计科目表中的分类即是按照这一标准进行的。其中：

（1）资产类科目分为流动资产和非流动资产。其中，流动资产可以分为库存现金、银行存款、交易性金融资产、应收账款、原材料、库存商品等。非流动资产又可以分为长期股权投资、固定资产、无形资产等。

（2）负债类科目分为流动负债和非流动负债。其中流动负债包括短期借款、应付账款、应付职工薪酬、应交税费、应付利息、应付股利等。非流动负债包括长期借款、应付债券等。

（3）共同类科目包括衍生工具、套期工具、被套期项目等。（本书并未涉及此类科目）。

（4）所有者权益类科目包括实收资本（或股本）、资本公积、其他综合收益、盈余公积、本年利润和利润分配等。

（5）成本类科目包括生产成本、制造费用、研发支出等。

（6）损益类科目包括主营业务收入、主营业务成本、其他业务收入、其他业务成本、营业外收入、营业外支出、管理费用、销售费用、财务费用等。

2. 按层级关系分类

会计科目按层级关系不同，可分为总分类科目和明细分类科目。总分类科目又称总账科目、一级科目，它是反映各种经济业务的总括情况，所提供的会计信息较为概括。明细分类科目又称明细科目，它是对某一类总分类科目核算内容所作的详细分类，提供的信息更具体、详细。明细科目又可按其提供指标的详细程度不同，进一步划分为二级明细科目和三级明细科目，三级明细科目是对二级明细科目更详细的分类，必要时还可以设置四级、五级等明细科目，依此类推。如制造业企业中的“原材料”科目属于一级科目，在该科目下可以设置“原料及主要材料”“辅助材料”“外购半成品”“修理用备件”“包装材料”“燃料”等二级科目，而在二级科目下再根据材料的品种、规格、型号分设三级科目。

总分类科目的设置主要侧重于满足外部信息使用者了解企业财务信息的需要，明细分类科目则侧重于满足企业管理者经营管理的需要。企业可以根据自身生产经营的特点，在所设置的总分类科目下设置明细分类科目，这样，总分类科目和明细分类科目相结合，使得会计科目体系既充分又明晰、不庞杂。

制造业企业常用的主要会计科目如表 2 - 1 所示。

会计科目表为每一个会计科目编制了一个固定的号码，这些号码称为会计科目（账户）编号，是用数字表示会计科目所属的类别及其在该类别中的位置。

会计科目的编号反映了会计科目之间的内在联系，明确了每个会计科目的类别、顺序和位置，使会计科目体系科学化；借助会计科目的编号，为企业填制会计凭证、登记会计账簿、查阅会计账目，提供了方便；同时，为会计电算化创造了条件。

表 2－1 常用会计科目表

编号	会计科目名称	编号	会计科目名称
—	一、资产类	1531	长期应收款
1001	库存现金	1532	未实现融资收益
1002	银行存款	1601	固定资产
1012	其他货币资金	1602	累计折旧
1101	交易性金融资产	1603	固定资产减值准备
1121	应收票据	1604	在建工程
1122	应收账款	1605	工程物资
1123	预付账款	1606	固定资产清理
1131	应收股利	1701	无形资产
1132	应收利息	1702	累计摊销
1221	其他应收款	1703	无形资产减值准备
1231	坏账准备	1711	商誉
1241	合同资产	1801	长期待摊费用
1401	材料采购	1811	递延所得税资产
1402	在途物资	1901	待处理财产损溢
1403	原材料	—	二、负债类
1404	材料成本差异	2001	短期借款
1405	库存商品	2101	交易性金融负债
1406	发出商品	2201	应付票据
1408	委托加工物资	2202	应付账款
1411	周转材料	2203	预收账款
1461	使用权资产	2211	应付职工薪酬
1471	存货跌价准备	2221	应交税费
1501	债权投资	2231	应付利息
1502	债权投资减值准备	2232	应付股利
1503	其他债权投资	2241	其他应付款
1504	其他权益工具投资	2251	合同负债
1511	长期股权投资	2501	长期借款
1512	长期股权投资减值准备	2502	应付债券
1521	投资性房地产	2503	租赁负债

续表

编号	会计科目名称	编号	会计科目名称
2701	长期应付款	—	六、损益类
2801	预计负债	6001	主营业务收入
2901	递延所得税负债	6051	其他业务收入
—	三、共同类（略）	6101	公允价值变动损益
—	四、所有者权益类	6111	投资收益
4001	实收资本（或股本）	6121	资产处置损益
4002	资本公积	6201	其他收益
4101	盈余公积	6301	营业外收入
4103	本年利润	6401	主营业务成本
4104	利润分配	6402	其他业务成本
4201	其他综合收益	6403	税金及附加
4401	其他权益工具	6601	销售费用
—	五、成本类	6602	管理费用
5001	生产成本	6603	财务费用
5101	制造费用	6701	资产减值损失
5301	研发支出	6711	信用减值损失
5401	合同履约成本	6711	营业外支出
5402	合同取得成本	6801	所得税费用
		6901	以前年度损益调整

二、账户

为了正确地记录、反映和监督会计主体日常经济活动中各会计要素的变化情况，必须根据会计科目开设相应的账户，从而对经济业务进行分类、系统和连续的会计核算。

（一）账户概述

账户是根据会计科目设置的，具有一定的格式和结构，用于分类核算会计要素增减变动情况及其结果的载体。

为了对会计主体的经济业务进行分门别类的核算和监督，我们对会计要素进一步分类并赋予每一类别标准的名称，形成了会计科目。但仅仅具有名称是不够的，还必须设置一定的结构，以用于记录会计主体的生产经营活动。这种具备一定的名称和结构，用于对与该名称相对应的特定的经济内容的增减变化进行单独记录的工具，就是账户。利用账户，就可以对经济活动进行连续、系统、全面的记录和反映，从而能最终提供对信息使用者更为有用的信息。

会计科目与账户既有联系又有区别。它们的联系在于，会计科目是设置账户的依据，是账户的名称，账户是会计科目的具体运用，会计科目所反映的经济内容，就是账户所要登记的内容；它们之间的区别在于，会计科目只是对会计对象具体内容的分类，是为了统一各会计主体的核算内容、口径和核算方法而规定的，是对特定经济项目赋予的标准称谓，本身没有什么结构，账户则是各会计主体按照会计科目开设在账簿中，具有一定的结构，具体反映资金运动状况的户头。因此，账户与会计科目相比，有着更为丰富的内容。

设置账户是向会计信息使用者提供分类信息的前提和必要手段。通过设置账户，对会计对象按其具体内容分别设置单独的结构进行分类反映，以核算其增减变动及其结余，并以此对外报送会计报表；设置账户还是复式记账的基础，没有账户，就无法用会计语言描述经济业务的财务影响；运用账户这一工具，还可将有关信息集中起来，加以合并，从而提供外部信息使用者所关注的综合性信息，层级越高的账户反映的信息越综合、越概括。

（二）账户的结构

账户的结构就是指账户的格式。为了全面、清晰地记录各项经济业务。每一个账户既要有明确的经济内容，又必须有一定的结构。各项经济业务引起的资金变动尽管错综复杂，但从数量上看不外乎增加和减少两种情况，因此，账户的结构也相应地划分为两个基本部分：一部分反映数额的增加，另一部分反映数额的减少。通常在账户上划分为左、右两方，分别记录增加额和减少额，增减相抵后的差额，称为账户的余额。账户的具体格式有多种多样，但账户的一般结构一般应包括下列内容：

（1）账户的名称，即会计科目；

（2）日期，即经济业务发生的时间；

（3）摘要，即对经济业务内容的概括说明；

（4）增加额、减少额及余额；

（5）凭证号数，即说明账户记录的依据。

账户的一般结构如表2－2所示。

表 2-2　　账户的一般结构

账户名称（会计科目）

日期	凭证号数	摘要	借方	贷方	借或贷	余额

上述账户左右两方的金额栏。一个记录增加额，另一个记录减少额。增减相抵的差额，叫作账户的余额。余额按其表现时间的不同，分为期初余额和期末余额。因此，通过账户记录的金额可提供期初余额、本期增加额、本期减少额、期末余额四个核算指标。

本期增加额，是指一定时期内账户所登记的增加金额的合计，也叫本期增加发生额。本期减少额，是指一定时期内账户所登记的减少金额的合计，也叫本期减少发生额。本期增加或减少发生额属于动态指标，它反映有关会计要素的增减变动情况。期初与期末余额是一个静态指标，说明会计要素在某一时点增减变化后的结果。上述四项指标之间的关系可以用下列等式表示：

期末余额 = 期初余额 + 本期增加发生额 - 本期减少发生额

在借贷复式记账法下，用“借”“贷”来区分账户中的增加额和减少额，并明确账户余额应该在借方还是在贷方。一个账户的余额，本期增加发生额和本期减少发生额是记在该账户借方还是贷方，要取决于所采用的记账方法以及账户本身的性质。

实际工作中，利用上述账户结构可以尽可能完整地反映企业经济业务及其影响，但为了便于说明，在教学、科研中通常使用从账户一般结构中抽象出的“T”型账户。这种“T”型结构又称为账户的基本结构，如图 2-1 所示。

图 2-1　账户的基本结构

（三）账户的分类

账户分类的标准是依据账户具有的一些特征确定的，每一个账户都具有若干个特征，因此，每一个账户都可以按不同的标准加以分类。按不同的标准对账户分类，可以从不同的角度认识账户。

1. 账户按经济内容分类

账户的经济内容是指账户所反映会计对象的具体内容。账户按经济内容分类是对账户最基本的分类，企业会计对象的具体内容可以归结为资产、负债、所有者权益、收入、费用和利润六项会计要素。由于企业在一定期间所取得的收入和发生的费用都将体现在当期损益中，可以将收入、费用账户归为损益类账户。另外，许多企业，特别是制造加工等企业，还需要专门设置进行产品成本核算的账户。所以，账户按经济内容分类，可以分为资产类账户、负债类账户、所有者权益类账户、成本类账户和损益类账户五大类，这种分类方法和会计科目的分类相同，具体见会计科目表，如表 2 - 1 所示。

2. 账户按提供指标的详细程度分类

账户按提供指标的详细程度分类，又分为总分类账户和明细分类账户。

总分类账户是指根据总分类科目设置的，用于对会计要素的具体内容进行总括分类核算的账户，简称总账账户。为了保证会计信息的一致性、可比性，总分类账户一般应根据国家规定的会计报表项目和经济业务内容设置。例如，“原材料”总分类账户、“应收账款”总分类账户等。由于总分类账户是用来提供总括核算指标的，所以在总分类账户中，只用货币指标登记经济业务。

明细分类账户是指根据明细分类科目设置的，用于对会计要素的具体内容进行明细分类核算的账户，简称明细账户。明细分类账户的设置，主要应根据经济业务的具体内容和企业内部管理的需要设置，而且可以设置若干层次。例如，为了掌握各种原材料的收入、发出、结存和周转情况，可以在“原材料”总分类账户下，按照原材料的类别和品种等，分别设置“原料”“主要材料”“辅助材料”等明细分类账户；在“主要材料”明细分类账户下，还可以分别设置“钢材”“木材”等明细分类账户。在原材料明细分类账户中，既要用货币量度，又要用实物量度来记录收入、发出结存的数额。

总分类账户与明细分类账户的关系是控制和被控制的关系。两者的核算内容相同，登记的依据和方向一致，总括和详细地说明同一事物。因此，两者相辅相成，互相补充。

第二节　借贷记账法

一、复式记账法

为了核算和监督会计对象的具体内容，会计主体所发生的各项经济业务，都要采用一定的记账方法，在相应的账户中加以记录。所谓记账方法，就是在账户中记录各项经济业务的方法。记账方法按其记账方式的不同，分为单式记账法和复式记账法两大类。

单式记账法是对发生的每一项业务只在一个账户中进行登记的方法。采用单式记账法，通常只登记库存现金、银行存款收付业务和应收、应付等往来账款业务，对于实物收发业务以及费用的发生情况则一般不进行记录。单式记账法手续简便，但不能全面、系统地反映经济业务的来龙去脉，也不便于检查账户记录的正确性。因此，单式记账法是一种不完整、不科学的记账方法。

复式记账法是对发生的每一项经济业务，都要以相等的金额，在两个或两个以上相互联系的账户中进行登记的一种记账方法。复式记账法使每项经济业务所涉及的两个或两个以上相互联系的账户发生对应关系，而且对应账户中登记的金额相等，从而可以完整、系统地反映各项经济业务的来龙去脉，也便于检查账户记录的正确性。因此，复式记账是一种科学的记账方法。

在介绍会计恒等式以及经济业务对会计恒等式的影响时已经说明，任何经济业务的发生都会引起两个或两个以上的会计要素具体项目发生增减变动，但增减金额相等，不会破坏会计恒等式的平衡关系。根据会计恒等式的平衡原理，当经济业务发生时，就可以对其所引起的会计要素具体项目的增减变动，在两个或两个以上相互联系的账户中进行双重、等额记录，这种双重、等额记录就是复式记账。因此，复式记账是以“资产 = 负债 + 所有者权益”这一会计恒等式为依据所设计的一种记账方法，即复式记账法的理论基础是会计恒等式。

我国财政部颁布的《企业会计准则》及《政府会计准则》规定，我国所有企业和行政事业单位、政府进行会计核算所采用的记账方法，均采用借贷记账法。

二、借贷记账法

古老而又崭新的方法——借贷记账法

借贷记账法是以“借”和“贷”作为记账符号，记录经济业务的发生和完成情况的一种复式记账方法。下面介绍借贷记账的原理。

（一）记账符号

借贷记账法起源于13世纪的意大利。在借贷记账法下，分别用“借”和“贷”来区别账户中的不同部位或金额的增减。“借”“贷”二字最初是从借贷资本家的角度来解释的，具有特定的含义，分别表示债权（应收款）、债务（应付款）。“借”和“贷”（借，debit，简写Dr；贷，credit，简写Cr）；借、贷二字首先出现在钱商账簿记录中。钱数记在其人名的“借方”表示“人欠”，代表钱商债权的增加；“贷方”表示“欠人”，代表钱商债务的增加；以后随着商品经济的发展，经济活动的范围日益扩大，经济活动的内容日益复杂，记账内容也随之扩大，在账簿中记录的经济业务不再局限于货币资金的借贷业务，而是逐渐扩展到财产物资、经营损益和经营资本等的增减变化。这时，为了求得记账的一致，对于非货币资金借贷业务，也利用“借”“贷”二字说明经济业务的变化情况。现代会计中，“借”“贷”二字逐渐失去它原来的含义，成了单纯的记账符号，用以表示账户中的两个对立的记账部位和记账方向。

（二）账户结构

在借贷记账法下，账户的基本结构分为“借”和“贷”两方，用“T”型来表示，其中左方为借方，右方为贷方，分别用来登记增加和减少。至于用借方表示增加，还是用贷方表示增加，取决于账户本身的性质和在会计恒等式的位置。

首先规定资产类、成本类账户的左方（借方）用来登记增加额，右方（贷方）用来登记减少额。那么，位于会计恒等式右边的负债类账户和所有者权益类账户的结构应与位于会计恒等式左边的资产类账户结构相反，即应在左方（借方）登记减少，在右方（贷方）登记增加。收入类和费用类账户可以看作是所有者权益类账户的细分。其中，收入类账户的右方（贷方）登记增加，左方（借方）登记减少。费用类账户移至会计恒等式左方，与资产类账户结构一致，即左方（借方）登记增加额，右方（贷方）登记减少额，如图2－2所示。

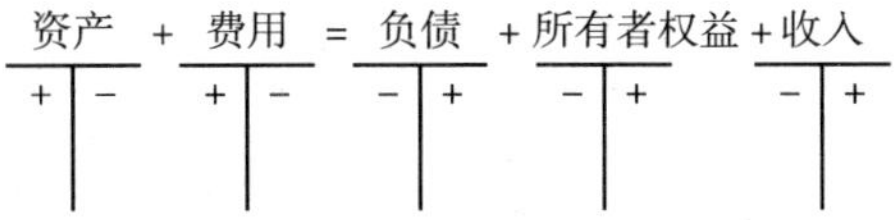

图 2－2　账户结构

账户的余额一般与其增加额的方位一致，如果在借方登记增加，则其正常余额也应在借方；反之，若在贷方登记增加，则其正常余额也应在贷方。有些时候，我们可以通过账户余额的方向判断账户的性质，如一个账户的余额既可以在报表中列示为资产，也可列为负债，关键看其余额的方向，如在借方，则为资产；如在贷方，则为负债。

账户结构的设置，其特点总结如下：

（1）每一账户均设置借方和贷方，左为借，右为贷；

（2）在会计恒等式的位置不同，决定在哪方登记增加，在哪方登记减少；

（3）账户的余额一般在记录增加的那一方。

各类账户设置的特点如表 2－3 所示。

表 2－3　　各类账户设置特点

账户类别	借方	贷方	正常余额
资产类、成本类	增加	减少	借方
负债类	减少	增加	贷方
所有者权益	减少	增加	贷方
收入类	减少	增加	—
费用类	增加	减少	—

在期末结账前，收入和费用类账户有余额；结账后应无余额。

（三）记账规则

记账规则是指记账方法的规律性。经济业务发生后，对特定账户的影响无非表现为增加或减少，而在借贷记账法下，账户金额的变化用“借”和“贷”来描述。下面将结合经济业务的类型，来探讨借贷记账法的记账规则，如表 2－4 所示。

表 2－4　　　　借贷记账法的记账规则

经济业务的类型	对账户的影响
1. 使资产和权益同增的业务	资产账户（借方）、权益账户（贷方）
2. 使资产和权益同减的业务	资产账户（贷方）、权益账户（借方）
3. 使资产有增有减的业务	资产账户（借方）、另一资产账户（贷方）
4. 使权益有增有减的业务	权益账户（借方）、另一权益账户（贷方）

经济业务对各类账户的影响，可以用图 2－3 来表示。

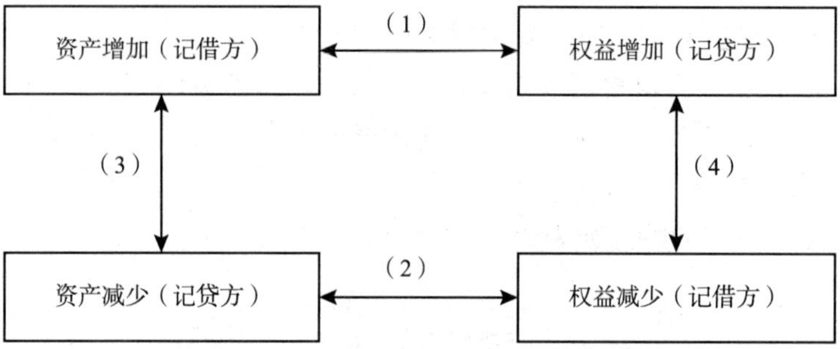

图 2－3　经济业务对各类账户的影响

经济业务的类型不外乎这四种，由于账户设置的特点，经济业务给会计恒等式带来的双重影响总能表现为对一个账户（或一个以上的账户）借方的影响和对另一账户（或一个以上的账户）贷方的影响，这双重影响的金额是对等的，借贷记账的规律主要包括：

(1) 任何一笔交易或事项的发生，都必然会同时导致至少两个账户发生变化；

(2) 所记入的账户可以是同一类，也可以是不同类，但必须在同一笔业务中，有的记借方，有的记贷方；

(3) 所计入借方和贷方的金额，必须相等。

所以我们可以将记账规则总结为“有借必有贷，借贷必相等”。

(四) 会计分录

在将经济业务的数据在账簿中的有关账户中登记以前，必须先将经济业务带来的双重财务影响完整地记录下来。如果直接将有关数据记入相关账户中，则无法完整地反映一项经济业务的全貌，也无法检查和审核会计处理是否正确。

因此，将数据记入账户之前，应先编制会计分录。会计分录指在登记账簿前，根据记账规则，通过对经济业务的分析而确定的应记入账户的名称、方向及其金额的一个简明的记账公式。

会计分录的一般格式为：借方科目在上，贷方科目在下，且借、贷方科目及金额应错开，借方在前，贷方退后。这样可以直接体现借贷记账法的记账规则。

编制会计分录，一般经过以下步骤：

首先，分析经济业务的内容涉及哪些账户，确定该项经济业务应记入的账户名称及账户性质。

其次，根据该项经济业务引起的会计要素的增减变化和借贷记账法的账户结构，确定账户的记账方向。

再次，根据会计要素增减变化的数量确定账户应登记的金额。

最后，根据借贷记账法的记账规则，检查所编制的会计分录借贷金额是否平衡，有无差错。

【例 2－1】 本书例题所涉及公司简介：（为方便起见，简称泰山公司，全书同）

企业名称：泰山焊接设备有限公司，注册地址：济南市历城区山大北路 128 号。

企业类型：有限责任公司（国内合资），经营范围：生产、销售 A、B、C 三种型号的焊机，产品均为内销。泰山公司 20×3 年 9 月发生下列经济业务：

（1）收到某投资者黄河公司投入资本 400 000 元，已存入银行。

这项经济业务的发生，一方面，使企业的银行存款这一资产项目增加了 400 000 元；另一方面，使企业的实收资本这一所有者权益项目增加了 400 000 元。这项经济业务涉及“银行存款”和“实收资本”两个账户。“银行存款”账户是资产类账户，增加应记入该账户的借方；“实收资本”账户是所有者权益类账户，增加应记入该账户的贷方。故会计分录如下：

借：银行存款　　400 000

　　贷：实收资本　　400 000

（2）购买原材料 100 000 元，货款尚未支付，材料已验收入库。（暂不考虑增值税）

这项经济业务的发生，一方面，使企业的原材料这一资产项目增加了 100 000 元；另一方面，使企业的应付账款这一负债项目增加了 100 000 元。这项经济业务涉及“原材料”和“应付账款”两个账户。“原材料”账户是资产类账户，原材料的增加应记入“原材料”账户的借方；“应付账款”是负债类账户，应付账款的增加应记入“应付账款”账户的贷方。故会计分录如下：

借：原材料　　100 000
　　贷：应付账款　　100 000

（3）开出转账支票一张，金额20 000元，用于偿还上月所欠购料款。

这项经济业务的发生，一方面，使应付账款这一负债项目减少了20 000元；另一方面，使银行存款这一资产项目减少了20 000元。这项经济业务涉及“应付账款”和“银行存款”两个账户。“应付账款”账户是负债类账户，减少应记入该账户的借方；“银行存款”账户是资产类账户，减少应记入该账户的贷方。故会计分录如下：

借：应付账款　　20 000
　　贷：银行存款　　20 000

（4）购入机器设备一台，价款120 000元，已用银行存款支付。

这项业务的发生，一方面，使固定资产这一资产项目增加了120 000元；另一方面，使银行存款这一资产项目相应减少了120 000元。这项经济业务涉及“固定资产”和“银行存款”两个账户。这两个账户均为资产类账户，固定资产增加，应登记在“固定资产”账户的借方；银行存款减少，应登记在“银行存款”账户的贷方。故会计分录如下：

借：固定资产　　120 000
　　贷：银行存款　　120 000

（5）从银行借入短期借款40 000元，偿还前欠外单位的购料款。

这项经济业务的发生，一方面，使短期借款这一负债项目增加了40 000元；另一方面，使应付账款这一负债项目减少了40 000元。这项经济业务涉及“短期借款”和“应付账款”两个账户。“短期借款”账户是负债类账户，增加应记入该账户的贷方；“应付账款”账户是负债类账户，减少应记入该账户的借方。故会计分录如下：

借：应付账款　　40 000
　　贷：短期借款　　40 000

（6）购入原材料一批，价款200 000元，其中120 000元以银行存款支付，余下的80 000元尚未支付，暂不考虑相关税费，材料已验收入库。

这项经济业务的发生，一方面，使企业的原材料这一资产项目增加了200 000元；另一方面，使企业的银行存款这一资产项目减少了120 000元，同时，使应付账款这一负债项目增加了80 000元。这项经济业务涉及“原材料”“银行存款”和“应付账款”三个账户。“原材料”账户是资产类账户，增加应记入该账户的借方；“银行存款”账户是资产类账户，减少应记入该账户的贷方；“应付账款”账户是负债类账户，增加应记入该账户的贷方。故会计分录如下：

借：原材料　　200 000
　　贷：银行存款　　120 000
　　　　应付账款　　80 000

以上六笔会计分录中，前五笔分录都是以一个账户的借方与另一个账户的贷方相对应组成的，这种由两个对应账户（一借一贷）组成的会计分录，称为简单会计分录。最后一笔会计分录是由两个以上对应的账户组成的，这种由两个以上相互联系的账户组成的会计分录，称为复合会计分录。

编制会计分录是会计核算中的一项重要工作。实际工作中，会计分录是根据反映经济业务的原始凭证，在记账凭证上编制的。将本期发生的经济业务在记账凭证上编制会计分录，仅仅确定了每项经济业务发生后应记入的账户名称、记账方向和入账金额，还不能连续、系统地反映企业一定会计期间的经济业务情况，为了实现这一目的，还需要过账。过账，是将反映在会计凭证上的各种经济业务的有关信息，分别登记到账簿中去的会计方法，也可称为记账或登账。

（五）试算平衡

由于日常所编制的会计分录遵循“有借必有贷，借贷必相等”的记账规则，因此，每笔会计分录的借方发生额合计都等于贷方发生额合计，从而全部会计分录的借方发生额合计也等于贷方发生额合计。利用这种平衡特点，我们可以利用试算平衡检验记账是否存在差错。

存在纠错的机制吗——试算平衡

所谓试算平衡，是指在期末对所有账户的发生额和（或）余额进行加总，以确定借贷是否相等，从而检查记账过程中是否存在差错的方法。

试算平衡一般采用两种方法：

（1）本期发生额试算平衡。依据借贷记账法的记账规则，“有借必有贷，借贷必相等”。其公式为：

所有账户本期借方发生额合计 = 所有账户本期贷方发生额合计

（2）余额试算平衡。依据会计恒等式“资产 = 负债 + 所有者权益”，其公式为：

所有账户借方余额合计 = 所有账户贷方余额合计

试算平衡表的格式有多种，如仅对本期发生额试算平衡或仅对余额试算平衡等。在我国会计实践中，一般同时对发生额和余额试算平衡，如表2－5所示。

表2－5 总分类账户试算平衡表

20×3年5月31日 单位：元

会计科目	期初余额		本期发生额		期末余额	
	借方	贷方	借方	贷方	借方	贷方
库存现金	1 000		600		1 600	
银行存款	200 000		26 000	157 600	68 400	
应收账款	10 000			6 000	4 000	
原材料	100 000				100 000	
固定资产	600 000		150 000		750 000	
短期借款		70 000				70 000
应付账款		21 000	7 000			14 000
实收资本		820 000		20 000		840 000
合计	911 000	911 000	183 600	183 600	924 000	924 000

试算平衡表的数字是从各总分类账户中获得的，因此，在编制试算平衡表之前，必须首先计算各账户至试算之日止的本期借、贷方发生额和余额；其次，再将各账户名称及其金额抄录在试算平衡表内；最后，分别用本期发生额试算平衡公式和余额试算平衡公式加总，检查是否平衡。

试算平衡可以验证记账规则是否得到遵循，是否过账以及发生额和余额的计算过程是否有差错，但不能查出记账过程中的全部错误。不能通过试算平衡查出的记账错误主要包括：

（1）重记经济业务。

（2）漏记经济业务。

（3）会计分录中，借方发生额和贷方发生额相等，但是与实际发生额不符。

（4）会计分录遵循了记账规则，但使用账户错误，或颠倒了记录的方向。

（5）虽存在很多错误，但是能够相互抵销。

（六）举例说明借贷记账法的会计处理过程

【例2－2】资料：泰山公司20×3年5月各资产、负债和所有者权益账户期初余额如表2－6所示。

表 2－6　　泰山公司 20×3 年 5 月 1 日余额表

会计科目	借方余额	贷方余额
库存现金	1 000	
银行存款	200 000	
应收账款	10 000	
原材料	100 000	
固定资产	600 000	
短期借款		70 000
应付账款		21 000
实收资本		820 000
合计	911 000	911 000

该企业 5 月发生下列经济业务：

（1）从银行提取现金 600 元。

（2）以银行存款购入新汽车一辆，计价 150 000 元。

（3）以银行存款偿还应付供货单位材料款 7 000 元。

（4）收到购货单位前欠货款 6 000 元，存入银行。

（5）其他单位投入资本 20 000 元，存入银行。

其会计处理过程如下：

先根据发生的各项经济业务编制会计分录如下：

（1）借：库存现金	600	
贷：银行存款		600
（2）借：固定资产	150 000	
贷：银行存款		150 000
（3）借：应付账款	7 000	
贷：银行存款		7 000
（4）借：银行存款	6 000	
贷：应收账款		6 000
（5）借：银行存款	20 000	
贷：实收资本		20 000

根据会计分录过账和结账，如图 2－4 所示。

借	库存现金		贷
期初余额	1 000		
①	600		
本期发生额	600	本期发生额	0
期末余额	1 600		

（1）

借	银行存款		贷
期初余额	200 000	①	600
④	6 000	②	150 000
⑤	20 000	③	7 000
本期发生额	26 000	本期发生额	157 600
期末余额	68 400		

（2）

借	应收账款		贷
期初余额	10 000	④	6 000
本期发生额	0	本期发生额	6 000
期末余额	4 000		

（3）

借	原材料		贷
期初余额	100 000		
本期发生额	0	本期发生额	0
期末余额	100 000		

（4）

借	固定资产		贷
期初余额	600 000		
②	150 000		
本期发生额	150 000	本期发生额	0
期末余额	750 000		

（5）

借	短期借款		贷
		期初余额	70 000
本期发生额	0	本期发生额	0
		期末余额	70 000

（6）

借	应付账款		贷
③	7 000	期初余额	21 000
本期发生额	7 000	本期发生额	0
		期末余额	14 000

（7）

借	实收资本		贷
		期初余额	820 000
		⑤	20 000
本期发生额	0	本期发生额	20 000
		期末余额	840 000

（8）

图 2－4　相关账户记录

根据账户记录编制试算平衡表，如表 2－5 所示。

第三节　会计凭证

一、会计凭证概述

会计凭证是用来记录经济业务，明确经济责任，作为记账依据的书面证明。正确填制和审核会计凭证，是会计核算的一种专门方法，也是进行会计核算工作的第一步。

认识会计凭证

会计凭证按其填制程序和用途，可以分为原始凭证和记账凭证两大类。

原始凭证又称原始单据，是指在经济业务发生或完成时取得或填制的用来作为办理经济业务手续，载明经济业务的执行或完成情况，明确经济责任的书面证明。原始凭证既是开展经济业务的必备手续，又是经济业务的客观反映，并且还能够明确经济责任。原始凭证填制或取得后，必须按照规定的程序送交财会部门进行处理和保管。常用的原始凭证有收据、发票、差旅费报销单、产品入库单、领料单等。

记账凭证，是由会计部门根据原始凭证编制的，作为登记账簿直接依据的书面证明。通过编制记账凭证，确定原始凭证所反映的经济业务应当记入的账户和金额，把会计分录格式化，为登记账簿提供便利条件，保证账簿记录的准确性。另外，在会计业务较复杂的情况下，也便于会计人员的分工。

二、原始凭证

（一）原始凭证的分类

原始凭证可以根据取得的来源、格式等不同的标准进行分类。

（1）原始凭证按其取得的途径，可以分为自制原始凭证和外来原始凭证两种。

自制原始凭证是指在经济业务发生或完成时，由本单位内部经办业务的部门和人员自行填制的原始凭证。如收料单、领料单、产品入库单、产品出库单、借款单、成本计算单、工资发放明细表、折旧计算表等。

领料单一般格式如表 2 - 7 所示。

表 2 - 7　　领料单

领料部门：一车间

用途：生产使用　　20 × 3 年 5 月 18 日　　凭证编号：023

材料编号	材料名称及规格	计量单位	数量		价格	
			请领	实发	单价	金额
65214	A 材料	千克	36	36	20.60	741.60
备注：					合计	741.60

第二联　记账联

记账：（印）　　审批人：（印）　　领料人：（印）　　发料人：（印）

外来原始凭证，简称外来凭证，是指本单位在与外单位或个人发生经济往来时，取得的由外单位或个人填制的凭证。例如，企业采购材料时，从外单位或个人处取得的发货票，在支付费用时，收到的收据等。增值税专用发票一般格式如表 2 －8 所示。

表 2 －8

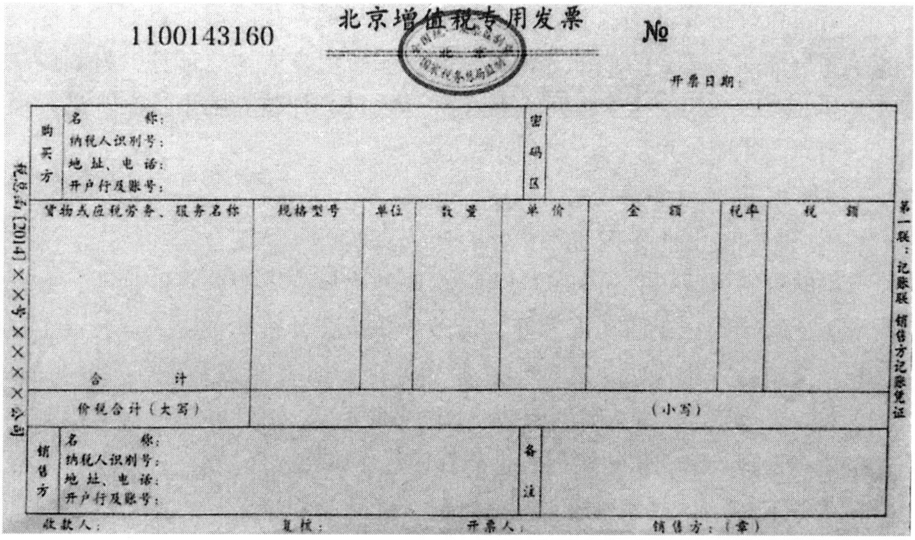
北京增值税专用发票

1100143160 №

开票日期：

购买方	名称： 纳税人识别号： 地址、电话： 开户行及账号：			密码区			
货物或应税劳务、服务名称	规格型号	单位	数量	单价	金额	税率	税额
合计							
价税合计（大写）					（小写）		
销售方	名称： 纳税人识别号： 地址、电话： 开户行及账号：			备注			

收款人： 复核： 开票人： 销售方：（章）

税总函〔2014〕××号××××公司

第一联：记账联 销售方记账凭证

（2）原始凭证按其格式的不同，分为通用凭证和专用凭证两种。

通用凭证是指在全国或地区、系统范围内，规定统一格式和使用方法的原始凭证，如异地结算时使用的全国统一的银行结算凭证，同城结算时使用的地区统一的结算凭证，地区统一规定的发货票等。

专用凭证是指各单位自行规定其格式和使用方法的原始凭证，如差旅费报销单等。

（二）原始凭证的基本内容

各种原始凭证应该具备的基本内容包括：（1）原始凭证的名称；（2）填制凭证的日期；（3）接受凭证单位的名称；（4）经济业务的内容（包括单价数量和金额）；（5）填制凭证单位名称或者填制人姓名；（6）经办人员的签字或盖章。上述要素只是各种原始凭证一般必须具备的内容。原始凭证究竟应该包括哪些内容，这要根据经济业务的客观情况和企业经济管理的需要来确定。

（三）原始凭证的填制要求

填制原始凭证

1. 原始凭证的填制要及时

任何单位在经济业务发生或完成时，经办人员必须及时取得或填制原始凭证，并送交会计机构，以保证会计核算工作的顺利进行。《会计法》规定：在涉及款项和有价证券的收付，财物的收发、增减和使用，债权、债务的收发和结算，资本、基金的增减，收入、支出、费用、成本的计算，财物成果的计算和处理以及其他需要办理会计手续、进行会计核算的事项，都必须取得或填制原始凭证，并及时送交会计机构。

2. 原始凭证的记录要真实

其所填制的经济业务内容和数字，必须真实可靠，符合实际情况。从外单位取得的原始凭证如有遗失，应当取得原开出单位盖有公章的证明，并证明原来凭证的号码、金额和内容等，由经办单位会计机构负责人、会计主管人员和单位领导人批准后，才能代作原始凭证。如果确实无法取得证明的，如火车票、飞机票等凭证，由当事人写出详细情况，由经办单位会计机构负责人、会计主管人员和单位领导人批准后，代作原始凭证。

3. 原始凭证的内容要完整

即所要求填列的项目，必须逐项填列齐全，不可遗漏和省略。需注意的是，年、月、日要按照填制原始凭证的实际日期填写；名称要齐全，不能简化；品名或用途要填写明确，不能含糊不清。为了明确经济责任，确保凭证的合法性、真实性，有关人员的签章必须齐全。从外单位取得的原始凭证，必须盖有填制单位的公章或财务专用章；从个人取得的原始凭证，必须有填制人员的签名或盖章。自制原始凭证必须有经办单位领导人或者其指定的人员签名或者盖章。对外开出的原始凭证，必须加盖本单位公章或财务专用章。

4. 原始凭证的手续要完备

原始凭证的填制手续，必须符合内部控制的要求。购买实物的原始凭证，必须有验收证明。支付款项的原始凭证，必须有收款单位和收款人的收款证明；一式几联的原始凭证，应当注明各联的用途，只能以一联作为报销凭证，并连续编号。作废时应当加盖“作废”戳记，连同存根一起保存，不得撕毁；销货退回的，除填制退货发票外，还必须有退货验收证明；退款时必须取得对方的收款收据或者汇款银行的凭证，不能以退货发票代替收据；职工出差借款凭据，必须附在记账凭证之后，收回借款时，应当另开收据或者退还借据副本，不得退还原借款收据；经上级有关部门批准的经济业务，应当将批准文件作为原始凭证附件；如果批准文件需要单独归档的，应当在凭证上注明批准机关名称、日期和文件字号。

5. 原始凭证的书写要清楚、规范

原始凭证要用蓝色或黑色笔填写，字迹必须清晰、工整、易于辨认。凡填有大写与小写金额的原始凭证，大写与小写金额必须相符，文字清晰，格式规范。原始凭证不得涂改、挖补。对于预先印有编号的凭证，如果填写错误，要加盖“作废”戳记，并单独保管。

6. 原始凭证的填制方法

不同的原始凭证，其填制方法也不同。根据原始凭证填制的依据，自制原始凭证的填制方法主要有以下三种：

（1）本企业经办人员根据实际发生的交易或事项直接填制，如“入库单”“借款单”等。

（2）本企业会计人员以账簿记录为依据归类整理计算填制，如“制造费用分配表”等。

（3）本企业会计人员根据以若干张反映同类交易或事项的原始凭证汇总填制，如“发出材料汇总表”等。

（四）原始凭证的审核

只有经过审核无误的原始凭证，才能作为记账的依据。对原始凭证的审核应从以下几个方面进行：

1. 形式上的审核

形式上的审核就是对原始凭证的外表进行审核，即审核原始凭证的完整性和准确性。主要包括：原始凭证的内容是否完整，手续是否完备，应填项目是否填写齐全，填写方法、填写形式是否正确，数量金额的计算是否正确，大小写金额是否一致，是否经过经办部门和相关人员签字或盖章，填写是否规范，字迹是否清楚，有无涂改、刮擦、挖补情况等。

2. 实质上的审核

实质上的审核，就是对原始凭证的真实性、合法性和合理性进行审核。主要包括：原始凭证本身及其所反映的经济业务的内容、数字、日期是否真实，是否真实反映了经济业务的本来面貌，是否符合国家有关法律、法规、政策的规定，是否符合本单位的财会制度和其他有关规章制度，是否符合有关审批权限和手续的规定，有无铺张浪费、弄虚作假、违法乱纪的行为等。

原始凭证经会计机构、会计人员审核后，应区别下列情况进行处理：对审核合格的原始凭证，应及时据以编制记账凭证，并作为记账凭证的附件；

对不真实、不合法的原始凭证，不予受理；对弄虚作假、严重违法的原始凭证，在不予受理的同时，应当予以扣留，并及时向单位负责人报告，请求查明原因，追究当事人的责任；对记载不准确、不完整的原始凭证，予以退回，要求经办人员更正、补充。

三、记账凭证

（一）记账凭证的种类

记账凭证按反映的经济业务内容分类，可分为收款凭证、付款凭证和转账凭证三种：

（1）收款凭证。收款凭证是会计人员根据反映库存现金、银行存款、其他货币资金收款业务的原始凭证编制的记账凭证。它包括库存现金收款凭证和银行存款收款凭证和其他货币资金收款凭证。其格式如表 2－9 所示。

表 2－9　　收款凭证

借方科目：银行存款　　20×3 年 3 月 8 日　　银收字第 1 号

摘要	贷方科目		金额	记账
	一级科目	二级或明细科目		
收回欠款存入银行	应收账款		10 000	
合计			10 000	

附件×张

会计主管　　记账　　出纳　　审核　　制单

（2）付款凭证。付款凭证是指会计人员根据反映库存现金、银行存款和其他货币资金付款业务的原始凭证编制的记账凭证。它包括库存现金付款凭证、银行存款付款凭证和其他货币资金付款凭证。其格式如表 2－10 所示。

（3）转账凭证。转账凭证是指会计人员根据转账业务的原始凭证编制的记账凭证。其格式如表 2－11 所示。

表 2－10　　付款凭证

贷方科目：银行存款　　20×3 年 3 月 15 日　　银付字第 2 号

摘要	借方科目		金额	记账
	一级科目	二级或明细科目		
用存款还货款	应付账款		10 000	
合计			10 000	

附件×张

会计主管　　记账　　出纳　　审核　　制单

表 2－11　　转账凭证

20×3 年 3 月 10 日　　转字第 1 号

摘要	会计科目		借方金额	贷方金额	记账
	一级科目	二级或明细科目			
生产产品领料	生产成本		5 000		
	原材料			5 000	
合计			5 000	5 000	

附件×张

会计主管　　记账　　出纳　　审核　　制单

在经济业务比较简单，会计人员较少的单位，为了简化凭证种类，也可只使用一种记账凭证用来登记各种不同的经济业务，这种记账凭证一般为通用记账凭证，其格式同转账凭证。

（二）记账凭证的填制

1. 记账凭证的基本内容

记账凭证是登记账簿的直接依据。正确地填制记账凭证，对于保证账簿记录的正确性有着重要意义。

各种记账凭证都有各自的内容，但它们也存在着一些共同的基本的内容。一般说来，它包括以下几点：

（1）记账凭证的名称；

（2）记账凭证的填制日期和编号；

（3）经济业务的内容摘要（即简要说明）；

（4）应计的会计科目及金额；

（5）所附原始凭证的张数；

（6）会计主管、审核、填证以及记账人员的签章。收款和付款记账凭证还应当由出纳人员签名或盖章。

各种记账凭证，除了具备这些基本内容外，还应该具体地根据经济业务的性质和核算、管理的要求，具备其他一些内容。

2. 记账凭证填制的基本要求

填制记账凭证

记账凭证的填制与原始凭证的填制有许多共同之处，例如，格式统一，内容完整，记录真实，填写清楚，编制及时等。除了这些基本要求以外，填制记账凭证时还应做到以下几点。

一是记账凭证的内容必须具备：填制凭证的日期，凭证编号，经济业务摘要，会计科目，金额，所附原始凭证张数，填制凭证人员、稽核人员、记账人员、会计机构负责人、会计主管人员签名或者盖章。收款和付款记账凭证还应当由出纳人员签名或者盖章。

二是记账凭证的填制，除了应符合填制原始凭证的各项要求外，还应符合下列要求：

（1）凭证摘要简明。记账凭证中的“摘要”栏应简明扼要地填写经济业务内容的要点，对于收付款业务，还应写明所涉及的对方单位或人名、重要单据的号码，以便查考。

（2）业务归类明确。记账凭证可以根据每一张原始凭证填制，或者根据若干张同类原始凭证汇总填制，但在一张记账凭证上只能反映一项经济业务或若干项同类经济业务，以明确经济业务的来龙去脉和账户的对应关系，不得将不同内容和类别的原始凭证汇总填列在一张记账凭证上。

（3）会计分录正确。必须根据经济业务的内容和《企业会计准则》的规定，正确填列会计科目及其借贷方向和金额，不能随意变更会计科目及其核算内容。收款凭证的借方科目和付款凭证的贷方科目应填列在凭证格式的左上方，其对应科目应填列在凭证格式中；转账凭证的借方科目和贷方科目均应填列在凭证格式中。

（4）日期填写准确。收、付款凭证的日期应按货币资金的实际收付日期填写；转账凭证的日期一般应按收到原始凭证的日期填写，但应在摘要栏注明经济业务实际发生的日期。

（5）凭证编号连续。记账凭证应按月连续编号，即每月从第一号编起，顺序编至月末。一笔经济业务需要填制两张以上记账凭证的，可以采用分数编号法编号。

（6）附件数量完整。除结账和更正错误的记账凭证可以不附原始凭证外，其他记账凭证必须附有原始凭证，并注明所附原始凭证的张数。凡是与记账凭证中所记录的经济业务有关的每一张证据，都应作为记账凭证的附件。如果一张原始凭证涉及几张记账凭证，可以把原始凭证附在一张主要的记账凭证后面，并在其他记账凭证上注明附有该原始凭证的记账凭证的编号或者附原始凭证复印件。

（7）记账凭证的改错方法应符合规定。如果在填制记账凭证时发生错误的，应当重新填制正确的记账凭证；已经登记入账的记账凭证，在当年内发现填写错误时，可以用红字填写一张与原内容相同的记账凭证，在摘要栏注明“注销某月某日某号凭证”字样，同时再用蓝字重新填制一张正确的记账凭证，注明“订正某月某日某号凭证”字样。如果会计科目没有错误，只是金额错误，也可以将正确数字与错误数字之间的差额，另编一张调整的记账凭证，调增金额用蓝字，调减金额用红字。发现以前年度记账凭证有错误的，应当用蓝字填制一张更正的记账凭证。

3. 记账凭证填制的方法

（1）收款凭证的填制方法。

收款凭证包括库存现金收款凭证、银行存款收款凭证和其他货币资金收款凭证三种。收款凭证的填制方法大致相同。现以银行存款收款凭证为例说明（见表2－9）。收款凭证的“摘要”栏应填列经济业务的简要说明，左上方“借方科目”，应填列（或者已经印制好）“银行存款”科目；“贷方科目”栏应填列与上述“银行存款”相对应的一级科目及二级或明细科目。各一级科目的应贷金额应填入与本一级科目同一行次的“金额”栏中，所属二级或明细科目的金额应填入与本二级或明细科目同一行次的“金额”栏中，各一级科目的应贷金额应等于所属各二级或明细科目的应贷金额之和。“借方科目”应借金额应为“合计”行的合计金额。“账页”栏注明记入总账或日记账、明细账的页次，也可用销记号“√”表示已登记入账，以便于事后查对账目，亦可避免重复过账。

库存现金收款凭证与银行存款收款凭证所不同的，只是“借方科目”填写“库存现金”，其余的填法一样。其他货币资金收款凭证的“借方科目”填写“其他货币资金”，其余的填法同上。

（2）付款凭证的填制方法。

付款凭证包括库存现金付款凭证、银行存款付款凭证和其他货币资金付款凭证。它们的填制方法与收款凭证的填制方法基本相同，不同的只是付款凭证的左上方为“贷方科目”，应填列“库存现金”“银行存款”或“其他货币资金”科目，凭证内会计科目栏为“借方科目”栏，应填列与上述“库存现金”“银行存款”或“其他货币资金”相对应的会计科目。其填制方法如表2－10所示。

对于库存现金、银行存款或其他货币资金之间的款项划转业务，例如，以库存现金存入银行或从银行提取库存现金，其处理方法在实际工作中有两种：一种方法是既填制收款凭证又填制付款凭证。但记账时，不登记对方账户。另一种方法是只填制一张记账凭证，或者是收款凭证，或者是付款凭证。如果只填制付款凭证，那么当把库存现金存入银行时，就只填制库存现金付款凭证；当从银行提取库存现金时，则只填制银行存款付款凭证。记账时，根据付款凭证或收款凭证同时记入“库存现金”和“银行存款”账户中。在实际工作中习惯的做法是只填制“库存现金”或“银行存款”“其他货币资金”的付款凭证。

（3）转账凭证的填制方法。

转账凭证的“会计科目”栏应分别填列应借、应贷的一级科目和所属的明细科目，借方科目应记金额应在借方科目同一行的“借方金额”中填列；贷方科目应记金额应在贷方科目同一行的“贷方金额”栏中填列。“借方金额”栏的合计数必须与“贷方金额”栏的合计数相等，如表2－11所示。

（4）通用“记账凭证”的填制方法。

通用“记账凭证”不分收款业务、付款业务和转账业务。所有的经济业务都是根据其原始凭证填制统一格式的记账凭证。其编制方法与上面所讲的“转账凭证”相同。

（三）记账凭证的审核

为了保证记账凭证填制的正确性，以便正确地登记账簿和监督款项收付，必须正确地填制记账凭证，同时也要严格地审核记账凭证。

审核的主要内容有：

（1）记账凭证是否附有原始凭证，是否同所附的原始凭证内容相符合。

（2）会计科目的使用是否正确。凭证上所使用的会计科目及明细科目和核算内容必须前后一致，以保证核算口径的一致性，取得正确的汇总指标。

（3）记账方向和金额的确定是否正确。

（4）凭证格式中的有关项目填列是否完备，有关人员是否已签名盖章。

在审核过程中，如果发现凭证记录有错误，应说明原因，及时更正。记账凭证必须经过审核并认为正确以后才能作为记账的根据。

（四）会计凭证的传递和保管

会计凭证的传递，是指会计凭证按照一定的程序，从其填制起，到归档保管止，在本单位内部有关部门和人员之间的传递和办理有关凭证手续的全部过程。任何单位在完成经济业务手续和记账之后，必须按照规定的立卷归档制度，形成会计档案资料，予以妥善保管。要求如下：

（1）会计凭证应当及时传递，不得积压；会计凭证登记完毕后，应当按照分类和编号顺序保管，不得散乱丢失；记账凭证应当连同所附的原始凭证或者原始凭证汇总表，按照编号顺序，折叠整齐，按期装订成册，并加具封面，注明单位名称、年度、月份和起讫日期、凭证种类、起讫号码，由装订人在装订线封签外签名或者盖章。对于数量过多的原始凭证，可以单独装订保管，在封面上注明记账凭证日期、编号、种类，同时在记账凭证上注明“附件另订”和原始凭证名称及编号。各种经济合同、存出保证金收据以及涉外文件等重要原始凭证，应当另编目录，单独登记保管，并在有关的记账凭证和原始凭证上相互注明日期和编号。

（2）原始凭证不得外借，其他单位如因特殊原因需要使用原始凭证时，经本单位会计机构负责人、会计主管人员批准，可以复制。

（3）单位会计管理机构临时保管会计档案最长不超过三年。临时保管期间，会计档案的保管应当符合国家档案管理的有关规定，且出纳人员不得兼管会计档案。

（4）会计凭证的保管期和销毁手续，必须严格执行会计制度的有关规定。一般的会计凭证至少要保管三十年，会计档案的保管期限，从会计年度终了后的第一天算起。重要的凭证，例如，涉及外事、重大业务资料等有关的会计凭证，必须开列清单，经本单位领导审核并报经上级主管部门批准后，才能销毁。

第四节　会计账簿

一、账簿的概念和种类

（一）账簿的概念

会计账簿简称账簿，它是由具有一定格式、相互联系在一起的账页所组成，以会计凭证为依据，用以全面、系统、序时、分类地记录和反映会计主体各项经济业务的簿籍。

登记账簿的过程实际上是把会计凭证所记录的大量分散的会计资料进行分类和整理的过程。单位必须依法设置和登记账簿，登记账簿是会计核算的专门方法之一。

设置和登记账簿作为会计核算的重要内容，在企业和经济管理中具有以下极其重要的作用：

（1）提供系统、完整的会计信息资料。

（2）为填制会计报表提供依据。

（3）确保企业的财产物资安全和完整以及各项资金的合理使用。

（4）为会计分析提供参考资料，为会计检查提供依据。

（二）设置账簿的原则

任何单位都必须根据本单位的经济业务特点和实际管理的需要，设置一定种类和数量的账簿。一般来说，设置账簿应遵循下列原则：

（1）以全面、系统核算单位的各项经济业务，进而提供完整、分类的会计信息资料为原则。

（2）在满足实际需要的前提下，以尽量节约单位的人力和物力为原则。

（3）以账簿的格式力求简便实用为原则。

账簿格式的设计应能提供经济管理所需要的各项核算指标，不能过于简单，也不能过于烦琐，以提高账簿登记工作的效率。

（三）账簿的种类

认识账簿

各单位应当按照国家会计制度的规定和业务的需要设置账簿，为了满足企业经营管理的需要，每一账簿体系中所包含的账簿是多种多样的，企业所使用的账簿可以按照不同的标准进行分类：

1. 按用途分类

按照账簿的用途，可以分为：序时账簿、分类账簿和备查账簿。

（1）序时账簿。序时账簿也称为日记账，是按照经济业务的发生时间和先后顺序，逐日逐笔连续登记经济业务的账簿。按其记录的内容不同，又分为普通日记账和特种日记账。

普通日记账是用来登记企业所发生的全部业务的日记账。通常把每天所发生的经济业务，按照发生的先后顺序，逐项编制会计分录记入账簿中，以此作为登记分类账的依据，因此，这种日记账也称为分录日记账。

特种日记账是用来记录某一类经济业务发生情况的日记账。通常把一类比较重要的经济业务，按照业务发生的先后顺序记入账簿中，反映某一特定项目的详细情况。为了加强货币资金的管理，单设库存现金日记账和银行存款日记账，就是为了专门提供库存现金和银行存款收付情况的详细资料而设置的特种日记账。

（2）分类账簿。分类账簿是按照账户对经济业务进行分类核算和监督的账簿。按照总分类账户进行分类登记的账簿，称为总分类账簿，简称总账；按照明细分类账户进行分类登记的账簿，称为明细分类账簿，简称明细账。

（3）备查账簿。备查账簿又称为辅助账，是对某些不能在日记账和分类账中记录的经济事项或记录不全的经济业务进行补充登记的账簿。该种账簿可以对某些经济业务的经营决策提供必要的参考资料，例如，受托加工材料登记簿等。备查账簿不一定在每个单位都必须设置，而应根据单位的实际需要确定，同时，备查账簿没有固定的格式，可由各单位根据管理的需要自行设计，也可使用分类账的账页格式。

2. 按账页格式分类

账簿按其账页格式不同，可以分为三栏式账簿、多栏式账簿和数量金额式账簿。

（1）三栏式账簿。三栏式账簿是指设有借方（或收入）、贷方（或支出）和余额（或结存）三个基本栏目的账簿。各种日记账、总账以及资本、债权、债务等明细账都可以采用三栏式账簿。

（2）多栏式账簿。多栏式账簿是指在账簿的借方和贷方两个基本栏目按需要分设若干专栏的账簿。至于专栏设置在借方还是贷方，或是两方同时设专栏，以及设置多少专栏，则应根据需要而定。收入、费用明细账一般均采用这种格式的账簿。

（3）数量金额式账簿。数量金额式账簿是指采用数量与金额双重记录的账簿。即在账簿的借方、贷方和余额三个栏目内，都分设数量、单价和金额三小栏，借以反映财产物资的实物数量和价值额。原材料、库存商品等存货明细账一般都采用数量金额式账簿。

二、日记账的设置和登记

所有的会计主体都应该设置库存现金日记账和银行存款日记账两个特种日记账，用于连续核算单位库存现金和银行存款的收入、付出和结存情况，借以加强对货币资金的管理。

1. 库存现金日记账的设置和登记

库存现金日记账格式一般采用三栏式，即在同一张账页上分别设置“收入”“支出”和“结余”栏。为了清晰地反映库存现金收付业务的具体内容，在“摘要”栏后，单设对方科目栏，登记对方科目名称。三栏格式的库存现金日记账如表 2 – 12 所示。

填制会计账簿

表 2 – 12　　库存现金日记账　　第　页

20×3 年		记账凭证		对方科目	摘要	收入	支出	结余
月	日	字	号					
4	1				月初余额			1 500
4	2	银付	（略）	银行存款	从银行提现	500		2 000
4	2	现付	（略）	其他应收款	预支差旅费		300	1 700
4	2	现付	（略）	管理费用	购买办公用品		50	1 650
4	2	现收	（略）	其他应收款	交回差旅费余额	18		1 668
4	2	现收	（略）	其他业务收入	出售废旧物资	20		1 688
4	2				本日合计	538	350	1 688

三栏式的库存现金日记账通常由财务部门的出纳人员进行序时登记，其登记方法如下：

（1）日期栏。是指记账凭证的日期，应与库存现金实际收付日期一致。

（2）凭证号数栏。是指登记入账的收付款凭证的种类和编号。登记库存现金日记账可根据已编好“字、号”的库存现金收款凭证、库存现金付款凭证和银行存款付款凭证进行登记，可简写为：现收 ××号、现付 ××号和银付 ××号。登记应清楚，以便查核。

（3）摘要栏。简要说明登记库存现金增加或减少的经济业务内容，书写摘要时，应做到：“文字简明扼要，含义表达清楚”。

（4）对应科目（账户）栏。是指库存现金收入的来源账户和支出的用途账户，用以说明库存现金的来源和支出去向。如从银行提取现金 500 元，会计分录为：

借：库存现金　　500

　　贷：银行存款　　500

这笔业务在对应科目栏应填写“银行存款”科目。填写对应科目栏的作用在于了解经济业务的来龙去脉。

（5）借方、贷方和余额栏。用来说明库存现金的收入、支出和结余情况。出纳人员一般可根据库存现金收款凭证登记借方栏，根据库存现金付款凭证登记贷方栏，但对于从银行提取现金的业务，实务中只填制银行存款付款凭证，不再填制库存现金收款凭证，所以，对于从银行提取现金的库存现金收入数额，可根据银行存款付款凭证登记借方栏。每次收付库存现金后，随时结出账面余额，至少将每日收付款项逐笔登记完毕后，计算每日库存现金收入和支出的合计数及账面余额，并将库存现金日记账的账面余额同库存现金实有数额核对相符。

为了反映每一笔收支业务的来龙去脉，以便分析汇总对应科目的发生额，库存现金日记账也可以采用多栏式。这种日记账是把收入栏和付出栏分别按对应账户设专栏进行登记，从而把经济业务产生的原因和结果全部反映出来。实际工作当中，常常将其分割成两个部分，即多栏式库存现金收入日记账和多栏式库存现金支出日记账。

2. 银行存款日记账的设置和登记

银行存款日记账格式一般也是采用三栏式，即在同一张账页上分别设置“借方”“贷方”和“余额”栏。为了便于与银行对账，也便于反映银行存款收付所采用的结算方式，并突出各单位支票的管理，银行存款日记账还专设了“结算方式（凭证）种类和号码”一栏，或专设现金支票号数栏和转账支票号数栏。三栏格式的银行存款日记账如表2－13所示。

表2－13　　**银行存款日记账**　　第　页　单位：元

20×3年		记账凭证		结算方式		对方科目	摘要	收入	支出	结余
月	日	字	号	种类	号码					
6	1						期初余额			38 000
6	2	现付	（略）			库存现金	存入销货款	2 500		40 500
6	2	银付	（略）			原材料	材料采购款		23 000	17 500
6	2	银付	（略）			应交税费	支付进项税额		2 990	14 510
							本日合计	2 500	25 990	14 510
6	3	银收	（略）			应收账款	收回应款	10 000		24 510
6	4	银付	（略）			应付账款	偿还欠款		5 000	19 510

三栏式的银行存款日记账通常由财务部门的出纳人员进行序时登记，如

果一个单位开设有若干银行存款户，应分别设日记账登记，便于与银行核对，也有利于银行存款管理。其登记方法如下：

（1）日期栏。是指记账凭证的日期。

（2）凭证号数栏。是指登记入账的收付款凭证的种类和编号。登记银行存款日记账可根据已编好“字、号”的银行存款收款凭证、银行存款付款凭证和现金付款凭证进行登记，可简写为：银收××号、银付××号和现付××号。登记应清楚，以便查核。

（3）摘要栏。简要说明登记银行存款增加或减少的经济业务内容，书写摘要时，应做到：“文字简明扼要，含义表达清楚”。

（4）结算方式栏。是指银行存款收入和付出的结算方式，比如现金支票或转账支票等。

（5）借方、贷方和余额栏。用来说明银行存款的收入、支出和结余情况。出纳人员一般可根据银行存款收款凭证登记借方栏，根据银行存款付款凭证登记贷方栏。

对于库存现金和银行存款之间的相互划转业务，为防止重复记账，在实务中往往只填制付款凭证，不填制收款凭证。如对于把库存现金存入银行的业务，实务中只填制库存现金付款凭证，不再填制银行存款收款凭证，所以，对于把库存现金存入银行业务的银行存款收入数额，可根据库存现金付款凭证登记借方栏。同样，对于从银行提取库存现金的业务，实务中只填制银行存款付款凭证，不再填制库存现金收款凭证。

为了反映每一笔收支业务的来龙去脉，以便分析汇总对应科目的发生额，银行存款日记账也可以采用多栏式。其格式和登记方法与多栏式的库存现金日记账基本相同，在此不再详述。

三、分类账的设置和登记

分类账是对全部经济业务按照总分类账户和明细分类账户进行分类登记的账簿。分类账按其反映指标的详细程度划分，分为总分类账簿和明细分类账簿两种。

（一）总分类账的设置和登记

总分类账簿简称总账，是按每一个总分类科目开设账页，进行分类登记的账簿，它能总括地反映各会计要素具体内容的增减变动和变动结果，编制会计报表就是以这些分类账所提供的资料为依据的。

总账一般采用三栏式的账页格式，在账页中，主要设有借方、贷方和余额三个金额栏，因而称为三栏式，这种格式在总账中较为常用（见表2－14）。

表2－14　　总分类账

会计科目：原材料　　单位：元

20×3年		凭证		摘要	借方金额	贷方金额	借或贷	余额
月	日	字	号					
1	1			月初余额			借	186 000
	5			购入材料	66 000		借	252 000
	15			生产领用		120 000	借	132 000
	31			本月合计	66 000	120 000	借	132 000

总账可以根据记账凭证登记，每月都应将本月发生的经济业务全部登记入账，并于月份终了结算出每个账户的本期借、贷方发生额及其余额，与所属明细账余额的合计数核对相符后，作为编制会计报表的主要依据。

（二）明细分类账的设置和登记

明细分类账简称明细账，是根据各单位的实际需要，分别按照二级科目或三级科目开设账户，用来分类、连续地记录有关资产、负债、所有者权益、收入、费用的详细资料，提供编制会计报表所需要的数据。因此，各核算单位在设置总分类账的同时，还应设置必要的明细分类账。这样，不仅能够从总分类账簿中了解每一个总账账户的总括情况，还可以通过有关的明细分类账了解该账户详细具体的情况。根据有关会计制度的规定和企业管理的需要，各单位都应设置各项财产物资明细账、应收应付款明细账、成本费用明细账、资本明细账和利润分配明细账等。一般来说，明细账会因记录的内容和管理的需要分别采用不同的格式。明细账的格式有三栏式、数量金额式和多栏式等格式。

1. 三栏式明细账的设置和登记

三栏式明细账在账页中只设有借方、贷方和余额三个金额栏。其格式如表2－15所示。它适用于只需要提供价值信息的账户，如应收账款明细账、应付账款明细账、预收账款明细账和预付账款明细账等结算类明细账和实收资本等资本类明细账都可采用三栏式。

表 2－15　应付账款明细账

明细科目：阳光公司　　单位：元

20×3年		凭证		摘要	借方金额	贷方金额	借或贷	余额
月	日	字	号					
1	1			月初余额			贷	8 000
	5		(1)	购买材料		50 000	贷	58 000
	20		(4)	偿还欠款	5 000		贷	53 000
	31			本月合计	5 000	50 000	贷	53 000

三栏式明细分类账是由会计人员根据审核后的记账凭证，按经济业务发生的时间先后顺序逐日逐笔进行登记的。日期栏登记经济业务发生的具体时间，与记账凭证的日期一致；凭证字、号栏登记原始凭证或记账凭证的种类和编号；摘要栏登记业务的简要内容，通常也和记账凭证中的摘要内容是一致的；借方、贷方金额栏登记账户的借方、贷方发生额；借或贷栏登记余额的方向；余额栏登记每笔业务发生后该账户的余额。

2. 数量金额式明细账的设置和登记

数量金额式明细账在“收入（借方）”“发出（贷方）”“结存（余额）”三大栏内分别设置“数量”“单价”“金额”三小栏，一般适用于既要进行金额核算又要进行实物数量核算的各项财产物资，例如，原材料明细账、库存商品明细账等。其格式如表 2－16 所示。

表 2－16　原材料明细分类账　　单位：元

类别：原料及主要材料　　材料编号：0168

品名和规格：焊枪　　储备定额：10 000 把

存放地点：1 号库　　计量单位：把

20×3年		凭证		摘要	收入			发出			结余		
月	日	字	号		数量	单价	金额	数量	单价	金额	数量	单价	金额
1	1			月初余额							4 000	1.50	6 000
	7	转	1	入库	1 000	1.50	1 500				5 000	1.50	7 500
	10	转	3	发出				2 000	1.50	3 000	3 000	1.50	4 500
	25	转	8	发出				2 000	1.50	3 000	1 000	1.50	1 500
	31			本月合计	1 000	1.50	1 500	4 000	1.50	6 000	1 000	1.50	1 500

数量金额式明细账可以由会计人员根据原始凭证按照经济业务发生的时间先后顺序逐日逐笔进行登记，也可以由仓库保管员根据原始凭证按照时间先后顺序逐日逐笔进行登记。

数量金额式明细账的具体登记方法如下：

（1）日期栏登记经济业务发生的具体日期，应与原始凭证的日期一致。

（2）凭证字、号栏按证明业务发生或完成的原始凭证进行登记，一般情况下，原材料增减业务的原始凭证叫收料单（简称“收”字）、领料单（简称“领”字）和限额领料单（简称“限领”字）；库存商品增减业务的原始凭证叫作入库单（简称“入”字）、出库单（简称“出”字）。

（3）摘要栏登记业务的简要内容，文字力求简练，但要能说明问题。

（4）借方、贷方和余额栏中的数量栏登记实际入、出库的财产物资的数量；借方单价栏和金额栏按照入库物资的单位成本和总成本登记；贷方栏的单价栏和金额栏登记发出物资的单位成本和总成本，余额栏中的单价栏和金额栏登记库存的物资的单位成本和总成本。

3. 多栏式明细账的设置和登记

根据经济业务的特点和管理的需要，在借方或贷方或借贷双方设置若干专栏，以便在一张账页上集中反映有关明细核算资料。它一般适用于成本、费用、收入、利润等明细账户。按照明细分类账登记的经济业务的特点不同，多栏式明细账账页又可分为借方多栏式、贷方多栏式和借贷方多栏式三种格式。借方多栏适用于借方需要设置多个明细项目的账户，如“生产成本”“管理费用”等成本费用类明细账户。贷方多栏适用于贷方需要设置多个明细项目的账户，如“主营业务收入”等收入类账户。借贷方多栏适用于借方、贷方均需要设置多个明细项目的账户，如应交税费——应交增值税明细账和本年利润的明细账等。其格式如表 2 – 17 所示。

表 2 – 17　　制造费用明细分类账

明细科目：一车间　　第　页　单位：元

20×3 年		凭证号码	摘要	借方					贷方	余额
月	日			职工薪酬	折旧费	机物料消耗	办公费	水电费		
4	5	（略）	分配工资	3 500						3 500
4	8	（略）	领用材料			500				4 000

续表

20×3年		凭证号码	摘要	借方					贷方	余额
月	日			职工薪酬	折旧费	机物料消耗	办公费	水电费		
4	10	（略）	支付办公费				350			4 350
4	15	（略）	支付水电费					400		4 750
4	30	（略）	计提折旧		2.000					6 750
4	30	（略）	转入生产成本						6 750	0

（三）总分类账户和明细分类账户的平行登记

根据总分类账户与其所属明细分类账户之间的关系，在会计核算中，为了便于账户记录的核对，保证会计核算资料的完整性和正确性，总分类账户与其所属明细分类账户必须采用平行登记的方法。

所谓平行登记，是指对发生的每项经济业务，都要以相关的会计凭证为依据，一方面，记入有关的总分类账户；另一方面，记入有关总分类账户所属明细分类账户的方法。总分类账户与明细分类账户平行登记的要点如下：

1. 登记的方向相同

将经济业务记入总分类账和明细分类账时，记账方向必须相同。即总分类账户记入借方，所属明细分类账户也记入借方；总分类账户记入贷方，所属明细分类账户也记入贷方。

2. 登记的期间相同

对每项经济业务在记入总分类账和明细分类账的过程中，可以有先有后，但必须在同一会计期间全部登记入账。

3. 登记的金额相等

记入总分类账户中的金额，应与记入其所属明细分类账户的金额之和相等。

只有符合上述要求才能使总分类账户的记录和明细分类账户的记录保持一致。总分类账户和明细分类账户平行登记所产生的数量关系可用公式表示如下：

总分类账户本期发生额 = 所属明细分类账户本期发生额合计

总分类账户期末余额 = 所属明细分类账户期末余额合计

会计核算过程中，通常利用这种相等关系来检查总分类账户和明细分类账户记录的完整性和正确性。

四、对账和结账

（一）对账

对账是指为了保证账簿记录的真实性和正确性，进行账簿记录的核对工作。对账工作一般从三个方面进行：

1. 账证核对

账证核对是指将各种账簿（总账、明细账以及现金日记账和银行存款日记账等）的记录与有关的会计凭证（记账凭证及所附的原始凭证）相核对。这种核对工作主要是在日常编制凭证和记账过程中进行。月终，如果发现账账不符，就应回过头去对账簿记录与会计凭证进行核对，以保证账证相符。会计凭证是登记账簿的依据，账证核对主要检查登账过程中是不是出现错误。核对时，将凭证的记录内容、数量、金额和会计科目等相互对比，保证二者相符。

2. 账账核对

账账核对是指在账证核对的基础上，各种账簿之间有关指标的核对。主要包括：

（1）总账之间的核对。期末通过编制“总账账户的本期发生额和余额表”，核对当期全部总账账户的本期借方发生额合计数与本期贷方发生额合计数是否相等；全部总账账户的期末借方余额合计数与期末贷方余额合计数是否相等。如果核对不符，则应查明原因。

（2）总账与明细账的核对。期末核对各明细账账户的本期发生额之和与其所属的总账账户的本期发生额是否相等，方向是否一致；核对各明细账账户的余额之和与其所属的总账账户的余额是否相等，方向是否一致。

（3）总账与日记账的核对。库存现金日记账和银行存款日记账的本期借方、贷方发生额合计以及余额与总账中各该账户的本期借方、贷方发生额合计以及余额是否相等。

（4）明细账的核对。会计部门有关财产物资的明细账的余额，应该同该财产物资保管部门或使用部门的登记簿或保管账所记录的内容，按月或定期进行核对，保证相符。

3. 账实核对

账实核对是指在账账核对的基础上，将会计账簿的记录与财产物资的实有数量进行核对。包括：

库存现金日记账余额与现金实际库存数额相核对；银行存款日记账账面余额与银行对账单相核对；各种材料、物资明细分类账账面余额与材料、物资实存数相核对；各种应收、应付款明细分类账账面余额与有债务、债权单位核对。

在实际会计核算工作中，账实核对一般是通过财产清查进行的。

为了保证账证核对、账账核对和账实核对相符，对账工作每年至少进行一次。

（二）结账

为了总结某一会计期间的经济活动情况，考核经营成果，必须使各种账簿记录保持完整和正确，以便于编制会计报表。为此，必须进行定期结账。

结账是在把一定时期内发生的全部经济业务登记入账的基础上，按照规定在会计期末结算出各种账簿的本期发生额合计和期末余额，并将其余额结转至下期的过程。另外，企业因撤销、合并而办理账务交接时，也需要结账。

结账按照会计期间的不同，分为月结、季结、半年结和年结。

年度终了，要把各账户的余额结转到下一个会计年度，并在摘要栏内注明“结转下年”字样；在下一年度建新账时，在新账的第一行余额栏内填写上一年的年末余额，并在摘要栏内注明“上年结转”或“期初余额”字样。

第五节 财产清查

一、财产清查的意义

（一）财产清查的概念

财产清查，就是通过对各种财产物资进行盘点和核对，确定其实存数，查明实存数与其账存数是否相符的一种专门方法。

保证财务信息资料的真实性，是对会计核算最重要的质量要求。只有真实的会计信息，才能起到会计核算应有的作用。所以，在日常核算中，应加强会计凭证的日常审核，定期地核对账簿记录，做到账证相符，账账相符。但只有账簿记录正确还不能说明账簿的记录真实可靠，因为有许多原因使各项财产的账面数额与实际结存数额发生差异，造成账实不符。这些原因主要有：在财产物资的保管过程中发生自然损耗；在管理和核算方面，由于手续不健全或制度不严密而发生错收、错付等情况；由于计量不准确，造成多收多付或少收少付等情况；由于管理不善或责任者的过失所造成的毁损、短缺、漏记、重记和计算不准等情况；甚至有可能在账实相符的情况下，由于财产物资的毁损变质使账簿记录不符合客观真实性。因此，为了保证会计记录的真实可靠，必须运用“财产清查”这一行之有效的会计核算方法，对各项财产进行清查，并与账簿记录核对，做到账实相符，并在此基础上编制会计报表。

（二）财产清查的意义

财产清查的作用概括起来，主要有以下几个方面。

1. 确保核算资料的真实可靠

通过财产清查，可以确定各项财产物资的实存数，与其账存数相核对，查明各项财产物资的账实是否相符，以及产生差异的原因，并及时调整账簿记录，使其账实相符，从而保证会计账簿记录的真实性，为编制报表做好准备。

2. 健全财产物资的管理制度

造成财产物资账实不符的大量原因，是企业管理上的问题。出现财产物资的大量盘盈、盘亏，可能是企业财产管理不善的一个信号。通过财产清查，可以发现财产管理上存在的问题，促使企业不断改进财产物资管理，健全财产物资管理制度，确保财产物资的安全、完整。

3. 挖掘财产的潜力，加速资金周转

通过财产清查，可以查明各种财产的储备和利用情况，有无储备不足或者超储积压以及不配套的财产，以便采取措施。对于储备不足的，应及时补充，保证生产经营的需要；对于积压、呆滞和不配套的，应及时进行处理或出售，避免损失、浪费。

4. 保证结算制度的贯彻执行

在财产清查中，对于债权债务等往来结算账款，也要与对方逐一核对清楚，对于各种应收、应付款项应及时结算，已确认的坏账要按规定处理，避免长期拖欠和长年挂账，共同维护结算纪律和商业信用。

二、财产清查的种类

财产的清查

财产清查的种类很多，可以按不同的标志进行分类。其分类方法主要有以下两种。

（一）按财产清查的对象和范围分为全面清查和局部清查

1. 全面清查

全面清查是对全部财产进行盘点和核对。例如，工业企业的全面清查对象一般包括：货币资金、存货、固定资产、债权债务及对外投资等。

全面清查的内容多、范围广、工作量大，一般是在以下几种情况下，才需要进行全面清查：（1）年终决算前，为了确保年终决算会计资料真实、正确，需进行一次全面清查；（2）企业关停并转或改变隶属关系，需进行全面清查，以明确经济责任；（3）中外合资、国内联营需要进行全面清查；（4）开展清产核资，需要进行全面清查，以便摸清家底；（5）单位主要负责人调离工作，需要进行全面清查。

2. 局部清查

局部清查就是根据管理的需要或依据有关规定，对部分财产物资、债权债务进行盘点和核对。其清查的主要对象是流动性较大的财产，如库存现金、银行存款、原材料和库存商品等。

局部清查范围小，内容少，但专业性较强，一般有：（1）库存现金应由出纳员在每日业务终了时点清，做到日清月结；（2）银行存款和银行借款，应由出纳员至少每月同银行核对一次；（3）原材料、在产品和产成品除年度清查外，应有计划地每月重点抽查，对于贵重的财产物资，应每月清查盘点一次；（4）债权债务，应在年度内至少核对一至两次。

（二）按照财产清查的时间分为定期清查和不定期清查

1. 定期清查

定期清查是指根据管理制度的规定和预先计划安排的时间对财产所进行的清查。这种清查的对象不定，可以是全面清查，也可以是局部清查。其清查的目的在于保证会计核算资料的真实正确，一般是在年末、季末或月末结账时进行。

2. 不定期清查

不定期清查是指事先并无计划安排，而是根据实际需要所进行的临时性清查。同定期清查一样，其清查对象可以是全面清查，也可以是局部清查。

不定期清查一般在以下几种情况下进行：（1）更换出纳员时，要对库存现金和银行存款进行清查；（2）更换仓库保管员时，要对其保管的财产进行清查；（3）发生非常灾害和意外损失时，要对受灾损失的有关财产物资进行清查，以查明损失情况；（4）有关单位对本企业进行审计时；等等。

三、财产清查的方法

财产清查，尤其是全面清查，不但涉及面广，而且工作量大，是一项复杂细致而又繁重的工作。各项清查对象的存在状态不同，保管和使用情况也不一样，因此清查的方法也有所区别。

（一）实物财产的清查方法

财产清查的重要环节是盘点财产物资的实存数量。为确定财产物资的实存数量，应建立一定的盘存制度。一般来说，财产物资的盘存制度有两种，永续盘存制和实地盘存制。

1. 实物财产的盘存制度

（1）永续盘存制。永续盘存制亦称账面盘存制。采用这种方法，平时对各项财产物资的增加数和减少数，都要根据会计凭证连续记入有关账簿，并且随时结出账面余额，即：

$$账面期末余额 = 账面期初余额 + 本期增加额 - 本期减少额$$

这种盘存制度要求财产物资的进出都有严密的手续，便于加强会计监督。在有关账簿中对财产物资的进出进行连续登记且随时结出账面结存数，便于随时掌握财产物资的占用情况及动态，有利于加强对财产物资的管理。其不足之处在于账簿中记录的财产物资的增减变动及结存情况都是根据会计凭证登记的，可能发生账实不符的情况。因此采用永续盘存制，需要对各项财产物资定期进行财产清查，以查明账实是否相符，以及账实不符的原因。

（2）实地盘存制。采用这种方法，平时只根据会计凭证在账簿中登记财产物资的增加数，不登记减少数。到月末，对各项财产物资进行盘点，根据实地盘点所确定的实存数，倒挤出本月各项财产物资的减少数，即：

$$本期减少数 = 账面期初余额 + 本期增加数 - 期末实际结存数$$

根据以上的计算倒挤出的本期减少数，再登记有关账簿，所以到月末，对各项财产物资进行实地盘点的结果，是计算、确定本月财产物资减少数的依据。

采用实地盘存制，由于平时不反映存货的已耗或已销数量，无须逐日计算结存数，因此核算工作比较简便。但是该方法下会计核算的手续不严密，不能随时反映存货的收入、发出和结存情况；由于以存计销或以存计耗，这样就把存货短缺、毁损、盗窃或浪费等原因造成的损失都隐没在已耗或已销成本中，不利于加强存货的控制和管理，影响了成本计算的正确性。因此实地盘存制是一种不完善的物资管理办法。只有小型企业、经营鲜活商品的零售企业等不能办理出库手续、商品质量不稳定的个别企业采用。

2. 清查实物财产的方法

实物财产主要包括固定资产和存货，它的清查方法一般有实地盘点和技术推算两种。

（1）实地盘点。实地盘点是指在财产物资堆放现场进行逐一清点数量或用计量仪器确定实存数的一种方法。这种方法适用范围广，要求严格，数字准确可靠，清查质量高，但工作量大。

（2）技术推算盘点。技术推算盘点是利用技术方法，如量方计尺等对财产物资的实存数进行推算的一种方法。这种方法适用于大量成堆，难以逐一清点的财产物资，如露天堆放的、体积大、数量多的矿产品、建筑用砂石等。

为了明确经济责任，进行财产物资的盘点时，有关财产物资的保管人员必须到场，并参加盘点工作。对各项财产物资的盘点结果，应逐一如实登记在“盘存单”上，并由参加盘点的人员和实物保管人员同时签章生效。“盘存单”是记录各项财产物资实存数的书面证明，也是财产清查工作的原始凭证之一。“盘存单”一般格式如表 2－18 所示。

表 2－18　　盘存单

单位名称：　　盘点时间：　　编号：

财产类别：　　存放地点：

序号	规格型号	计量单位	实存数量	单价	金额	备注
盘点人签章：***				实物保管人签章：***		

盘点完毕，将“盘存单”中所记录的实存数额与账面结存数额相核对，发现某些财产物资账实不符时，填制“实存账存对比表”，确定财产物资盘盈

或盘亏的数额。“实存账存对比表”是调整账面记录的原始凭证，也是分析盈亏原因、明确经济责任的重要依据，应严肃认真地填报。“实存账存对比表”一般格式如表 2－19 所示。

表 2－19　　　　实存账存对比表

单位名称：　　　　　　　　　　　　　　　年　月　日

序号	名称	规格型号	计量单位	单价	实存		账存		实存账存对比				备注
					数量	金额	数量	金额	盘盈		盘亏		
									数量	金额	数量	金额	
	金额合计												

（二）货币资金的清查方法

1. 库存现金的清查

库存现金的清查，是通过实地盘点的方法确定库存现金的实存数，再与库存现金日记账的账面余额核对，以查明盈亏情况。在进行现金清查时，为了明确经济责任，出纳员必须在场。

另外，库存现金的清查，除了要清查库存现金的数额外，还需要检查有无违反财经纪律的情况，不允许以借条、白条抵充库存，不允许坐支现金等。如果发现这些情况，应立即予以纠正。对于没有及时入账的合法凭证，应当立即入账；对于不合法的借条、白条，应当予以追回，并根据实际情况做出处理。盘点结束后，应当根据盘点的结果及与库存现金日记账核对的情况，填制“库存现金盘点报告表”。“库存现金盘点报告表”也是重要的原始凭证，它既起“盘存单”的作用，又起“实存账存对比表”的作用，也应严肃认真地填写。“库存现金盘点报告表”应由盘点人和出纳员共同签章方能生效，它的一般格式如表 2－20 所示。

表 2－20　　　　库存现金盘点报告表

单位名称：　　　　　　　　　　　　　　　年　月　日

实存金额	账存金额	实存与账存对比		备注
		盘盈	盘亏	
盘点人签章：				出纳员签章：

2. 银行存款的清查

银行存款的清查与实物和库存现金的清查方法不同，不是采用实地盘点，而是采取与银行核对账目的方法进行的，即将本单位的银行存款日记账与开户银行转来的对账单逐笔进行核对。在银行对账单上，逐笔登记这一段时间内单位存款的收入、支出和结存的全部情况。通过核对，如果发现双方账目不相符，要找出原因。造成双方账目不符的原因有两个：一是记账有错误，包括企业方面记账差错和银行方面记账差错；二是存在未达账项，所谓未达账项是指由于企业和银行之间对于同一项业务，由于取得凭证的时间不同，导致记账时间不一致而发生的一方已取得有关凭证已登记入账，而另一方由于尚未取得有关凭证因而未能入账的款项。对于发生的记账错误，应及时查清并进行更正；对于未达账项，应通过编制“银行存款余额调节表”进行调整。具体方法详见第三章。

（三）结算往来款项的清查方法

各种结算往来款项一般采取“函证核对法”进行清查，即通过证件同经济往来单位核对账目的方法。企业应按每一经济往来单位编制“往来款项对账单”（一式两份，其中一份作为回联单）送往各经济往来单位，对方经过核对相符后，再在回联单上加盖公章退回，表示已经核对；如果经核对数字不相符，对方应在回联单上注明情况，或另抄对账单退回本单位，进一步查明原因，再进行核对，直到相符为止。

四、财产清查结果的处理

财产清查结果的会计处理

企业对财产清查的结果，应当按照国家有关会计准则、制度的规定进行认真处理。财产清查中发现的盘盈和盘亏等问题，首先要核准金额，其次按规定的程序报经上级部门批准后，才能进行会计处理。其主要步骤如下：

（一）核准金额，查明原因

在对财产清查结果进行具体的处理之前，应对有关原始凭证中所记录的盈亏数据做全面的核实，即核准货币资金、财产物资和债权债务的盈亏金额，并对各项差异的性质及其原因进行分析，以便针对不同原因所造成的盈亏确定处理方法，提出处理意见，报送有关领导和部门批准。

（二）调整账簿记录，做到账实相符

在核准金额，查明原因的基础上，为了做到账实相符，保证会计信息真实正确，对财产清查中发现的盘盈或盘亏，应及时进行批准前的会计处理，即根据“实存账存对比表”等原始凭证编制记账凭证，并据以调整账簿记录。

（三）进行批准后的账务处理

在有关领导部门对所呈报的财产清查结果处理意见做出批示后，企业应严格按照批复意见编制有关的记账凭证，登记有关账簿，及时进行批准后的账务处理。财产清查结果的账务处理具体详见后边各项资产的内容，也可以参考视频讲解。

第六节　会计循环与会计处理程序

一、会计循环

会计循环是指按照一定的步骤反复运行的会计程序。从会计工作流程看，会计循环由确认、计量和报告等环节组成；从会计核算的具体内容看，会计循环由填制和审核会计凭证、设置会计科目和账户、复式记账、登记会计账簿、成本计算、财产清查、编制财务会计报告等组成。在企业经营程中，会计人员一开始接受的是大量的、零星的经济业务，如原材料的购买、发出，产品的生产、销售等。要在企业编制的财务报告中充分反映这些情况，就必须经过一系列有条不紊的工作程序，对这些原始的会计事项进行分类、汇总。由于每个企业单位的规模大小、经济业务的性质和繁简程度各有特点，在具体组织会计核算工作时，其具体要求也就有所不同，但会计处理的基本过程总体上是一致的。一般来说，所有的会计处理过程都需要经过证（会计凭证）、账（会计账簿）、表（财务报表）三个基本环节。

二、会计处理程序

（一）基本会计处理程序

传统记账形式下的会计处理程序包括特定的内容，我们以一个月为例来讲述：

（1）取得和审核原始凭证。业务人员办理经济业务，然后将原始凭证传递给财务人员，财务人员进行原始凭证的审核。

（2）编制记账凭证。财务人员分析审核后的原始凭证所记录的经济业务的性质，运用复式记账方法，编制会计分录，填制记账凭证。

（3）登记账簿。会计人员审核记账凭证，根据审核无误的记账凭证，登记会计账（包括现金、银行存款日记账、总分类账和明细分类账）。

（4）编制调整前试算平衡表。月末，会计人员根据账簿中所记录的账户余额或发生额编制试算平衡表，检查账簿记录的正确性。

（5）编制期末调整分录。在会计期末，依据权责发生制原则对相关账项进行调整（例如，计提折旧、计提银行借款利息等），编制调整分录，以正确计算当期损益。

（6）将调整分录登记账簿。根据记录调整分录的记账凭证登记账簿，以使相关账户能够反映调整后的最新余额。

（7）编制调整后试算平衡表。在期末调整分录登记入账后，编制调整后试算表，再次检查账簿记录的正确性。

（8）进行对账和结账。按照对账和结账的要求进行处理。

（9）编制会计报表。在调整后试算平衡表的基础上，编制月末资产负债表、利润表等。

上述会计处理程序每个月重复执行，形成固定的会计流程。

（二）信息化下的会计处理程序

随着企业信息化管理程度的不断提高，财务信息化已经成为许多企业信息管理系统的有机组成部分，会计处理的基本流程也随之发生变化。财务信息化形式下的会计处理流程极大程度采用自动化模式，减少人工操作，提高会计工作效率。很多业务在业务发生时就在计算机的业务系统填写原始凭证，然后自动传递给会计系统，会计人员审核后自动完成编制凭证、登记账簿、试算平衡、编制报表等步骤。不同企业由于经济业务类型不同和财务信息化程度不同，会计处理的自动化程度有较大差别。即使如此，所有企业会计处理的内在逻辑都是一致的。

本章小结

会计科目是对会计要素具体内容进一步分类的具体项目，是设置账户的依据。为了使会计核算指标口径一致、相互可比，我国财政部对会计科目（一级科目）进行了统一规范，企业根据实际工作需要选择使用哪些会计科目，并作为设置账户的依据。会计账户是根据会计科目设置的，具有一定的结构格式，用来分类、连续、全面地记录经济业务，反映会计要素增减变动及其结果的一种工具。

借贷记账法是以“借”“贷”为记账符号，记录和反映会计主体会计要素增减变化及其结果的一种复式记账法。经济业务发生后，按照借贷记账法，会在两个或者两个以上的对应账户中进行登记，且按照“有借必有贷，借贷必相等”的记账规则，进行登记账户。

会计凭证是指用来记录经济业务、明确经济责任、作为记账依据的书面证明。会计凭证的种类繁多，可以按照编制程序和用途进行分类，将会计凭证可分为原始凭证和记账凭证两种。会计账簿是指以会计凭证为依据，由具有一定格式并相互联系的账页组成的，用来序时、分类、全面、系统地记录和反映经济业务事项的会计簿籍。会计账簿能够提供全面、系统的会计信息，便于会计分析和会计检查，并为编制会计报表提供数据资料。

财产清查，就是通过对各种财产物资进行盘点和核对，确定其实存数，查明实存数与其账存数是否相符的一种专门方法。不同的资产有不同的清查方法：实地盘点、技术推算盘点、与银行对账、函证核对法等。财产清查结果的处理步骤：（1）核准金额，查明原因；（2）调整账簿记录，做到账实相符；（3）进行批准后的账务处理。

会计循环是指对经济业务进行分析、记录、分类、调整、总括，直至编制会计报表的整个会计程序。每个会计循环都由顺序完成的各会计步骤组成，而每个会计期间都要完成一个会计循环，持续经营的企业，会计循环在每个会计期间周而复始地持续进行。会计处理程序，是指在会计核算工作中，会计凭证和会计账簿组织、会计报表与记账程序和方法相互结合的方式。会计处理程序是以账簿体系为核心，将会计凭证、会计账簿、会计报表、记账方法有机结合起来的技术组织方法。手工记账和信息化记账有不同的处理程序。

会计思政案例分析

案例一：

企业无纸化会计实务操作——以销售业务为例

智能制造、大数据、人工智能以及物联网等新技术的应用，会计的革新与变革要求与日俱增，随着企业管理系统的智能化，财务会计也转向智能会计。我们以比较突出的SAP为例：SAP，为“system applications and products”的简称，是SAP公司的产品——企业管理解决方案的软件名称。从企业后台到公司决策层、从工厂仓库到商铺店面、从电脑桌面到移动终端，企业财务人员借助账务系统可以实现日常财务工作的无纸化办公。凭证录入、审核、登记账簿（包括：总分类账、明细账、日记账等）、结账等都由系统协助轻松完成，提高工作效率，满足财务精细化管理要求。以企业销售业务为例。

如某公司销售部门招投标中标后，与客户签订合同。根据客户要求，在客户管理系统（CRM系统）下单，生成订单，订单确定后抛转到SAP系统，系统拆分BOM，排产计划，查看物料是否齐套。并根据订单派工单，报工，产品生产完后发货，由订单履行部商务过账确认收入并根据系统开票明细开销货发票。

销售人员负责催客户付款。银企直联资金系统将银行回款流水传输至CRM系统，销售人员负责认领并录入特价单信息，认领完毕后由订单履行部商务过账至SAP系统确认收款。

成本根据SAP订单归集的物料及工单生成每个订单成本，仓储发货时，对应确认成本。成本核算采用标准成本法，研发及工程人员预先在系统中维护好产品材料组成部分、生产工艺，财务人员对各环节单位工时产生的费用进行合理预估并维护入系统。在产品生产前，系统预先根据上述信息估算单位产成品价格，形成标准成本，并以标准成本在账面进行流转。在产品工单完结后可通过系统追溯产成品实际成本与标准成本差异，进而追踪差异产生原因并提出成本改良措施。

报表由SAP系统逻辑自动生成，财务人员导出资产负债表、利润表、现金流量表等财务报表。

思考：随着科技的进步，会计核算的智能化带来了极大的便利。你认为智能化企业管理方案是否有漏洞？会计核算的智能化需要哪些部门的配合？

案例二：

张延从某财经大学毕业，于20×3年6月29日到永信公司会计科报到上班。正值月末会计科的同事们都忙得不可开交，科长安排张延编制试算平衡表。张延找到了总账账簿，经过2个小时的努力，将一张“总分类账户本期发生额和余额试算平衡表”完整地编制出来，且表上的三组数字也平衡。张延很高兴地向科长交了差。

过了一会儿，会计小高说：7月份的固定资产折旧计提表编出来了，这个月的折旧额总共是500 000元，其中车间的是400 000元，管理部门的是100 000元，但还没登记总账。接着，会计小李又说：我刚核对过了，应当记入“生产成本”和“原材料”账户的金额是60 000元，而不是600 000元，已经入账的数字应改一下。

科长要求张延修改已经完成的试算平衡表。他疑惑不解，试算平衡表不是已经平衡了吗？为什么还有错账？

要求：

1. 试算平衡了，就意味着没有错账吗？
2. 结合你学习的编制试算平衡表的相关知识，谈谈你的认识。

第三章　流动资产

学习目的与要求

本章重点理解和掌握流动资产的概念和核算方法。通过本章的学习，掌握货币资金的构成及其内部控制；掌握交易性金融资产的概念和核算方法；了解银行结算的方式；掌握应收票据、应收账款、预付账款和其他应收款的含义及核算；掌握应收款项减值的会计处理；掌握存货的概念和核算方法。

在第一章会计要素的讲述中，已经阐述了资产既可能是有形的、具有实物形态的，也可能是无形的、不具有实物形态的。同时在会计上，资产还可以按其流动性，分为流动资产和非流动资产。资产的流动性，指的资产的变现能力。流动资产是指在一年以内或者超过一年的一个营业周期内变现或者耗用的资产，包括货币资金、交易性金融资产、应收票据、应收账款、预付账款、合同资产、应收利息、应收股利、其他应收款和存货等；非流动资产是指不符合流动资产定义的资产，包括长期股权投资、固定资产、在建工程、工程物资和无形资产等。

第一节　货币资金

货币资金是指处于货币形态，可以随时用作购买手段和支付手段的资金，包括库存现金、银行存款和其他货币资金。货币资金是资产中流动性最强的，在资产负债表中列于资产的第一行。货币资金对于企业的经济活动，起着至关重要的作用。

一、库存现金

库存现金作为货币资金的重要组成部分，是指存放于企业财会部门，由出纳人员经管的，作为零星开支的纸币、硬币及外币等。

库存现金

（一）库存现金的管理

由于库存现金极容易出现舞弊，因此对于库存现金的管理，有着较为严格的规定。

1. 库存现金使用范围

根据国务院颁布的《现金管理暂行条例》的规定，企业发生下列业务可用现金支付（除此之外的业务，企业需通过开户银行办理结算）：

（1）支付给职工的工资、津贴；

（2）支付给个人的劳务报酬；

（3）根据规定发给个人的科学技术、文化艺术、体育等各种奖金；

（4）支付各种劳保福利费用以及国家规定的对个人的其他支出；

（5）向个人收购农副产品和其他物资的价款；

（6）出差人员必须随身携带的差旅费；

（7）结算起点（1 000 元人民币）以下的小额收支；

（8）银行确定需要支付现金的其他支出。

总结来看，库存现金可以用于支付给个人的支出以及结算起点以下的零星开支。

2. 库存现金限额

库存现金限额，是指实行现金管理的单位，根据日常零星现金开支需要，由银行核定的现金库存额度，是现金管理制度的一项内容。在我国，由单位提出申请，银行本着既有利于资金集中，又能满足单位日常零星现金支付需要的原则审核。一般按开户单位 3 ~ 5 天的零星开支所需现金审核；对离银行较远、交通不便的单位的库存现金限额，可以多于 5 天，但最高不得超过 15 天的日常零星开支所需现金。超过限额的现金，应及时存入银行。库存现金限额一般每年调整一次，单位如因业务发展变化需要调整，可向银行提出申请，由银行予以核定。

3. 库存现金日常收支管理

（1）现金收入应于当日送存银行；

（2）企业可以在现金使用范围内支付现金或从银行提出现金；

（3）企业从银行提取现金时，应当注明具体用途，并由财会部门负责人签字盖章后，交开户银行审核通过方可支取；

（4）企业不得坐支现金；

（5）因采购地的不同、交通不便，生产或市场急需，尤其是抢险救灾以及其他特殊情况急需使用资金的企业，应当向开户银行提出申请，由本单位财会部门负责人签字盖章，经开户银行审核批准后方可予以支付；

（6）不得“白条抵库”，不准谎报用途套取现金，不得“公款私存”，不得设置“小金库”等；

（7）不准单位之间相互借用现金；

（8）其他规定。

4. 库存现金的内部控制

（1）钱账分管制度：现金的收付及保管应由被授权的出纳人员负责，其他人员不得接触；出纳人员不得负责总分类账的登记和保管；出纳人员不得负责非现金账户的记账工作。

（2）库存现金开支审批制度：各种报销凭证，必须至少有经手人、证明人、批准人三人及以上签字；职工因公借款必须经过相关领导签字批准。

（3）库存现金日清月结制度：出纳人员应对当日的库存现金收付业务全部登记库存现金日记账，结出当日发生额和账面余额，并与库存现金的实存金额进行核对，做到账款相符；出纳人员必须对库存现金日记账按月核对。

（二）库存现金核算应设置的账户

为了核算和监督库存现金的收支和结存情况，企业设置“库存现金”科目，库存现金账户是资产类账户，反映库存现金的收入、支出、结存情况。借方登记库存现金的增加，贷方登记库存现金的减少，余额在借方，表示企业当期结余的库存现金数额（见图3－1）。

库存现金（资产类）

库存现金的增加额	库存现金的减少额
库存现金的结余数	

图3－1　库存现金的账户结构

在库存现金总账下，企业可以根据自身需要，按照币种设置明细账户，如“库存现金——美元”“库存现金——日元”等。企业还应当设置“库存现金日记账”，由现金出纳人员逐日逐笔连续登记。

（三）库存现金的核算

1. 一般会计核算

（1）现金支出业务：常见的有预借差旅费、用库存现金直接支付有关费用等业务。支出现金时，现金减少，贷记“库存现金”科目，借方按照具体情况登记有关科目。现举例如下：

【例3－1】泰山公司办公室职员张三20×3年12月3日持借款单，预借差旅费2 000元，出纳以现金付给。

借：其他应收款——张三　　2 000

　　贷：库存现金　　2 000

【例3－2】泰山公司部购买办公用品300元，现金支付。

借：管理费用　　300

　　贷：库存现金　　300

（2）现金收入业务：常见的有提现、现销商品和收回出差人员预借差旅费等的业务。收取现金时，现金增加，借记“库存现金”科目，贷记有关科目。现举例说明：

【例3－3】泰山公司20×3年12月1日，开出现金支票一张，从开户银行提取现金600元备用。

借：库存现金　　600

　　贷：银行存款　　600

【例3－4】接【例3－1】20×3年12月8日，泰山公司办公室职员张三出差归来，原借款的2 000元，出差住宿等已用1 700元（报销1 700元），剩余现金300元交回。会计分录为：

借：库存现金　　300

　　管理费用　　1 700

　　贷：其他应收款——张三　　2 000

（3）库存现金的清查：为了保护库存现金的安全完整，做到账实相符，必须做好库存现金的清查工作。现金清查的基本方法是实地清点库存现金，并将现金实存数与库存现金日记账上的余额（账面数）进行核对。实存数是指企业实有的现款额，清查时不能用借条等单据来抵充现金。每日终了应查对库存现金实存数与其账面余额是否相符。

发现现金短缺（短款，即库存现金实存数小于账面数）时，应调减“库存现金”账面数字，最终使得“库存现金”账面数和实际数相符。借记“待处理财产损溢——待处理流动资产损溢”科目，贷记“库存现金”科目，同时查找现金短缺的原因。

查出具体原因，作出相应赔偿后，报上级部门批准，属于应由责任人赔偿的部分，借记“其他应收款——应收现金短缺款”或“库存现金”等科目，贷记“待处理财产损溢——待处理流动资产损溢”科目；属于应由保险公司赔偿的部分，借记“其他应收款——应收保险赔款”科目，贷记“待处理财产损溢——待处理流动资产损溢”科目；属于无法查明的其他原因，根据管理权限，经批准后作为盘亏损失处理，借记“管理费用”科目，贷记“待处理财产损溢——待处理流动资产损溢”科目。

发现现金溢余（长款，即库存现金实存数大于账面数）时，调增“库存现金”账面数字，使得账面数和实际数相符。借记“库存现金”科目，贷记“待处理财产损溢——待处理流动资产损溢”科目。

同时查找现金溢余的原因，报上级部门批准后，属于应支付给有关人员或单位的，应借记“待处理财产损溢——待处理流动资产损溢”科目，贷记“其他应付款——应付现金损溢”科目；属于无法查明原因的现金溢余，经批准后作为盘盈利得处理，借记“待处理财产损溢——待处理流动资产损溢”科目，贷记“营业外收入——盘盈利得”科目。

【例3－5】泰山公司对现金进行清查盘点，发现短缺700元。经查，上述现金短缺的原因是由于企业被盗引起的，根据责任应由保险公司赔偿550元，应由出纳员王一赔偿150元。

借：待处理财产损溢——待处理流动资产损溢	700	
贷：库存现金		700
借：其他应收款——保险公司	550	
——王一	150	
贷：待处理财产损溢——待处理流动资产损溢		700

2. 备用金的核算

备用金是企业拨付给企业内部用款单位或职工个人作为零星开支的备用款项。企业拨付的备用金，根据管理需要，可以采用一次备用金或定额备用金制度，在“其他应收款——备用金”明细账户中进行核算。备用金的管理方法有两种，一是随借随用、用后报销制度，适用于不经常使用备用金的单位和个人；二是定额备用金制度，适用于经常使用备用金的单位和个人。定额备用金制度的特点是对于经常使用备用金的单位和个人，分别规定一个备用金定额。按定额拨付现金时计入“其他应收款”或“备用金”科目的借方和“库存现金”科目的贷方。报销时，补足用掉的额度，使备用金保持原有的定额数。

二、银行存款

银行存款
及其他货币资金

（一）银行存款账户的分类

银行存款是企业存入银行或其他金融机构的各种款项。企业在日常生产经营活动中发生的结算业务，除少量按规定可以用现金支付外（见前述库存现金使用范围），大部分都必须通过银行办理转账结算。一个企业可以根据需要在银行开立四种账户，包括基本存款账户、一般存款账户、临时存款账户和专用存款账户。

基本存款账户是存款人因办理日常转账结算和现金收付需要开立的银行结算账户。任何单位都只能开立一个基本存款账户。

一般存款账户是指存款人因借款或其他结算需要，在基本存款账户开户银行以外的银行开立的银行结算账户。该账户可以办理现金缴存，但不得办理现金支取。

临时存款账户是企业因临时经营活动需要而开立的账户，企业可以通过本账户办理转账结算和根据国家现金管理的规定办理现金收付。

专用存款账户是企业因特殊用途需要而开立的账户。

（二）银行结算方式

1. 支票

支票是指发票人签发的，委托银行等金融机构于见票时支付一定金额给收款人或其他指定人的一种票据。支票一律记名，转账支票可以背书转让，但用于支取现金的支票不得背书转让；提示付款期为 10 天。支票签发的日期、大小写金额和收款人名称不得更改，其他内容有误，可以划线更正，并加盖预留银行印鉴以证明；支票发生遗失，可以向付款银行申请挂失；挂失前已经支付，银行不予受理。出票人签发空头支票、印章与银行预留印鉴不符的支票、使用支付密码但支付密码错误的支票，银行除将支票做退票处理外，还要按票面金额处以 5%但不低于 1 000 元的罚款。

2. 银行本票

银行本票是申请人将款项交存银行，由银行签发的、承诺自己在见票时无条件支付确定金额给收款人或者持票人的票据。银行本票按照其金额是否固定，可分为不定额和定额两种。不定额银行本票是指凭证上金额栏是空白的，签发时根据实际需要填写金额（起点金额为100元），并用压数机压印金额的银行本票；定额银行本票是指凭证上预先印有固定面额的银行本票。定额银行本票面额为1 000元、5 000元、10 000元和50 000元，其提示付款期限自出票日起最长不得超过2个月。银行本票适用于同一票据交换区域内的银行结算业务。银行本票可以用于转账，填明“现金”字样的银行本票，也可以用于支取现金，现金银行本票的申请人和收款人均为个人。银行本票可以背书转让，但填明“现金”字样的银行本票不能背书转让。银行本票的提示付款期限自出票日起2个月。

3. 银行汇票

银行汇票是指由出票银行签发的，由其在见票时按照实际结算金额无条件付给收款人或者持票人的票据。银行汇票的出票银行为经中国人民银行批准办理银行汇票的银行。多用于办理异地转账结算和支取现金。银行汇票有使用灵活、票随人到、兑现性强等特点，适用于先收款后发货或钱货两清的商品交易。

4. 商业汇票

商业汇票是出票人签发的，委托付款人在指定日期无条件支付确定金额给收款人或者持票人的票据。在银行开立存款账户的法人以及其他组织之间，必须具有真实的交易关系或债权债务关系，才能使用商业汇票。它适用于同城或异地结算。商业汇票的付款期限，纸质商业汇票的最长付款期限为6个月，而电子商业汇票的最长付款期限为1年。

商业汇票按照承兑人的不同，分为商业承兑汇票和银行承兑汇票。

商业承兑汇票是由银行以外的付款人承兑的票据。商业承兑汇票可以由付款人签发并承兑，也可以由收款人签发交由付款人承兑。商业承兑汇票的出票人，为在银行开立存款账户的法人以及其他组织，与付款人具有真实的委托付款关系，具有支付汇票金额的可靠资金来源。

银行承兑汇票是由在承兑银行开立存款账户的存款人出票，向开户银行申请并经银行审查同意承兑的，保证在指定日期无条件支付确定金额给收款人或持票人的票据。对出票人签发的商业汇票进行承兑是银行基于对出票人资信的认可而给予的信用支持。银行承兑汇票按票面金额向承兑申请人收取万分之五的手续费，不足10元的按10元计。承兑期限最长不超过6个月。票据到期，如果承兑申请人在承兑银行的存款不足以支付票款，承兑银行仍然无条件支付票款，但要向承兑申请人每天按照票面金额万分之五计收罚息。

5. 汇兑

汇兑是汇款人委托银行将其款项支付给收款人的结算方式。汇兑分为电汇和信汇两种，由汇款人自行选择。单位和个人的各种款项的结算，均可使用汇兑结算方式。这种方式便于汇款人向异地的收款人主动付款，适用范围十分广泛。

6. 委托收款

委托收款是指收款人委托银行向付款人收取款项的结算方式。委托收款分邮寄和电报划回两种，由收款人选用。前者是以邮寄方式由收款人开户银行向付款人开户银行转送委托收款凭证、提供收款依据的方式；后者则是以电报方式由收款人开户银行向付款人开户银行转送委托收款凭证、提供收款依据的方式。无论是单位还是个人都可凭已承兑商业汇票、债券、存单等付款人债务证明办理委托收款。

收款人办理委托收款应填写邮划委托收款凭证或电划委托收款凭证并签章，将委托收款凭证和有关的债务证明一起提交收款人开户行，开户行审查委托收款凭证和有关的债务证明是否符合有关规定。将委托收款凭证和有关的债务证明寄交付款人开户行办理委托收款。

付款人应于接到通知的 3 日内书面通知银行付款。付款人未在规定期限内通知银行付款的，视同同意付款，银行应于付款人接到通知日的次日起第 4 日上午开始营业时，将款项划给收款人。银行在办理划款时，付款人存款账户不足支付的，应通过被委托银行向收款人发出未付款项通知书。按照有关办法规定，债务证明留存付款人开户银行的，应将其债务证明连同未付款项通知书邮寄被委托银行转交收款人。

付款人审查有关债务证明后，对收款人委托收取的款项需要拒绝付款的，可以办理拒绝付款。以银行为付款人的，应自收到委托收款及债务证明的次日起 3 日内出具拒绝证明连同有关债务证明、凭证寄给被委托银行，转交收款人。以单位为付款人的，应在付款人接到通知日的次日起 3 日内出具拒绝证明，持有债务证明的，应将其送交付款人开户银行，银行将拒绝证明、债务证明和有关凭证一并寄给被委托银行（收款人开户银行），转交收款人。

7. 异地托收承付

异地托收承付是根据购销合同由收款单位发货后委托银行向异地付款单位收取款项，由付款单位向银行承兑付款的结算方式。使用托收承付结算方式的收款、付款单位，必须是国有企业、供销合作社以及经营管理较好的城乡集体所有制企业。所结算款项，必须是签订购销合同的商品交易款项。

8. 信用卡

信用卡是指商业银行向个人或单位发行的，凭以向特约单位购物、消费和向银行存取现金，且具有消费信用的特制载体卡片。

9. 信用证

信用证是国际结算的一种主要方式，它是进口银行应进口方要求，向出口方（收益人）开立，以收益人按规定提供单据和汇票为前提的、支付一定金额的书面承诺，它是一种有条件的付款凭证。经中国人民银行批准经营结算业务的商业银行总行以及经商业银行总行批准开办信用证结算业务的分支机构，也可以办理国内企业之间商品交易的信用证结算业务。

（三）银行存款核算应设置的账户

银行存款的总分类核算是为了总括地反映和监督企业在银行开立结算账户的收支结存情况。在核算时，应设置“银行存款”科目。“银行存款”科目为资产类科目，用来核算企业存入银行的各种存款。借方登记银行存款的增加（存入），贷方登记银行存款的减少（提取或支出），余额在借方，表示银行存款的结余数（见图3-2）。企业可以根据不同银行和不同币种分别设置二级明细科目和三级明细科目，如“银行存款——中国银行——美元”，具体设置情况根据企业自身需要而定。企业还应设置“银行存款日记账”对银行存款进行序时核算。该账簿由出纳人员根据审核无误的收付款凭证，按照业务发生的先后顺序逐日逐笔进行登记。

企业的外埠存款、银行本票存款、银行汇票存款等在“其他货币资金”科目核算，不在本科目内核算。

银行存款（资产类）

银行存款的增加额	银行存款的减少额
银行存款的实有数	

图3-2 银行存款的账户结构

（四）银行存款的核算

1. 银行存款的会计处理

【例3-6】泰山公司20×3年6月2日发生如下银行存款支出业务：购买办公用品5 000元，用银行存款结算。

借：管理费用　　5 000

　　贷：银行存款　　5 000

【例3-7】泰山公司20×3年6月3日发生如下银行存款业务：销售商品

收到销售货款56 500元，其中增值税6 500元。

借：银行存款 56 500

贷：主营业务收入 50 000

应交税费——应交增值税（销项税额） 6 500

2. 银行存款的核对

为了及时了解银行存款的收支情况，避免银行存款账目发生差错，企业"银行存款日记账"应定期与银行提供的"银行对账单"进行逐笔核对，至少每月核对一次。核对时如发现双方余额不一致，应及时查找原因。

银行存款的清查

双方余额不一致的原因主要有两个：一是属于记账差错，此种情况要立即更正；二是由于未达账项引起。所谓未达账项，是指企业与银行之间由于双方收付结算凭证的传递方式和入账时间的不一致，而形成一方已经记账，而另一方尚未登记入账的款项。凭证的传递需要一定的时间，同一笔业务，企业和银行各自入账的时间不一定相同。在同一日期，企业银行存款日记账的余额与银行对账单企业存款的余额往往不一致。原因可能在于以下四种情况：

（1）银行已收款入账，但企业未收到收款凭证，企业未登记入账的款项；

（2）银行已付款入账，但企业未收到付款凭证，企业未登记入账的款项；

（3）企业已收款入账，但银行未收到通知，尚未入账的款项；

（4）企业已付款入账，但银行未收到通知，尚未入账的款项。

在核对银行存款的过程中，需要编制"银行存款余额调节表"。调节之后，双方余额如果不相等，说明记账存在错误或者还有未发现的未达账项，需要进一步核对；如果调节后双方余额相等，一般说明双方记账没有错误。

【例3-8】泰山公司20×3年12月31日银行存款日记账余额为42 600元，银行对账单余额为47 700元，经过二者核对发现以下差异：

（1）12月20日，委托银行收款，金额2 000元，银行已经收妥入账，但企业尚未收到收款通知；

（2）12月26日开出的转账支票1张6 700元，持票人尚未到银行办理转账手续；

（3）12月29日，存入银行支票一张，金额为1 500元，银行已经承办，企业已凭回单记账，银行尚未收回款项；

（4）12月31日，银行代付水电费2 100元，企业尚未收到付款通知。

要求：根据上述资料编制银行存款余额调节表（见表3-1）。

表 3-1　　银行存款余额调节表

20×3 年 12 月 31 日

项目	余额（元）	项目	余额（元）
银行对账单余额	47 700	企业银行存款日记账余额	42 600
加：已存入银行，但银行尚未入账的款项	1 500（3）	加：银行已收款入账，但企业尚未收到收款通知尚未入账金额	2 000（1）
减：转账支票已开出，但收款人尚未办理转账的金额	6 700（2）	减：银行已付款入账，但企业未收付款通知尚未入账款项	2 100（4）
调节后的余额	42 500	调节后的余额	42 500

上述调节后的余额，是泰山公司可以动用的银行存款数额。需要注意的是：银行存款余额调节表只是用来核对的作用，而不能作为原始凭证进行记账。待未达账项的结算凭证到达后，才能进行账务处理。

三、其他货币资金

（一）其他货币资金的内容

其他货币资金是指除库存现金、银行存款之外的货币资金，包括外埠存款、银行汇票存款、银行本票存款、信用卡存款、信用证保证金存款、存出投资款。外埠存款，是指企业到外地进行临时或零星采购时，汇往采购地银行开立采购专户的款项。银行汇票存款，是指企业为取得银行汇票按照规定存入银行的款项。银行本票存款，是指企业为取得银行本票按照规定存入银行的款项。信用卡存款，是指企业为取得信用卡按照规定存入银行的款项。信用证保证金存款，是指企业为取得信用证按照规定存入银行的保证金。存出投资款，是指企业已存入证券公司但尚未购买股票、基金等投资对象的款项。微信、支付宝存款，是指企业以单位名义开通微信、支付宝后存入第三方支付平台的款项。

（二）其他货币资金的核算

其他货币资金的账户结构、会计核算和银行存款的账户结构与会计核算有很多相似之处，此处不再赘述其他货币资金的账户结构。其他货币资金也是存放在银行或者金融机构的款项，只不过是其已经指定用途，不能随时支取。在公司资产负债表中，货币资金的列示包括库存现金、银行存款和其他货币资金，以三者的总额列示，但我们可以通过相应的报表附注看到哪些是其他货币资金，即多少金额的存款已经被限制用途。

1. 外埠存款的核算

外埠存款是指企业到外地进行临时或零星的采购时，汇往采购地银行并开立采购专户的款项。当企业将款项委托当地银行汇往采购地开立专户时借记“其他货币资金”科目，贷记“银行存款”科目；企业收到采购员交来发票账单等报销凭证时借记“原材料（或在途物资）”“应交税费”科目，贷记“其他货币资金”科目；采购地银行将多余款项转回当地银行结算户时借记“银行存款”科目，贷记“其他货币资金”科目。

【例3－9】泰山公司20×3年5月8日，因零星采购需要，将款项50 000元汇往上海并开立采购专户，会计部门应根据银行转来的回单联，填制记账凭证。

借：其他货币资金——外埠存款　　50 000
　　贷：银行存款　　50 000

2. 银行汇票的核算

银行汇票存款是指企业为了取得银行汇票，按照规定存入银行的款项。当企业取得银行汇票后，根据银行盖章退回的委托书存根联，借记“其他货币资金”科目，贷记“银行存款”科目；企业用银行汇票与销货单位结算购货款时，借记“在途物资（或原材料）”“应交税费”科目，贷记“其他货币资金”科目；若有多余款项退回时，借记“银行存款”科目，贷记“其他货币资金”科目。

【例3－10】20×3年6月11日，泰山公司用银行签发的银行汇票支付采购材料货款22 600元，其中应交增值税2 600元，材料已入库，企业记账的原始凭证是银行转来的银行汇票第四联及所附发货票账单等凭证。

借：原材料　　20 000
　　应交税费——应交增值税（进项税额）　　2 600
　　贷：其他货币资金——银行汇票　　22 600

3. 银行本票的核算

银行本票存款是企业为了取得银行本票按规定存入银行的款项。有关银行本票取得、使用及退回余额等账务处理同银行汇票存款。

4. 信用卡存款的核算

企业申请使用信用卡时，应按规定填制申请表，并连同支票和有关资料一并送交发卡银行。根据银行盖章退回的进账单第一联，借记“其他货币资金”科目，贷记“银行存款”科目；企业用信用卡购物和支付有关费用，借记有关科目，贷记“其他货币资金”科目；企业信用卡在使用过程中。需要向其他账户续存资金的，借记“其他货币资金”科目，贷记“银行存款”科目。

【例3-11】 20×3年5月2日，泰山公司因开展经济业务需要向银行申请办理信用卡，开出转账支票一张，金额100 000元，收到进账单第一联和信用卡。

借：其他货币资金——信用卡 100 000
　　贷：银行存款 100 000

5. 信用证保证金的核算

企业申请信用证进行结算时，应向银行交纳保证金，根据银行退回的进账单，借记“其他货币资金”科目，贷记“银行存款”科目；根据开证行交来的信用证来单通知书及有关单据列明的金额，借记“在途物资（或原材料）”“应交税费”科目，贷记“其他货币资金”科目。

【例3-12】 20×3年6月20日，泰山公司收到银行转来的进口货物信用证通知书，根据海关出具的完税凭证，进口货物的成本1 100 000元，应交增值税143 000元，货物已验收入库。

借：原材料 1 100 000
　　应交税费——应交增值税（进项税额） 143 000
　　贷：其他货币资金——信用证保证金 1 243 000

6. 存出投资款的核算

企业存出投资款时借记“其他货币资金”科目，贷记“银行存款”科目；用存出投资款购入金融资产时，借记有关科目，贷记“其他货币资金”科目。

【例3-13】 20×3年4月15日，泰山公司利用证券投资账户从二级市场购买兴业银行股票100 000股，每股市价13.50元，发生交易费用2 460元，作为交易性金融资产。

借：交易性金融资产 1 350 000
　　投资收益 2 460
　　贷：其他货币资金——存出投资款 1 352 460

7. 微信、支付宝存款的核算

随着互联网科技的发展，第三方支付平台如微信、支付宝等，丰富了业务结算手段。企业通过微信、支付宝平台结转款项也在其他货币资金账户核算。企业以单位名义开通微信、支付宝后，发生收款业务时，借记“其他货币资金”科目，贷记“主营业务收入”“应交税费——应交增值税（销项税额）”等科目；发生购货业务等支付款项时，借记“原材料”“应交税费——

应交增值税（进项税额）”等科目，贷记“其他货币资金”科目。提款时，借记“银行存款”科目，贷记“其他货币资金”科目。

【例3-14】 20×3年4月25日，泰山公司销售商品共计10 000元，增值税1 300元，通过支付宝收款。

借：其他货币资金——支付宝　　11 300
　　贷：主营业务收入　　10 000
　　　　应交税费——应交增值税（销项税额）　　1 300

第二节　交易性金融资产

交易性金融资产

一、交易性金融资产概述

在企业全部资产中，库存现金、银行存款、应收账款、应收票据、贷款、其他应收款、应收利息、债券投资、股票投资、基金投资及衍生金融资产等统称为金融资产。按照《企业会计准则第22号——金融工具确认和计量》的规定，企业应当根据管理金融资产的业务模式和金融资产的合同现金流量特征，将金融资产划分为以下三类：（1）以摊余成本计量的金融资产；（2）以公允价值计量且其变动计入其他综合收益的金融资产；（3）以公允价值计量且其变动计入当期损益的金融资产。

企业管理金融资产的业务模式，是指企业如何管理其金融资产以产生现金流量。业务模式决定企业所管理金融资产现金流量的来源是收取合同现金流量、出售金融资产还是二者兼有。企业管理金融资产的业务模式，应当以企业关键管理人员决定对金融资产进行管理的特定业务目标为基础确定。

金融资产的合同现金流量特征，是指金融工具合同约定的、反映相关金融资产经济特征的现金流量属性。

通常把以公允价值计量且其变动计入当期损益的金融资产称为“交易性金融资产”，它是企业为了近期内出售而持有的金融资产。从企业管理金融资产的业务模式看，企业关键管理人员决定对交易性金融资产进行管理的业务目标是以“交易”为目的，而非为收取合同现金流量（即与基本借贷安排相一致，如本金加利息）而持有，也不是为既以收取合同现金流量为目标又以出售该金融资产为目标而持有，仅仅是通过“交易性”活动，即频繁地购买和出售，从市场价格的短期波动中，赚取买卖差价，使企业闲置的资金能获得较高的投资回报。

企业以赚取差价为目的从二级市场购入的股票、债券、基金等；或者是在初始确认时属于集中管理的可辨认金融工具组合的一部分，且有客观证据表明近期实际存在短期获利模式的金融资产等，如企业管理的以公允价值进行业绩考核的某项投资组合，都属于交易性金融资产。

需要说明的是，从金融资产的合同现金流量特征看，尽管交易性金融资产仍将收取合同现金流量，但只是偶尔为之，并非为了实现业务模式目标（收取合同现金流量）而不可或缺。

交易性金融资产预期能在短期内变现以满足日常经营的需要，因此，在资产负债表中作为流动资产列示。

二、交易性金融资产的核算

（一）设置的会计科目

为了反映和监督交易性金融资产的取得、收取现金股利或利息、出售等情况，企业应当设置“交易性金融资产”“公允价值变动损益”“投资收益”等科目进行核算。

“交易性金融资产”科目（见图3－3）。它属于资产类会计科目，核算以公允价值计量且其变动计入当期损益的金融资产。其借方登记交易性金融资产的取得成本、资产负债表日其公允价值高于账面余额的差额，以及出售交易性金融资产时结转公允价值低于账面余额的变动金额；贷方登记资产负债表日其公允价值低于账面余额的差额，以及企业出售交易性金融资产时结转的成本和公允价值高于账面余额的变动金额。该科目应当按照交易性金融资产的类别和品种，分别设置“成本”“公允价值变动”等明细科目进行核算。

交易性金融资产——××投资（成本）（资产类）

取得交易性金融资产时取得成本的增加	处置交易性金融资产时结转的成本
期末持有的交易性金融资产的取得成本	

(1)

交易性金融资产——××投资（公允价值变动）（资产类）

资产负债表日交易性金融资产公允价值高于账面余额的差额； 处置交易性金融资产时结转的公允价值低于账面余额的变动金额	资产负债表日交易性金融资产公允价值低于账面余额的差额； 处置交易性金融资产时结转的公允价值高于账面余额的变动金额
期末持有的交易性金融资产公允价值高于账面余额的净差额	期末持有的交易性金融资产公允价值低于账面余额的净差额

（2）

图3－3　交易性金融资产的账户结构

“交易性金融资产——××投资（成本）”科目反映企业取得交易性金融资产取得成本的增减变动和结余情况，借方登记取得交易性金融资产时取得成本的增加，贷方登记处置交易性金融资产时结转的成本，借方余额反映期末持有的交易性金融资产的取得成本。

“交易性金融资产——××投资（公允价值变动）”科目反映企业持有的交易性金融资产公允价值的变动情况。它的借方登记交易性金融资产在资产负债表日其公允价值高于账面余额的差额及处置时结转的公允价值低于账面余额的变动金额；它的贷方登记交易性金融资产在资产负债表日其公允价值低于账面余额的差额及处置时结转的公允价值高于账面余额的变动金额。若为借方余额，反映期末持有的交易性金融资产公允价值高于账面余额的净差额；若为贷方余额，反映期末持有的交易性金融资产公允价值低于账面余额的净差额。

“公允价值变动损益”科目（见图3－4）。它属于损益类科目，用来核算企业持有的交易性金融资产公允价值变动形成的应计入当期损益的金额，贷方登记期末企业持有的交易性金融资产的公允价值高于账面余额的差额；借方登记期末企业持有的交易性金融资产的公允价值低于账面余额的差额；该科目的余额期末转入“本年利润”科目，结转后没有余额。

公允价值变动损益（损益类）

持有的交易性金融资产的期末公允价值低于账面余额的差额； 期末转入“本年利润”账户的公允价值变动净收益	持有的交易性金融资产的期末公允价值高于账面余额的差额； 期末转入“本年利润”账户的公允价值变动净损失

图3－4　公允价值变动损益的账户结构

“投资收益”科目（见图3－5）。它属于损益类科目，用来核算企业对外投资所取得的收益或发生的损失。在核算交易性金融资产时，借方登记企业取得交易性金融资产时支付的交易费用、出售交易性金融资产等发生的投资损失；贷方登记企业持有交易性金融资产等的期间内取得的投资收益以及出售交易性金融资产等实现的投资收益。期末结转“本年利润”前的贷方余额反映投资净收益，如为借方余额，则反映投资净损失。期末，应将本科目余额全部转入“本年利润”科目。期末结转后，本科目应无余额。本科目应按投资项目设置明细科目进行核算。

投资收益（损益类）

取得交易性金融资产时支付的交易费用； 出售交易性金融资产等发生的投资损失； 期末转入“本年利润”账户的投资净收益	持有交易性金融资产等的期间内取得的投资收益； 出售交易性金融资产等实现的投资收益； 期末转入“本年利润”账户的投资净损失

图3－5 投资收益的账户结构

（二）取得交易性金融资产的核算

企业取得交易性金融资产时，应当按照该金融资产取得时的公允价值作为其初始入账金额。金融资产的公允价值，应当以市场交易价格为基础确定。

企业取得交易性金融资产所支付价款中包含的已宣告但尚未发放的现金股利或已到付息期但尚未领取的债券利息，应当单独确认为应收项目。

企业取得交易性金融资产所发生的相关交易费用应当在发生时计入当期损益，冲减投资收益。交易费用是指可直接归属于购买、发行或处置金融工具的增量费用。增量费用是指企业没有发生购买、发行或处置相关金融工具的情形就不会发生的费用，包括支付给代理机构、咨询公司、券商、证券交易所、政府有关部门等的手续费、佣金、相关税费以及其他必要支出，不包括债券溢价、折价、融资费用、内部管理成本和持有成本等与交易不直接相关的费用。

企业取得交易性金融资产，应当按照该金融资产取得时的公允价值，借记“交易性金融资产——成本”科目，按照发生的交易费用，借记“投资收益”科目，按照实际支付的金额，贷记“其他货币资金”等科目。

对于交易性金融资产取得时实际支付的价款中包含的已宣告但尚未发放的现金股利，或已到付息期但尚未领取的债券利息，属于在购买时暂时垫付的资金，因此在实际收到时冲减已记的“应收股利”或“应收利息”，不确认投资收益。

【例3－15】 泰山公司20×3年4月1日从上海证券交易所购入A上市公司股票2 000 000股，该笔股票投资在购买日的公允价值为20 000 000元，另支付相关交易费用50 000元。泰山公司将其划分为交易性金融资产进行管理和核算。不考虑相关税费和其他因素。泰山公司应编制如下会计分录：

20×3年4月1日，购买A上市公司股票时：

借：交易性金融资产——A公司股票（成本）　　20 000 000

　　贷：其他货币资金——存出投资款　　20 000 000

20×3年4月1日，支付相关交易费用时：

借：投资收益——A公司股票　　50 000

　　贷：其他货币资金——存出投资款　　50 000

在本例中，取得交易性金融资产所发生的相关交易费用50 000元，应当在发生时记入“投资收益”科目，而不记入“交易性金融资产——成本”科目。

【例3－16】 泰山公司20×3年6月1日从上海证券交易所购入A上市公司股票2 000 000股，支付价款20 000 000元（其中包含已宣告但尚未发放的现金股利1 200 000元），另支付相关交易费用50 000元。泰山公司将其划分为交易性金融资产进行管理和核算。不考虑相关税费和其他因素。泰山公司应编制如下会计分录：

20×3年6月1日，购买A上市公司股票时：

借：交易性金融资产——A公司股票（成本）　　18 800 000

　　应收股利——A公司股票　　1 200 000

　　贷：其他货币资金——存出投资款　　20 000 000

20×3年6月1日，支付相关交易费用时：

借：投资收益——A公司股票　　50 000

　　贷：其他货币资金——存出投资款　　50 000

在本例中，取得交易性金融资产所发生的相关交易费用50 000元，应当在发生时记入“投资收益”科目，而不记入“交易性金融资产——成本”科目。取得交易性金融资产支付价款20 000 000元中所包含的已宣告但尚未发放的现金股利120 000元，应当记入“应收股利”科目。

【例3－17】 承【例3－16】，假定20×3年6月20日，泰山公司收到A

上市公司向其发放的现金股利 1 200 000 元，并存入银行。假定不考虑相关税费。泰山公司应编制如下会计分录：

借：其他货币资金——存出投资款　　1 200 000

　　贷：应收股利——A 公司股票　　1 200 000

（三）持有交易性金融资产的核算

（1）企业持有交易性金融资产期间对于被投资单位宣告发放的现金股利或已到付息期但尚未领取的债券利息，应当确认为应收项目，并计入投资收益，即借记“应收股利”或“应收利息”科目，贷记“投资收益”科目；实际收到款项时作为冲减应收项目处理，即借记“其他货币资金”等科目，贷记“应收股利”或“应收利息”科目。

【例 3 –18】 承【例 3 – 16】，假定 20 ×4 年 3 月 20 日，A 上市公司宣告发放 20 ×3 年现金股利，泰山公司按其持有该公司股份计算确定的应分得的现金股利为 1 600 000 元。不考虑相关税费和其他因素。泰山公司应编制如下会计分录：

借：应收股利——A 公司股票　　1 600 000

　　贷：投资收益——A 公司股票　　1 600 000

（2）资产负债表日，交易性金融资产应当按照公允价值计量，公允价值与账面余额之间的差额计入当期损益。

企业应当在资产负债表日按照交易性金融资产公允价值高于其账面余额的差额，借记“交易性金融资产——公允价值变动”科目，贷记“公允价值变动损益”科目；公允价值低于其账面余额的差额作相反的会计分录，借记“公允价值变动损益”科目，贷记“交易性金融资产——公允价值变动”科目。

【例 3 –19】 承【例 3 – 16】，假定 20 ×3 年 6 月 30 日，泰山公司持有 A 上市公司股票的公允价值为 17 200 000 元；20 ×3 年 12 月 31 日，泰山公司持有 A 上市公司股票的公允价值为 24 800 000 元。不考虑相关税费和其他因素。泰山公司应编制如下会计分录：

（1）20 ×3 年 6 月 30 日，确认 A 上市公司股票的公允价值变动损益时：

借：公允价值变动损益——A 公司股票　　1 600 000

　　贷：交易性金融资产——A 公司股票（公允价值变动）

　　　　1 600 000

（2）20 ×3 年 12 月 31 日，确认 A 上市公司股票的公允价值变动损益时：

借：交易性金融资产——A 公司股票（公允价值变动）

7 600 000

贷：公允价值变动损益——A 公司股票 7 600 000

在本例中，20×3 年 6 月 30 日为资产负债表日，泰山公司持有 A 上市公司股票在该日公允价值 17 200 000 元，账面余额 18 800 000 元（即 20×3 年 6 月 1 日的公允价值 18 800 000 元），公允价值小于账面余额 1 600 000 元，应记入“公允价值变动损益”科目的借方；20×3 年 12 月 31 日，泰山公司持有 A 上市公司股票在该日公允价值 24 800 000 元，账面余额 17 200 000 元（即 20×3 年 6 月 30 日的公允价值 17 200 000 元），公允价值大于账面余额 7 600 000 元，应记入“公允价值变动损益”科目的贷方。

（四）出售交易性金融资产的核算

企业需要周转资金或决定投资于更有利的机会时，可以将持有的交易性金融资产在证券市场上出售。企业出售交易性金融资产时，应当将该金融资产出售时的公允价值与其账面余额之间的差额作为投资损益进行会计处理。

企业出售交易性金融资产，应当按照实际收到的金额，借记“其他货币资金”等科目，按照该金融资产的账面余额的成本部分，贷记“交易性金融资产——成本”科目，按照该金融资产的账面余额的公允价值变动部分，贷记或借记“交易性金融资产——公允价值变动”科目，按照其差额，贷记或借记“投资收益”科目。

【例 3-20】 承【例 3-19】，假定 20×4 年 4 月 30 日，泰山公司出售所持有的全部 A 上市公司股票，价款为 24 200 000 元。不考虑相关税费和其他因素。泰山公司应编制如下会计分录：

借：其他货币资金——存出投资款 24 200 000

投资收益——A 上市公司股票 600 000

贷：交易性金融资产——A 上市公司股票（成本） 18 800 000

交易性金融资产——A 上市公司股票（公允价值变动）

6 000 000

在本例中，20×4 年 4 月 30 日，泰山公司出售持有 A 上市公司全部股票的价款 24 200 000 元与账面余额 24 800 000 元（即 20×3 年 12 月 31 日的公允价值 24 800 000 元）之间的差额 -600 000 应当作投资损失，记入“投资收益”科目的借方。

第三节 应收及预付款项

一、应收票据

（一）应收票据概述

应收票据是指企业因销售商品、提供劳务等而收到的商业汇票。商业汇票是出票人签发的，委托付款人在指定日期无条件支付确定金额给收款人或持票人的票据。其付款期分为：纸质商业汇票最长不得超过6个月，电子商业汇票最长不得超过1年。出票后定日付款的汇票付款期限自出票日起计算，并在汇票上记载具体的到期日；出票后定期付款的汇票付款期限自出票日起按月计算，并在汇票上记载；商业汇票的提示付款期限为自汇票到期日起10天内。符合条件的商业汇票的持票人，可以持未到期的商业汇票连同贴现凭证向银行申请贴现。

根据承兑人不同，商业汇票具体可分为银行承兑汇票和商业承兑汇票。银行承兑汇票是指在承兑银行开立存款账户的存款人签发，由承兑银行承兑的票据。商业承兑汇票是指由付款人签发并承兑，或由收款人签发交由付款人承兑的汇票。

根据是否计息，商业汇票又分为不带息商业汇票和带息商业汇票。不带息商业汇票是指商业汇票到期时，承兑人只按票据面值向收款人或被背书人支付款项的票据，即票据到期值与票据面值相等。带息商业汇票是指商业汇票到期时，承兑人必须按票面金额加上应计利息向承兑人或被背书人支付票款的票据，即票据到期值等于票据面值与票据利息之和。

根据票据是否带有追索权，商业汇票分为带追索权的商业汇票与不带追索权的商业汇票。带追索权的票据贴现是指贴现企业将未到期的票据向银行贴现后，根据贴现企业和贴现银行之间的协议，在所贴现的票据到期，贴现银行无法收回款项时，贴现银行有权向贴现企业追偿；不带追索权的票据贴现，是指贴现企业将未到期的票据向银行贴现后，根据贴现企业和贴现银行之间的协议，在所贴现的票据到期，银行无法收回款项时，银行无权向贴现企业追偿。

需要注意的是，在我国，大部分票据（除商业汇票外）均为即期票据，比如支票、银行本票、银行汇票等可以即刻收款或者存入银行成为货币资金，不需要作为应收票据进行核算。

（二）应收票据的核算

为了反映和监督应收票据取得、票款收回等经济业务，企业应当设置“应收票据”账户。“应收票据”账户借方登记取得应收票据的面值，贷方登记到期收回的票款，期末余额在借方，反映企业持有的商业汇票的票面金额（见图3－6）。“应收票据”账户可按照开出、承兑商业汇票的单位进行明细核算，并设置“应收票据备查簿”，逐笔登记商业汇票的种类、号数和出票日的票面金额、交易合同号和付款人、承兑人、背书人的姓名或单位名称、到期日、背书转让日、贴现日、贴现率和贴现净额以及收款日和收回金额、退票情况等资料、商业汇票到期结清票款或退票后，在备查簿中予以注销。

应收票据
和预付账款

应收票据（资产类）

企业因销售商品、提供劳务等收到的商业汇票的票面金额	因收回、转让和贴现等原因减少的应收票据的票面金额
企业持有的商业汇票的票面金额	

图3－6 应收票据的账户结构

1. 收到抵偿应收账款的商业汇票

收到抵偿应收账款的商业汇票时，借记“应收票据”科目，贷记“应收账款”科目。

【例3－21】 泰山公司收到B公司寄来一张两个月到期的商业承兑汇票，票面金额为11 300元，用以抵偿B公司以前欠泰山公司的货款。泰山公司应编制如下会计分录：

借：应收票据——B公司　　11 300

　　贷：应收账款——B公司　　11 300

2. 应收票据取得和到期收回的核算

企业因销售商品等收到商业汇票时，按照商业汇票的票面金额，借记“应收票据”科目；按确认的营业收入，贷记“主营业务收入”科目，按照增值税专用发票上注明的增值税税额，贷记“应交税费——应交增值税（销项税额）”科目。商业汇票到期收回款项时，应按照实际收回的金额，借记“银行存款”科目，贷记“应收票据”科目。

【**例 3－22**】泰山公司为增值税一般纳税人，20×3 年 9 月 1 日向乙公司销售一批产品，开具的增值税专用发票上注明，该产品售价 100 000 元，增值税税额 13 000 元，款项尚未收到，但收到了乙公司寄来的一张三个月期的银行承兑汇票，票面值为 113 000 元，抵付所售产品的价款和增值税额。

借：应收票据——乙公司　　113 000

　　贷：主营业务收入　　100 000

　　　　应交税费——应交增值税（销项税额）　　13 000

三个月后该应收票据到期，泰山公司收到款项 113 000 元存入银行，编制如下会计分录：

借：银行存款　　113 000

　　贷：应收票据——乙公司　　113 000

3. 应收票据转让的核算

应收票据转让是指持票人因抵偿债务等原因，将未到期的商业汇票背书转让给其他单位或个人的业务活动。背书是指持票人在票据背面签名或盖章，签字人成为背书人。

转让应收票据以抵销应付的货款时，应按应付账款的账面金额，借记“应付账款”科目，按照应收票据的账面金额，贷记“应收票据”科目。如为带息票据，还应当将尚未计提的利息冲减财务费用。

企业将持有的商业汇票背书转让以取得所需物资时，按照应计入取得物资的成本金额，借记“原材料”或“库存商品”等科目，按照增值税专用发票上注明的可供抵扣的增值税税额，借记“应交税费——应交增值税（进项税额）”科目，按照商业汇票的票面金额，贷记“应收票据”科目，如有差额，借记或者贷记“银行存款”等科目。

【**例 3－23**】假设泰山公司将持有的尚未到期的银行承兑汇票背书转让给某构件厂，用于购买构件一批，该票据票面金额为 60 000 元。购买构件取得的增值税专用发票上注明价款为 62 000 元，增值税为 8 060 元，并签发转账支票一张，补付货款与票据面值之间的差额。材料已经到货并验收入库。

借：原材料　　62 000

　　应交税费——应交增值税（进项税额）　　8 060

　　贷：应收票据　　60 000

　　　　银行存款　　10 060

二、应收账款

（一）应收账款概述

应收账款是指企业在正常经营活动中，由于销售商品或提供劳务等，而应向购货或接受劳务单位收取的款项。

1. 应收账款产生的原因

（1）商业信用的产物。在当今市场竞争日益激烈的情况下，企业要想不断扩大市场份额，所采取的一项重要措施是向下游客户提供商业信用。商业信用是指在商品交换中，由于商品和货币在时间和空间上的分离而形成的企业之间的直接信用行为。

企业在销售货物或提供劳务的过程中，通常采用两种方式：一是现销，即采用一手交钱一手交货的交换方式；二是赊销，即企业先将货物销售给购货方，延迟一定时间后再收回货款，也就是货物的销售时间与货款的收回时间相分离。正是由于这种分离，销货方向购货方提供了商业信用。销货方在向购货方提供商业信用时，根据购货方的信用情况不同，可提供不同的商业信用。如果购货方信用良好，销货方对购货方的信用又十分了解，这时销货方可以直接向购货方提供商业信用，而不需要购货方提供任何担保，我们将这种方式产生的商业信用称为“普通信用”，由此形成的债权成为应收账款。销货方对购货方的信用情况不了解，为了确保货款能够及时收回，在向购货方提供商业信用时，就需要购货方提供一定形式的书面担保，我们称这种信用方式为“保证信用”，由此形成的债权，即为前面讲到的应收票据。

（2）扩大企业营业收入的手段。只要是购买方经审查符合企业的信用资格要求，企业给购买方提供了一种资金使用成本很低的短期融资渠道，销售方在购买方不支付任何资金的情况下销售货物或者提供劳务，可以扩大销售收入，因此赊销是一种双方互利共赢的手段，在企业的日常经营过程中极为常见。

2. 应收账款的风险

从销售方来看，赊销是企业营业收入增加的同时，应收账款的风险也会随之增加，应收账款的风险主要来自两个方面：

（1）信用风险导致的应收账款风险。应收账款是基于商业信用产生的，商业信用受到未来不确定性的影响，这种不确定性意味着企业未来收回应收账款存在风险。为此企业会制定非常严格的信用标准，但可能仍然难以避免部分应收账款无法收回，从而发生坏账损失。

（2）巨额应收账款带来资金周转风险。应收账款在企业流动资产中占有较大比重，对企业的营运资金管理至关重要。如果企业产生巨额应收账款，即使企业的营运资金十分充裕，但是因为没有充足资金可供支用，也可能给企业带来偿债或固定资产投资方面的困难。

应收账款是一把“双刃剑”。从销售方来看，赊销带给企业营业收入增加的同时，也增加了应收账款资金的机会成本，进而坏账风险随之增加，在企业目前的信用标准下可能导致的坏账损失也会增加。因此，企业应当在赊销带来的收益和可能发生的损失之间进行权衡，根据企业具体情况确定合理的应收账款水平。

（二）应收账款初始金额的确定

应收账款的入账价值包括：从购货方或接受劳务方应收的合同或协议价款、增值税销项税额以及为购货单位垫付的包装费、运杂费等。企业还可能给购货方商业折扣，以及赊销方式下，企业为尽快回收款项，还可能给予购货方现金折扣，关于商业折扣和现金折扣的具体讲解和会计处理，因为涉及收入准则部分的会计处理，详见第七章第一节第三部分的讲解。

企业给予购货方商业折扣时，实际售价为扣除商业折扣后的金额，因此应收账款的入账金额应当按照扣除商业折扣后的实际售价确认，即实际中的折后价。

企业给予购货方（付款方）现金折扣时，根据收入准则的规定，企业对付款方是否会在折扣期内付款进行判断，即对企业未来能够收到的金额进行判断，按照最可能发生的金额记录应收账款。这部分内容涉及收入准则“可变定价”的内容，可在学习完第七章收入部分后，详见【例7－4】的讲解。

（三）应收账款的核算

应收账款
与其他应收款

企业应当设置“应收账款”科目。“应收账款”科目用于核算企业因赊销商品等应向购货单位或者接受劳务单位收取债权的增减变动及其结存情况，属于资产类科目。该科目借方登记企业因销售商品等应向购买客户收取的款项，贷方登记已经收回的应收账款、作为坏账损失核销的应收款项、因债务重组减少的应收账款、因销售折让减少的应收账款以及未设立“预收账款”科目情况下企业预收的账款；期末借方余额反映尚未收回的应收账款；期末如为贷方余额，反映企业预收的货款（见图3－7）。本科目应按债务人设置明细账，进行明细核算。

应收账款（资产类）

应向购物单位收取的货款、增值税及为购货单位代垫的包装费、运杂费等	应收账款的收回
企业尚未收回的应收账款	企业预收的账款

图3－7　应收账款的账户结构

【例3－24】 泰山公司向乙公司赊销一批商品。该批商品售价27 000元，适用的增值税税率为13%，泰山公司为乙公司代垫运杂费200元。

（1）销售实现时，泰山公司应编制如下会计分录；

借：应收账款——乙公司　　30 710

　　贷：主营业务收入　　27 000

　　　　应交税费——应交增值税（销项税额）　　3 510

　　　　银行存款　　200

增值税的讲解

（2）收到货款和代垫运杂费时：

借：银行存款　　30 710

　　贷：应收账款——乙公司　　30 710

【例3－25】 泰山公司向乙公司赊销一批商品。该批商品售价27 000元，适用的增值税税率为13%，由于是成批销售，给购货方10%的商业折扣。

销售实现时应应编制如下会计分录：

借：应收账款——乙公司　　27 459

　　贷：主营业务收入　　24 300

　　　　应交税费——应交增值税（销项税额）　　3 159

三、预付账款

（一）预付账款概述

预付账款是指企业按照购货合同规定预先支付给供货方的款项。预付账款是企业的一项流动资产，它符合资产的本质，即有未来经济利益，这种未来经济利益主要体现在企业到期可以收到其所采购的物资。同时，它又是企业已经付给供货方的款项，是可以计量的。再者，预付账款是企业进行物资采购的重要一环，所采购的物资显然是在一个营业周期内可以收到。因此，预付账款应当作为企业的流动资产进行列示。

（二）预付账款核算

企业应当设置“预付账款”科目进行核算（见图3－8），并按供应单位设置明细科目进行明细核算。企业在购货过程中预付款项时，借记“预付账款”科目，贷记“银行存款”科目；收到所购货物时，按照应当计入物资采购成本的金额，借记“在途物资”“原材料”等科目，按照增值税专用发票上注明的增值税额，借记“应交税费——应交增值税（进项税额）”科目，按照发票账单注明的应付金额，贷记“预付账款”科目；补付款项时，借记“预付账款”科目，贷记“银行存款”科目；收到退回的款项时，借记“银行存款”科目，贷记“预付账款”科目。

应收票据和预付账款

预付账款（资产类）

企业因购货而预付的款项和补付的款项	收到所购物资时冲减预付账款的金额和退回多付的款项
企业预付的款项	企业尚未补付的款项

图3－8 预付账款的账户结构

【例3－26】 20×3年6月3日，泰山公司向丙公司预付了20 000元购货款。6月13日，泰山公司收到所购货物和结算凭证。货物价款20 000元，增值税2 600元。6月15日，泰山公司通过银行补付余款，账务处理如下：

（1）6月3日，泰山公司预付货款时：

借：预付账款——丙公司	20 000	
贷：银行存款		20 000

（2）6月13日，收到货物发票时：

借：原材料	20 000	
应交税费——应交增值税（进项税额）	2 600	
贷：预付账款——丙公司		22 600

（3）6月15日，企业通过银行补付货款时：

借：预付账款——丙公司	2 600	
贷：银行存款		2 600

四、其他应收款

应收账款
与其他应收款

（一）其他应收款概述

其他应收款是指除应收票据、应收账款和预付账款以外的其他各种应收、暂付款项。

其主要包括：

（1）应收的各种赔款、罚款；

（2）应收出租包装物的租金；

（3）应向职工收取的各种垫付款项，如为职工垫付的水电费、应由职工负担的医药费、房租等；

（4）存出的保证金，如租入包装物支付的押金；

（5）其他各种应收、暂付款项。

（二）其他应收款的核算

为了反映其他应收款的增减变动及其结存情况，企业应当设置“其他应收款”账户进行核算。“其他应收款”账户的借方登记其他应收款的增加，贷方登记其他应收款的收回，期末余额一般在借方，反映企业尚未收回的其他应收款项。

【例 3－27】 泰山公司职工王强因公出差，预借差旅费 2 000 元。出差归来后，王强报销差旅费 1 800 元，余款退回。

（1）出差前预借差旅费时：

借：其他应收款——王强　　2 000

　　贷：库存现金　　2 000

（2）王强归来后报销差旅费时：

借：库存现金　　200

　　管理费用　　1 800

　　贷：其他应收款——王强　　2 000

【例 3－28】 泰山公司以银行存款替职工王某垫付由其个人负担的医药费 5 000 元，拟从王某工资中扣回。

泰山公司垫付医药费时应编制如下会计分录：

借：其他应收款——王某　　5 000
　　贷：银行存款　　5 000

五、应收款项的减值

（一）应收款项减值测试

应收账款减值是指企业无法收回或收回可能性极小的应收款项。由于发生应收账款减值而产生的损失，称为应收账款减值损失或坏账损失，记入“信用减值损失”账户。

企业应当在资产负债表日对应收账款的账面价值进行检查，有客观证据表明应收款项发生减值的，应当将该应收账款的账面价值减记至预计未来现金流量现值，减记的金额确认信用减值损失，并计提坏账准备。

（二）应收款项减值损失的核算方法

应收账款减值损失的核算方法一般分为直接转销法和备抵法两种。

直接转销法是指在实际发生坏账损失时，将确认的坏账损失直接计入当期损益，同时注销该笔应收款项。发生坏账时，将无法收回款项的金额，借记“信用减值损失”科目，贷记“应收账款”科目。已确认的坏账重新收回时，借记“应收账款”科目，贷记“信用减值损失”科目；同时，借记“银行存款”科目，贷记“应收账款”科目。这种方法无法预估坏账损失，提供的会计信息不符合谨慎性的会计信息质量要求。

备抵法是指在坏账损失实际发生前，就依据权责发生制原则估计损失，同时形成坏账准备，当某一应收款项全部或者部分被确认为坏账时，根据其金额冲减坏账准备，同时转销相应的应收款项金额的一种核算方法。根据我国企业会计准则的规定，企业应当采用备抵法核算坏账损失。

备抵法核算坏账损失，首先应当估计坏账损失。在会计实务中，估计坏账损失的方法主要有应收账款余额百分比法、账龄分析法、销货百分比法等。

（三）备抵法设置的账户

首先，应当设置“坏账准备”账户（见图 3－9），核算应收款项所产生的坏账的计提、转销情况。“坏账准备”的贷方登记计提的坏账准备金额，借方登记实际发生的坏账损失金额和已冲减的坏账准备金额，一般期末余额在贷方，反映企业已经计提但尚未转销的坏账准备。

信用减值损失（损益类）

发生的各类信用减值损失	期末转入“本年利润”账户的余额

（1）

坏账准备（资产类备抵账户）

已确认应转销的坏账或冲销多提的坏账准备	计提的坏账准备
	企业已提取但尚未转销的坏账准备

（2）

图3－9 信用减值损失和坏账准备的账户结构

资产负债表日，先计算“坏账准备”应有的贷方余额，再根据“坏账准备”已有的余额数，倒挤出本期应该计提数，具体步骤见【例3－29】。

计提坏账准备时，借记“信用减值损失”科目，贷记“坏账准备”科目；发生坏账时，借记“坏账准备”科目，贷记“应收账款”或“其他应收款”科目；已确认的坏账重新收回时，借记“应收账款”“其他应收款”等科目，贷记“坏账准备”科目，同时，借记“银行存款”科目，贷记“应收账款”或“其他应收款”等科目。

（四）应收账款余额百分比法确认坏账损失的举例

备抵法下计提坏账准备的方法有应收账款余额百分比法、账龄分析法等，现举例说明应收账款余额百分比法，这种方法，在资产负债表日，用期末应收账款余额乘以一定的比例（企业根据以往经验估计的比例），计算出本期末“坏账准备”应有的贷方余额，再根据“坏账准备”已有的余额数，倒挤出本期应该计提数。

【例3－29】20×3年12月31日，泰山公司对应收丙公司的账款进行减值测试。应收账款余额合计数为1 000 000元。泰山公司确定坏账率为10%（假设“坏账准备”账户上期余额为零）。

第一步：计算“坏账准备”账户本期末应有贷方余额＝1 000 000×10%＝100 000（调整后的结果数）。

第二步：利用上一步算出的本期末应有贷方余额，结合坏账准备已有贷方余额，计算当期调整数。本题目已有假设说明坏账准备上期贷方余额为零，因此，本期调整数＝100 000－0＝100 000（元）。

借：信用减值损失　　　　100 000

　　贷：坏账准备　　　　100 000

【例 3-30】接【例 3-29】，20×4 年 6 月 3 日，泰山公司对丙公司的应收账款实际发生了损失 30 000 元。

借：坏账准备　　　　30 000

　　贷：应收账款　　　　30 000

【例 3-31】接【例 3-30】，20×4 年末，假定泰山公司应收丙公司的账款余额为 1 200 000 元，经减值测试，泰山公司应对该应收账款计提坏账准备，坏账率仍为 10%。

首先，计算期末“坏账准备”应有的贷方余额 = 1 200 000 × 10% = 120 000（元）（调整后的结果数）；

其次，“坏账准备”现有的贷方金额为 100 000 - 30 000 = 70 000（元）；

再次，计算本期调整数 = 120 000 - 70 000 = 50 000（元）。

借：信用减值损失　　　　50 000

　　贷：坏账准备　　　　50 000

【例 3-32】接【例 3-31】，20×5 年 1 月 20 日收回上一年已做坏账核销的应收账款 20 000 元。存入银行。那么泰山公司应编制如下会计分录：

借：应收账款　　　　20 000

　　贷：坏账准备　　　　20 000

同时：

借：银行存款　　　　20 000

　　贷：应收账款　　　　20 000

【例 3-33】接【例 3-32】，假定 20×5 年末，泰山公司应收账款余额为 1 000 000 元，经减值测试，泰山公司应对该应收账款计提坏账准备，坏账率仍为 10%。

首先，计算期末“坏账准备”应有的贷方余额 = 1 000 000 × 10% = 100 000（元）（调整后的结果数）；

其次，“坏账准备”现有贷方金额为 120 000 + 20 000 = 140 000（元）；

最后，计算本期调整数 = 100 000 - 140 000 = -40 000（元）。

借：坏账准备　　　　40 000

　　贷：信用减值损失　　　　40 000

同学们在学习过程中，在确定“坏账准备”现有余额时，可借助“坏账准备”T 形账户，辅助理解。

第四节 存 货

一、存货的确认和初始计量

（一）存货概述

1. 存货的概念

存货，是指企业在日常活动中持有以备出售的产成品或商品、处在生产过程中的在产品、在生产过程或提供劳务过程中耗用的材料和物料等。存货区别于固定资产等非流动资产的最基本的特征是，企业持有存货最终是为了出售，包括可供直接销售的产成品、商品，以及用于生产成品的原材料等。企业的存货通常包括以下内容：

（1）原材料。是指企业在生产过程中，经加工改变其形态或性质并构成产品主要实体的各种原料及主要材料、辅助材料、外购半成品（外购件）、修理用备件（备品备件）、包装材料、燃料等。需要注意的是，为建造固定资产等各项工程而储备的各种材料，虽然同属于材料，但由于用于建造固定资产等各项工程，不符合存货的定义，因此不能作为企业存货。

（2）在产品。是指企业正在制造、尚未完工的产品，包括正在各个生产工序加工的产品，以及已加工完毕但尚未检验或已检验但尚未办理入库手续的产品。

（3）半成品。是指经过一定的生产过程并已检验合格交付半成品仓库保管，但尚未制造完工成为产成品，仍需进一步加工的中间产品。

（4）产成品。是指工业企业已经完成全部生产过程并验收入库，可以按照合同规定的条件送交订货单位，或者可以作为商品对外销售的产品。

（5）商品。是指商品流通企业外购或委托加工完成，验收入库用于销售的各种商品。

（6）周转材料。是指企业能够多次使用，但不符合固定资产定义的材料，如为了包装本企业商品而储备的各种包装物、各种工具、管理用具、玻璃器皿、劳动保护用品以及在经营过程中周转使用的容器等低值易耗品和建造承包商的钢模板、木模板、脚手架等其他周转材料。但是，如果周转材料符合固定资产定义的，应当作为固定资产处理。

2. 存货的特征

存货具有如下主要特征：

（1）存货是一种具有物质实体的有形资产；

（2）存货属于流动资产，具有较大的流动性；

（3）存货以在正常生产经营过程中被销售或耗用为目的而取得；

（4）存货属于非货币性资产，存在价值减损的可能性。

存货同时满足上述条件的，且满足“与该存货有关的经济利益很可能流入企业；该存货的成本能够可靠地计量”，才能予以确认。

（二）存货的初始计量

存货应当按照历史成本进行初始计量。存货成本包括采购成本、加工成本和其他成本。简而言之，存货成本即为其验收入库前一切合理、必要的开支（不包括可以抵扣的增值税进项税额）。具体而言，不同存货的成本构成内容不同，如原材料、商品、低值易耗品等，通过购买而取得的存货的初始成本主要由采购成本构成；产成品、在产品、半成品、委托加工物资等，通过进一步加工而取得的存货的初始成本由采购成本、加工成本以及使存货达到目前场所和状态所发生的其他成本构成。

1. 外购的存货

原材料、商品、低值易耗品等通过购买而取得的存货的初始成本主要由采购成本构成。存货的采购成本，包括购买价款、相关税费（不包括可以抵扣的增值税进项税额）、运输费、装卸费、保险费以及其他可归属于存货采购成本的费用。

购买价款，是指企业购入材料或商品的发票账单上列明的价款，但不包括按规定可以抵扣的增值税进项税额。相关税费，是指企业购买、自制或委托加工存货所发生的、应归属于该存货成本的进口关税消费税、资源税和不能从增值税销项税额中抵扣的进项税额及相应的教育费附加等。其他可归属于存货采购成本的费用，即采购成本中除上述各项以外的，可归属于存货采购成本的费用，如在存货采购过程中发生的仓储费、包装费、运输途中的合理损耗、入库前的挑选整理费用等。这些费用能分清负担对象的，应直接计入存货的采购成本；不能分清负担对象的，应选择合理的分配方法分配计入相关存货的采购成本。分配方法通常包括按所购存货的重量或采购价格的比例进行分配。

但是，对于采购过程中发生的物资毁损、短缺等，除合理的损耗应作为存货的“其他可归属于存货采购成本的费用”计入采购成本外，其他毁损及短缺应区别不同情况进行会计处理：应从供货单位、外部运输机构等收到的物资短缺或其他赔款，冲减物资的采购成本；因遭受意外灾害发生的损失和尚待查明原因的途中损耗，不得增加物资的采购成本，应暂作为待处理财产损溢进行核算，查明原因后再作处理。

商品流通企业在采购商品过程中发生的运输费、装卸费、保险费以及其他可归属于存货采购成本的费用等，应当计入存货的采购成本，也可以先进行归集，期末再根据所购商品的存销情况进行分摊对于已售商品的进货费用，计入当期损益（主营业务成本）。对于未售商品的进货费用，计入期末存货成本，企业采购商品成本的进货费用金额较小的可以在发生时直接计入当期损益（销售费用）。

2. 自行生产的存货

制造企业自行生产存货，是生产工人借助于劳动资料对劳动对象进行加工，制成相应产成品。与此同时，原材料、机器设备和活劳动的价值也转移到相应的产品中去，构成价值更高的产品。

企业在生产过程中发生的、用货币额表现的生产耗费称为生产费用。生产费用按其计入产品成本的方式不同，可以分为直接费用和间接费用。直接费用是指企业生产产品过程中实际消耗的直接支出，包括直接材料和直接人工。间接费用是指企业生产产品和提供劳务而发生的各项间接支出，通常称为制造费用。

（1）直接材料。直接材料是指企业在生产产品和提供劳务的过程中所消耗的、直接用于产品生产、构成产品实体的各种原材料及主要材料、外购半成品以及有助于产品形成的辅助材料等。

（2）直接人工。直接人工是指企业在生产产品和提供劳务过程中，直接从事产品生产人员的工资薪酬、福利费以及各项社会保险、住房公积金等职工薪酬。

（3）制造费用。制造费用是指企业为生产产品和提供劳务而发生的各项间接费用，其构成内容比较复杂，包括生产部门（生产车间、分厂等）管理人员的薪酬、折旧费、办公费、水电费、机物料消耗、劳动保护费、季节性和修理期间的停工损失等。

自行生产的存货的初始成本包括直接材料、直接人工和期末按照一定方法分配的制造费用。在生产车间只生产一种产品的情况下，企业归集的制造费用可直接计入该产品成本，在生产多种产品的情况下，企业应采用与该制造费用相关性较强的方法对其进行合理分配。通常采用的方法有：生产工人工时比例法、生产工人工资比例法、机器工时比例法和按年度计划分配率分配法等，还可以按照耗用原材料的数量或成本、直接成本及产品产量分配制造费用。

3. 接受投资取得的存货

投资者投入存货的成本，应当按照投资合同或协议约定的价值确定，但合同或协议约定价值不公允的除外。

通过非货币性资产交换和债务重组等方式取得的存货的成本，按照相关准则进行处理。

二、取得存货的核算

取得存货的核算：以原材料为例

企业可以通过不同的途径取得不同的存货，不同的渠道取得的存货，其核算方法不同，而且不同的存货，核算方法也不同。实务中，存货的取得、发出及结余，可以采用实际成本核算，也可以采用计划成本核算。若采用计划成本核算，会计期末应调整为实际成本。本教材主要介绍实际成本核算。在企业取得存货的各种途径中，以外购存货、自行生产的存货和接受投资的存货的核算最常见。因而，以外购原材料、自行生产的存货和接受投资的存货为例，说明在实际成本法下存货增加的具体会计处理。

（一）账户设置

1. 外购的存货

在实际成本法下，为了反映原材料的增减变动和结存情况，应设置“原材料”和“在途物资”等账户（见图 3 - 10）。两者的区别在于，材料在验收入库前，在“在途物资”账户核算，验收入库之后，在“原材料”账户核算。

在途物资（资产类）

购入材料所发生的买价和采购费用等实际成本	结转验收入库材料的实际成本（转入原材料账户的金额）
尚未验收入库的在途材料成本	

（1）

原材料（资产类）	
验收入库材料的实际成本	库存材料的发出或实际成本的减少
库存材料的实际成本	

(2)

图 3－10　在途物资和原材料的账户结构

具体来说，“原材料”账户用于核算企业库存的各种原材料的实际成本。该账户的借方登记增加原材料的实际成本，贷方登记减少的原材料的实际成本，期末借方余额表示库存原材料的实际成本。“在途物资”账户用于核算企业结算凭证已到，但材料尚未到达或尚未验收入库材料的实际成本。该账户的借方登记结算凭证已到，但货物尚未到达企业的存货或尚未验收入库存货的实际成本，贷方登记已验收入库存货的实际成本，期末借方余额表示结算凭证已到但尚未验收入库存货的实际成本。

2. 自行生产的存货

为了反映和监督产品在生产过程中各项材料费用的发生、归集和分配情况，正确地计算产品生产成本中的材料费用，应设置以下的账户：

（1）“生产成本”账户。生产成本账户是成本类账户，用来核算企业生产各种产品在生产过程中所发生的各项生产费用，并据以确定产品实际生产成本。生产成本账户的借方登记月份内发生的全部生产费用，包括直接计入产品生产成本的直接材料费、直接人工费和期末按照一定的方法分配计入产品生产成本的制造费用，贷方登记应结转的完工产品的实际生产成本，月末的借方余额，表示生产过程中尚未完工的在产品实际生产成本（见图 3－11）。“生产成本”账户并可根据产品种类设置明细账户进行明细核算。

生产成本（成本类）	
发生的生产费用： 直接材料 直接人工 期末结转来的制造费用	结转完工验收入库产成品成本
在产品成本	

图 3－11　生产成本的账户结构

（2）“制造费用”账户。制造费用是企业为生产产品或提供劳务而发生的各项间接成本。制造费用包括产品生产中除直接材料和直接人工以外的其余生产成本，主要包括企业各个生产单位为组织和管理生产所发生的费用，以及生产单位的固定资产折旧费。制造费用发生时一般无法直接判定它所归属的成本计算对象，因而不能直接计入所生产的产品成本中去，而须按先行归集，即发生时在借方登记并累加，月末时再按照具体分配标准在各成本计算对象之间进行分配，从而构成各具体成本计算对象的成本。

“制造费用”账户的性质属于成本类，其借方登记实际发生的各项费用，贷方登记期末分配后应计入产品制造成本（转入“生产成本”账户借方）的制造费用。期末结转后该账户一般没有余额。该账户应按不同车间设置明细账户进行明细分类核算（见图3－12）。

制造费用（成本类）

各车间发生的间接费用	期末转入“生产成本”账户的制造费用

图3－12　制造费用的账户结构

（3）“库存商品”账户。为了核算完工产品成本结转及其库存商品成本情况，需要设置“库存商品”账户。该账户的性质是资产类账户，用来核算企业库存的外购商品，自制产品即产成品、存放在门市部准备出售的商品、发出展览的商品以及寄存在外的商品等的实际成本的增减变动及其结余情况。其借方登记验收入库商品成本的增加；贷方登记库存商品成本的减少（发出）。期末余额在借方，表示库存商品成本的期末结余额。“库存商品”账户应按照商品的种类、品种和规格等设置明细账，进行明细分类核算（见图3－13）。

库存商品（资产类）

验收入库商品成本的增加	库存商品成本的减少
结存的商品成本	

图3－13　库存商品的账户结构

3. 接受投资的存货

接受投资者投入存货，以投资合同或协议约定的价值确定，但合同或协议约定价值不公允的除外。存货的账户设置类似外购存货，接受存货投资时，存货增加。对应科目中所有者权益账户的设置，会在所有者权益章节中具体讲解。

（二）存货增加的核算

1. 外购原材料

购入的原材料，由于结算方式和采购地点的不同，原材料入库和货款支付在时间上可能不一致，应分别进行会计处理。具体情况如下分类：

（1）结算凭证已到，原材料已验收入库（单货同行）。这种情况下，应根据发票上注明的价款金额，作为原材料的入账价值，借记“原材料”账户，根据增值税额，借记“应交税费——应交增值税（进项税额）”科目，根据全部价款，分别按照结算方式，贷记“银行存款”或“应付票据”或“应付账款”等科目。现举例说明。

【例3-34】泰山公司20×3年12月3日购入原材料方钢70吨，单价4 200元，购入角钢30吨，单价4 100元，材料的价款共计417 000元，增值税专用发票上注明的增值税款为54 210元。上述款项已用银行存款支付，材料已验收入库。

借：原材料——方钢	294 000	
——角钢	123 000	
应交税费——应交增值税（进项税额）	54 210	
贷：银行存款		471 210

（2）结算凭证已到，但材料尚未入库（单到货未到）。这种情况下，应根据发票上注明的原材料的入账价值，借记“在途物资”科目；根据增值税税额，借记“应交税费——应交增值税（进项税额）”科目；根据全部价款，贷记“银行存款”“应付票据”等科目。待原材料到达并验收入库后，再根据原材料的入账价值，借记“原材料”科目，贷记“在途物资”科目。

【例3-35】泰山公司20×3年12月3日购入原材料方钢70吨，单价4 200元，购入角钢30吨，单价4 100元，材料的价款共计417 000元，增值税专用发票上注明的税款为54 210元。上述款项已用银行存款支付，材料尚未到达。20×3年12月13日，材料到达企业，并验收入库。

12月3日，结算凭证到达企业时：

借：在途物资——方钢	294 000	
——角钢	123 000	
应交税费——应交增值税（进项税额）	54 210	
贷：银行存款		471 210

12 月 13 日，材料到达企业，并验收入库时：

借：原材料——方钢　　294 000

　　　　　——角钢　　123 000

　　贷：在途物资——方钢　　294 000

　　　　　　　　——角钢　　123 000

（3）材料已经验收入库，但结算凭证尚未到达（货到单未到）。这种情况下，在短时间内，结算凭证就可能到达，为了简化核算手续，在当月发生的，可以暂不进行会计处理，待收到结算凭证时，再按照前述第一种情况进行会计处理。但是，在月末时，应对结算凭证尚未到达但已验收入库的原材料，按暂估价格入账，以保证原材料的账实相符。估价入账时，应借记“原材料”科目，贷记“应付账款”科目。次年 1 月 1 日，编制红字会计分录，借记“原材料”科目，贷记“应付账款”科目，予以冲回。在结算凭证到达时，按正常程序进行会计处理。

【例 3－36】 泰山公司购入原材料钢材，12 月 23 日，材料已到达企业并验收入库，但结算凭证尚未到达。12 月底，该批货物的结算凭证仍未到达，企业按照暂估价格 420 000 元，进行暂估入账，以便能账实相符。

12 月 23 日，原材料验收入库时，不做任何会计处理。

12 月 31 日，该批材料暂估入账：

借：原材料　　420 000

　　贷：应付账款——暂估应付账款　　420 000

次年 1 月初，编制红字会计分录：

借：原材料　　420 000（红字）

　　贷：应付账款——暂估应付账款　　420 000（红字）

1 月 3 日，发票到达企业，标明原材料方钢 70 吨，单价 4 200 元，购入角钢 30 吨，单价 4 100 元，材料的价款共计 417 000 元，增值税税款为 54 210 元，用银行存款支付款项。

借：原材料——方钢　　294 000

　　　　　——角钢　　123 000

　　应交税费——应交增值税（进项税额）　　54 210

　　贷：银行存款　　471 210

2. 自行生产的存货

（1）领用材料。自行生产的存货，涉及直接材料、直接人工和制造费用等成本的归集与分配三个方面。为了准确计算产品成本，企业对其在生产经营中所领用的材料，应分清领料部门和领料用途，并根据生产过程中材料消耗不同用途，形成了不同的成本项目。

对于直接用于某种产品生产的材料费用，应直接计入该产品生产成本，构成该种产品的直接材料费项目；对于为创造生产条件等需要而间接消耗的各种材料费，即针对企业全部产品种类或者部分产品种类产品共同负担的材料费，应先在“制造费用”账户中进行归集，期末时，再同其他间接费用一起分配计入有关产品成本中。

制造企业采购部门将材料验收入库后形成企业的物资储备。生产部门领用时，根据生产的实际需要填制领料单领取所需材料，并办理相应的领料手续。仓库保管将材料发给所需相关部门后，再将领料凭证传递到会计部门。会计部门汇总相关信息后编制“发出材料汇总表”，据此按其用途将本月发生的材料费用分配计入生产费用和其他有关费用。

生产过程中，领用原材料时，借记“生产成本”科目，贷记“原材料”科目；发生直接人工成本时，借记“生产成本”科目，贷记“应付职工薪酬”科目；发生间接费用时，借记“制造费用”科目，贷记“原材料”“应付职工薪酬”等科目；月末分配制造费用时，借记“生产成本”科目，贷记“制造费用”科目。当生产的产品完工时，就从生产成本科目转入库存商品科目，借记“库存商品”科目，贷记“生产成本”科目。

【例 3－37】 泰山公司本月生产 A、B 产品领用甲材料 46 000 公斤，单价 25 元，合计 1 150 000 元，乙材料 24 000 公斤，单价 20 元，合计 480 000 元，财会部门根据物资保管部门的相关凭证，编制的本月仓库发出材料汇总表，其材料类型及用途如表 3－2 所示。

表 3－2　　发出材料汇总表

用途	甲材料		乙材料		材料耗用合计（元）
	数量（千克）	金额（元）	数量（千克）	金额（元）	
制造产品领用：					
A 产品领用	16 000	400 000	12 000	240 000	640 000
B 产品领用	20 000	500 000	8 000	160 000	660 000
小计	36 000	900 000	20 000	400 000	1 300 000
车间一般耗用	10 000	250 000	4 000	80 000	330 000
合计	46 000	1 150 000	24 000	480 000	1 630 000

从表 3－2 发出材料汇总表所列资料可以看出，该公司当月的材料费用可

以分为两个部分。一部分为直接用于产品制造的，构成直接材料费用，A、B两种产品共耗用1 300 000元，其中A产品耗用640 000元，B产品耗用660 000元。另一部分为车间一般性消耗的材料费330 000元，形成制造费用。这项经济业务的发生，一方面使得公司生产产品的直接材料费增加1 300 000元，间接材料费增加330 000元，另一方面使得公司的库存材料减少1 630 000元。

该项经济业务涉及“生产成本”“制造费用”“原材料”三个账户。生产产品的直接材料费均是成本的增加，间接材料是制造费用的增加，“生产成本”和“制造费用”账户均为成本类账户，所以应分别记入“生产成本”和“制造费用”账户的借方，库存材料的减少是资产的减少，应记入“原材料”账户的贷方。所以这项经济业务应编制如下会计分录：

借：生产成本——A产品　　640 000
　　　　　　——B产品　　660 000
　　制造费用　　330 000
　　贷：原材料——甲材料　　1 150 000
　　　　　　　——乙材料　　480 000

（2）人工费用的归集与分配。职工薪酬作为企业的一项支出，在实际发生时要根据职工提供服务的受益对象的不同，分别形成企业有关资产的成本，或者构成企业的当期损益（此部分内容在负债章节中会详细讲解）。生产产品过程中应由生产产品负担的职工薪酬，计入产品成本，借记“生产成本”科目，贷记“应付职工薪酬”科目；车间管理人员的工资薪酬作为间接生产费用应记入产品制造费用，借记“制造费用”科目，贷记“应付职工薪酬”科目。

【例3-38】泰山公司根据当月公司效益，结合考勤记录和产量记录等，计算确定本月职工的工资如下：A产品生产工人工资530 000元，B产品生产工人工资560 000元，车间管理人员工资220 000元。

这项经济业务的发生，一方面使得公司当月应付职工薪酬累计增加了1 310 000元，另一方面使得公司的生产费用增加了1 310 000元。其中A产品生产工人的工资530 000元，B产品生产工人工资560 000元，车间管理人员的工资220 000元。车间生产工人的工资作为一种直接生产费用应记入产品的生产成本，车间管理人员的工资作为一种间接生产费用应记入产品制造费用，因此该项经济业务涉及“生产成本”“制造费用”和“应付职工薪酬”三个账户。

生产工人的工资作为直接生产费用应记入“生产成本”账户的借方，车间管理人员的工资作为间接生产费用应记入“制造费用”账户的借方，上述职工工资尚未支付，形成企业负债的增加，应记入“应付职工薪酬”账户的贷方。所以这项经济业务应编制如下会计分录：

借：生产成本——A 产品　　530 000

　　　　　——B 产品　　560 000

　　制造费用　　220 000

　　贷：应付职工薪酬——工资　　1 310 000

（3）月末制造费用的分配。制造费用发生时一般无法直接判定它所归属的成本计算对象，因而不能直接计入所生产的产品成本中去，而须按先行归集，即发生时在借方登记并累加，上面例题已经说明了制造费用归集时的会计处理，当还有其他制造费用发生时，和上面例题同样的处理。本月制造费用累加后，月末时再按照具体分配标准（如生产工人工资、生产工时等）在各成本计算对象之间进行分配，从而构成各具体成本计算对象的成本。

【例3－39】假设泰山公司本月共发生的制造费用1 000 000元，月末按照生产工时比例分配计入 A、B 产品生产成本。其中 A 产品生产工时 6 000 个，B 产品生产工时 4 000 个。

按照生产工时比例计算制造费用分配率，即：

制造费用分配率＝制造费用总额/生产工时总和＝1 000 000/(6 000＋4 000)＝100（元/工时）

然后按照制造费用分配率进行分配，即：

A 产品负担的制造费用额＝6 000×100＝600 000（元）

B 产品负担的制造费用额＝4 000×100＝400 000（元）

将分配的结果计入产品成本时，一方面使得产品生产费用增加，另一方面使得公司的制造费用减少，因此该项经济业务涉及“生产成本”和“制造费用”两个账户。这项经济业务应编制如下会计分录：

借：生产成本——A 产品　　600 000

　　　　　——B 产品　　400 000

　　贷：制造费用　　1 000 000

（4）完工产品生产成本的计算与结转。制造费用被分配后，所有的直接费用和间接费用均构成了“生产成本”账户的余额。“生产成本”借方归集了各种产品所发生的直接材料、直接工资、其他直接支出和制造费用的全部内容。

如果月末某种产品全部完工，该种产品生产成本明细账所归集的费用总额，就是该种完工产品的总成本。如果月末某种产品全部未完工，该种产品生产成本明细账所归集的费用总额就是该种产品在产品的总成本。如果月末某种产品一部分完工，一部分未完工，这时归集在产品成本明细账中的费用总额还要采取适当的分配方法在完工产品和在产品之间进行分配，但由于部分完工的情况，涉及成本计算等知识，需要更深入地学习成本会计的内容。因此，本书仅举例说明产品全部完工时的会计核算。自制产品完工时，借记“库存商品”科目，贷记“生产成本”科目。

【例 3－40】 泰山公司生产车间本月生产完工 A、B 两种产品，其中 A 产品完工总成本为 1 770 000 元，B 产品完工总成本为 1 620 000 元。A、B 产品现已验收入库，结转成本。

产品生产完工入库结转成本时，一方面使得公司的库存商品成本增加，另一方面由于结转入库商品实际成本而使生产过程中占用的资金减少，因此该项经济业务涉及“生产成本”和“库存商品”两个账户，库存商品成本的增加是资产的增加，应记入“库存商品”账户的借方，结转入库产品成本使生产成本减少，应记入“生产成本”账户的贷方。所以这项经济业务应编制如下会计分录：

借：库存商品——A 产品	1 770 000	
——B 产品	1 620 000	
贷：生产成本——A 产品		1 770 000
——B 产品		1 620 000

3. 接受投资者投入的存货

【例 3－41】 泰山公司接受某投资方投入原材料一批，经投资各方共同确认的价值为 600 000 元，材料已验收入库。

借：原材料	600 000	
贷：实收资本		600 000

三、发出存货的核算

存货发出的核算：以原材料为例

总的来说，发出存货的核算主要分为两部分内容：一是发出存货时，如何确定发出存货价值，即发出存货时，在相应“原材料”或者“库存商品”账户上应减记金额如何计算。根据公式：发出存货价值 = 发出存货数量 × 发出存货单价，可知发出存货价值取决于发出数量和发出单价的确定。发出存货数量的确定在第二章第五节“财产清查”的第二部分“财产清查的方法”已讲述，企业使用永续盘存制和实地盘存制两种盘存制度确定发出存货数量。发出存货单价的确定，即下面要讲“发出存货的计价方法”内容，企业可以选用下面四种方法确定发出存货的单价。二是发出存货时，进行会计处理，即下面的“发出存货的会计处理”内容。

（一）发出存货的计价方法

按照我国企业会计准则规定，企业在确定发出存货成本时，可以按实际成本核算，也可以按计划成本核算。在实际成本核算方式下，企业可以采用个别计价法、先进先出法、月末一次加权平均法和移动加权平均法四种方法。存货发出计价方法一旦选定，前后期应当保持一致，如确需变更，应在会计报表附注中予以披露。

1. 个别计价法

个别计价法，也称个别认定法或具体辨认法，是指本期发出存货和期末结存存货的成本，完全按照该存货所属购进批次或生产批次入账时的实际成本进行确定的一种方法。由于采用该方法要求各批发出的存货必须可以逐一辨认所属的购进批次或生产批次。因此，需要对每一存货的品种规格、入账时间、单位成本、存放地点等做详细记录。

个别计价法的成本计算准确，符合实际情况，实物流转和成本流转相一致，但在存货收发频繁情况下，其发出成本分辨的工作量较大。因此，这种方法通常适用于一般不能替代使用的存货、为特定项目专门购入或制造的存货以及提供的劳务，如珠宝、名画等贵重物品。

【例 3-42】泰山公司 20×3 年 12 月“原材料——方钢”的购入、发出情况如表 3-3 所示。

表 3-3　　“原材料——方钢”明细账

日期		摘要	购入			发出			结存		
月	日		数量（吨）	单价（元）	金额（元）	数量（吨）	单价（元）	金额（元）	数量（吨）	单价（元）	金额（元）
12	1	期初结存							10	4 000	40 000
	3	购入	20	4 100	82 000				30		
	10	生产领用				15			15		
	20	购入	50	4 200	210 000				65		
	25	生产领用				30			35		
	31	本期合计	70	—	292 000	45			35		

假设经过具体辨认，本期发出方钢的单位成本如下：12 月 10 日发出的

15吨中，其中5吨是期初结存，单价4 000元，10吨是12月3日购入方钢，单价4 100元；12月25日生产领用方钢30吨中，其中5吨是期初结存，单价4 000元，5吨是12月3日购入方钢，单价4 100元，20吨是12月20日购入方钢，单价4 200元。

按照个别计价法，泰山公司12月方钢购入、发出和结存情况如表3－4所示。

表3－4　　“原材料——方钢”明细账（个别计价法）

<table>
<tr><th colspan="2">日期</th><th rowspan="2">摘要</th><th colspan="3">购入</th><th colspan="3">发出</th><th colspan="3">结存</th></tr>
<tr><th>月</th><th>日</th><th>数量（吨）</th><th>单价（元）</th><th>金额（元）</th><th>数量（吨）</th><th>单价（元）</th><th>金额（元）</th><th>数量（吨）</th><th>单价（元）</th><th>金额（元）</th></tr>
<tr><td>12</td><td>1</td><td>期初结存</td><td></td><td></td><td></td><td></td><td></td><td></td><td>10</td><td>4 000</td><td>40 000</td></tr>
<tr><td></td><td>3</td><td>购入</td><td>20</td><td>4 100</td><td>82 000</td><td></td><td></td><td></td><td>10
20</td><td>4 000
4 100</td><td>40 000
82 000</td></tr>
<tr><td></td><td>10</td><td>生产领用</td><td></td><td></td><td></td><td>5
10</td><td>4 000
4 100</td><td>20 000
41 000</td><td>5
10</td><td>4 000
4 100</td><td>20 000
41 000</td></tr>
<tr><td></td><td>20</td><td>购入</td><td>50</td><td>4 200</td><td>210 000</td><td></td><td></td><td></td><td>5
10
50</td><td>4 000
4 100
4 200</td><td>20 000
41 000
210 000</td></tr>
<tr><td></td><td>25</td><td>生产领用</td><td></td><td></td><td></td><td>5
5
20</td><td>4 000
4 100
4 200</td><td>20 000
20 500
84 000</td><td>5
30</td><td>4 100
4 200</td><td>20 500
126 000</td></tr>
<tr><td></td><td>31</td><td>本期合计</td><td>70</td><td>—</td><td>292 000</td><td>45</td><td>—</td><td>185 500</td><td>5
30</td><td>4 100
4 200</td><td>20 500
126 000</td></tr>
</table>

从表3－4中可知，泰山公司12月发出存货成本及期末结存存货成本如下：

本期发出存货成本＝（4 000×5＋4 100×10）＋（4 000×5＋4 100×5＋4 200×20）＝20 000＋41 000＋20 000＋20 500＋84 000＝185 500（元）

期末结存存货成本＝4 100×5＋4 200×30＝20 500＋126 000＝146 500（元）

或：

期末结存存货成本＝期初结存存货成本＋本期购入存货成本－本期发出存货成本＝40 000＋（82 000＋210 000）－185 500＝146 500（元）

2. 先进先出法

先进先出法，假设先入库的存货先发出，对先发出的存货按先入库的存货单位成本计价，后发出的存货按后入库的存货单位成本计价，据以确定本期发出存货和期末结存存货成本的一种方法。这仅仅是存货成本流转的一种假设，并非和实物流转相一致。具体方法是：取得存货时，逐笔登记收入存货的数量、单价和金额；发出存货时，按照先进先出的原则逐笔登记存货的发出成本和结存金额。

先进先出法的优点是：可以随时确定发出存货的成本；保证产品结存成本和销售成本计算的及时性；并且期末存货成本是按最近购货成本确定的，比较接近现行的市场价值。但是这种方法，也有其缺点，如会产生同一批次发出的存货，可能采用两个或两个以上的单位成本计价，计算烦琐；在物价持续上涨期间，会高估当期利润和期末存货价值。

【例 3－43】 接【例 3－42】表 3－3 账簿资料，若当发出材料时，采用先进先出法，原材料方钢的发出存货成本和期末结存存货成本如表 3－5 所示。

表 3－5　“原材料——方钢”明细账（先进先出法）

日期		摘要	购入			发出			结存		
月	日		数量（吨）	单价（元）	金额（元）	数量（吨）	单价（元）	金额（元）	数量（吨）	单价（元）	金额（元）
12	1	期初结存							10	4 000	40 000
	3	购入	20	4 100	82 000				10 20	4 000 4 100	40 000 82 000
	10	生产领用				10 5	4 000 4 100	40 000 20 500	15	4 100	61 500
	20	购入	50	4 200	210 000				15 50	4 100 4 200	61 500 210 000
	25	生产领用				15 15	4 100 4 200	61 500 63 000	35	4 200	147 000
	31	本期合计	70	—	292 000	45	—	185 000	35	4 200	147 000

从表 3－5 中可知，泰山公司 12 月发出存货成本及期末结存存货成本如下：

本期发出存货成本＝(4 000×10＋4 100×5)＋(4 100×15＋4 200×15)＝40 000＋20 500＋61 500＋63 000＝185 000（元）

期末结存存货成本＝4 200×35＝147 000（元）

或：

期末结存存货成本＝期初结存存货成本＋本期购入存货成本－本期发出存货成本＝40 000＋(82 000＋210 000)－185 000＝147 000（元）

3. 月末一次加权平均法

月末一次加权平均法，是指以月初结存存货数量和本月各批增加存货数量之和作为权数，计算本月存货的加权平均单位成本，据以确定本期发出存货成本和期末结存存货成本的一种方法。计算公式如下：

月末加权平均单价 =（月初存货实际成本 + 本月购入存货总实际成本）/（月初结存存货数量 + 本月购入存货总数量）

发出存货成本 = 月末加权平均单价 × 发出存货数量

期末结存存货 = 月末加权平均单价 × 期末结存存货数量

采用月末一次加权平均法只在月末一次加权平均单价，有利于简化成本计算工作，但由于平时无法从账上提供发出和结存存货的单价及金额，不利于存货成本的日常管理和控制。

【例 3－44】接【例 3－42】表 3－3 账簿资料，若当发出材料时，采用月末一次加权平均法，原材料方钢的发出存货成本和期末结存存货成本如表 3－6 所示。

表 3－6　“原材料——方钢”明细账（月末一次加权平均法）

日期		摘要	购入			发出			结存		
月	日		数量（吨）	单价（元）	金额（元）	数量（吨）	单价（元）	金额（元）	数量（吨）	单价（元）	金额（元）
12	1	期初结存							10	4 000	40 000
	3	购入	20	4 100	82 000				30	—	—
	10	生产领用				15	—		15	—	—
	20	购入	50	4 200	210 000				65	—	—
	25	生产领用				30	—		35	—	—
	31	本期合计	70	—	292 000	45	4 150	186 750	35	4 150	145 250

具体计算过程如下：

12 月方钢的加权平均单价 =（月初结存存货成本 + 本期购入存货成本之和）÷（月初结存存货数量 + 本期购入存货数量之和）=（40 000 + 82 000 + 210 000）÷（10 + 20 + 50）= 4 150（元）

12 月方钢发出成本 = 本月发出存货数量 × 月末方钢加权平均单价 = 45 × 4 150 = 186 750（元）

12 月末方钢结存成本 = 期末结存存货数量 × 月末方钢加权平均单价 =

35 ×4 150 =145 250（元）

4. 移动加权平均法

移动加权平均法，是指平时每入库一批存货，就以原有存货数量和本批入库存货数量之和为权数，计算一个新的加权平均单位成本，并据此新的加权平均成本，对其后发出存货进行计价的一种方法。计算公式如下：

移动平均单价 =（库存存货成本 + 本批进货成本）/（库存存货数量 + 本批进货数量）

本批发出存货成本 = 最近移动加权平均单位成本 × 本批发出存货的数量

期末结存存货成本 = 期末移动加权平均单位成本 × 本期结存存货的数量

采用移动加权平均法能将存货计价和明细账登记分散在平时进行，可随时掌握发出存货的成本和结存存货的成本，为存货管理及时提供信息。但由于每次收入存货都要计算一次平均单位成本，计算工作量较大，不适合收发货比较频繁的企业使用。

【例 3 –45】接【例 3 –42】表 3 –3 账簿资料，若当发出材料时，采用移动加权平均法，原材料方钢的发出存货成本和期末结存存货成本如表 3 –7 所示。

表 3 –7　“原材料——方钢”明细账（移动加权平均法）

日期		摘要	购入			发出			结存		
月	日		数量（吨）	单价（元）	金额（元）	数量（吨）	单价（元）	金额（元）	数量（吨）	单价（元）	金额（元）
12	1	期初结存							10	4 000	40 000
	3	购入	20	4 100	82 000				30	4 066. 67	122 000
	10	生产领用				15	4 066. 67	61 000. 05	15	4 066. 67	61 000. 05
	20	购入	50	4 200	210 000				65	4 169. 23	271 000. 05
	25	生产领用				30	4 169. 23	125 076. 90	35	4 169. 23	145 923. 15
	31	本期合计	70	—	292 000	45	—	186 076. 95	35	4 169. 23	145 923. 15

具体计算过程如下：

（1）12 月份各移动加权平均单价计算如下：

12 月 3 日购入存货后的平均单位成本 =（40 000 +82 000）÷（10 +20）= 4 066. 67（元）

12 月 20 日购入存货后的平均单位成本 =（61 000. 05 +210 000）÷（15 +

50）=4 169.23（元）

（2）本月发出存货成本计算如下：

12 月 10 日发出存货成本 =4 066.67 ×15 =61 000.05（元）

12 月 25 日发出存货成本 =4 169.23 ×30 =125 076.90（元）

（3）12 月末结存存货成本计算如下：

12 月 31 日结存存货成本 =40 000 +292 000 –（61 000.05 +125 076.90）= 145 923.15（元）（注：此处用“期末存货成本 = 期初存货成本 + 本期购入存货成本 – 本期发出存货成本”计算，而不是用“4 169.23 ×35”计算得出，是因为加权平均单价有四舍五入，计算时略有偏差）

（二）发出存货的核算

1. 以原材料为例发出存货的会计处理

发出原材料时，登记原材料账户的贷方，借方对应账户登记时，主要看哪个部门领用材料：生产部门领用原材料，借记“生产成本”或“制造费用”（原材料直接用于某种产品的生产，借记“生产成本——某产品”；若分不清具体用于哪种产品，则先借记“制造费用”，月末再进行分配）科目；专设销售机构领用原材料，借记“销售费用”科目；行政管理部门领用原材料，借记“管理费用”科目，贷记“原材料”科目。当企业出售原材料时，发出原材料，借记“其他业务成本”科目，贷记“原材料”科目。

【例 3 –46】接【例 3 –44】，泰山公司 25 日时生产车间领用方钢 30 吨，单价 4 150 元/吨，其中 14 吨用于 160 型号焊机的生产，12 吨用于 200 型号焊机的生产，4 吨属于车间一般耗用。

借：生产成本——160 型号焊机	58 100	
——200 型号焊机	49 800	
制造费用	16 600	
贷：原材料——方钢		124 500

【例 3 –47】泰山公司专设的销售机构领用了原材料变压器 5 个，行政管理部门领用 3 个变压器，每个变压器 2 300 元。

借：销售费用	11 500	
管理费用	6 900	
贷：原材料——变压器		18 400

【例 3 –48】泰山公司出售多余的变压器 10 台，每台单位成本是 2 300 元，售价 3 000 元，增值税税率为 13%，款项存入银行。

借：银行存款	33 900	

贷：其他业务收入　　　　　　　　　　　　　　　30 000
　　应交税费——应交增值税（销项税额）　　　　　3 900
借：其他业务成本　　　　　　　　　　　23 000
　贷：原材料　　　　　　　　　　　　　　　　23 000

2. 自制产品实现销售发出库存商品时

前已述及，完工产品成本都已在“库存商品”中核算，当企业销售商品时，确认已销商品收入的同时，需要结转已销商品成本，即反映库存商品的减少，贷记“库存商品”科目，同时销售成本增加，借记“主营业务成本”科目，涉及主营业务收入和主营业务成本的核算，会在“收入、费用和利润”的章节中具体讲述。下面仅简单例题说明结转已销商品成本的核算：

【例 3－49】 泰山公司结转已售商品成本 60 000 元。

借：主营业务成本　　　　　　　　　　　60 000
　贷：库存商品　　　　　　　　　　　　　　　60 000

四、存货的期末计量

（一）存货的清查

由于存货种类繁多、收发频繁，在日常收发过程中可能会出现计量错误、计算错误、自然损耗，还可能出现损坏变质，以及贪污、盗窃的情况，造成账实不符，形成存货的盘盈、盘亏。为了保证企业存货的安全完整，做到账实相符，企业必须对存货进行定期或者不定期的清查。

存货清查是通过对存货的实地盘点，确认存货的实有数量，并与账面结存数进行对比，从而确认存货实存数与账面结存数是否相符的一种专门方法。存货清查通常采用实地盘点的方法，对于账实不符的存货，核实盘盈、盘亏和毁损的数量，说明造成存货盘亏和毁损的原因，并据以编制“存货盘点报告表”，按照规定程序，报有关部门执行审核，并实行相应的会计处理。此书不再详述存货清查的会计处理。

（二）存货的减值

资产负债表日，存货应当按照成本与可变现净值孰低法计量。所谓成本与可变现净值孰低法，是指当存货成本低于可变现净值时，存货按照成本计价；当存货成本高于可变现净值时，存货按照可变现净值计价，同时按照成本高于可变现净值的差额计提存货跌价准备，计入当期损益。

企业应当定期或者至少每年年度终了，对存货进行全面清查，如果由于存货遭受毁损、全部或部分陈旧过时或销售价格低于成本等原因，使得存货成本不可全部收回。此时，应当对存货提取存货跌价准备。存货跌价准备的计提方法有：按单个存货项目计提存货跌价准备；按存货类别计提存货跌价准备和按全部商品计提存货跌价准备。本书不再详述存货减值的会计处理。

本章小结

第一，货币资金是指停留在货币形态，可以随时用作购买手段和支付手段的资金。包括库存现金、银行存款和其他货币资金。货币资金的内部控制制度是企业最重要的内部控制制度，它要求货币资金收支与记录的岗位分离、收支凭证经过有效复核或核准、收支及时入账且收支分开处理、建立严密的清查和核对制度、做到账实相符、制定严格的现金管理及检查制度等。银行的结算方式有银行汇票、银行本票、商业汇票、支票、信用卡、汇兑、委托收款、托收承付和信用证。

第二，以公允价值计量且其变动计入当期损益的金融资产称为“交易性金融资产”，它是企业为了近期内出售而持有的金融资产。从企业管理金融资产的业务模式看，企业关键管理人员决定对交易性金融资产进行管理的业务目标是以“交易”为目的，而非为收取合同现金流量（即与基本借贷安排相一致，如本金加利息）而持有，也不是为既以收取合同现金流量为目标又以出售该金融资产为目标而持有，仅仅是通过“交易性”活动，即频繁地购买和出售，从市场价格的短期波动中，赚取买卖差价，使企业闲置的资金能获得较高的投资回报。企业取得交易性金融资产，应当按照该金融资产取得时的公允价值入账。资产负债表日，交易性金融资产应当按照公允价值计量，公允价值与账面余额之间的差额计入当期损益。出售交易性金融资产时，该金融资产账面余额的公允价值变动部分计入投资收益。

第三，应收票据是指企业因销售商品、提供劳务等而收到的商业汇票。商业汇票是出票人签发的，委托付款人在指定日期无条件支付确定金额给收款人或持票人的票据。应收账款是指企业在正常经营活动中，由于销售商品或提供劳务等，而应向购货或接受劳务单位收取的款项。两者的不同在于销货方在向购货方提供商业信用时，根据购货方的信用情况不同，提供不同的商业信用。应收账款是销货方向购货方提供的普通信用，应收票据是销货方向购货方提供的保证信用。预付账款是指企业按照购货合同规定预先支付给供货方的款项。其他应收款是指除应收票据、应收账款和预付账款以外的其他各种应收、暂付款项。

第四，应收账款减值是指企业无法收回或收回可能性极小的应收款项。由于发生应收账款减值而产生的损失，称为应收账款减值损失或坏账损失，记入“信用减值损失”账户。企业应当在资产负债表日对应收账款的账面价值进行检查，有客观证据表明应收款项发生减值的，应当将该应收账款的账面价值减记至预计未来现金流量现值，减记的金额确认信用减值损失，并计提坏账准备。

第五，存货是指企业在日常活动中持有以备出售的产成品或商品、处在生产过程中的在产品、在生产过程或提供劳务过程中耗用的材料和物料等。企业持有存货是为了出售，而不是自用，包括可供直接出售的产成品、商品等以及需经过进一步加工后出售的原材料等。企业存货一般包括原材料、周转材料、在产品、半成品、产成品、商品等。

第六，存货成本包括采购成本、加工成本和其他成本。如外购存货的成本，即存货的采购成本，指存货从采购到入库前所发生的全部必要支出，包括购买价款、相关税费、运输费、装卸费、保险费以及其他可归属于存货采购成本的费用。

第七，企业在确定存货的成本流转时，应当根据各类存货的实物流转方式、企业管理的要求、存货的性质等实际情况，选择发出存货成本的计算方法，以合理确定当期发出存货的实际成本。按照我国企业会计准则规定，企业在确定发出存货的成本时，可以采用先进先出法、移动加权平均法、月末一次加权平均法和个别计价法四种方法。存货发出计价方法一旦选定，前后各期应当保持一致，如确需变更，应在会计报表附注中予以披露。

会计思政案例分析

2021 年 4 月，乐视网公告称收到证监会《行政处罚决定书》。证监会列明“五宗罪”，一是乐视网因 2007 ~ 2016 年十年财务造假，其报送、披露的 IPO 相关文件及 2010 ~ 2016 年年报存在虚假记载；二是未按规定披露关联交易；三是未披露为乐视控股等公司提供担保事项；四是未如实披露贾某芳、贾某亭向上市公司履行借款承诺的情况；五是 2016 年非公开发行股票行为构成欺诈发行等违法事实。乐视网这些违法事实给投资者带来巨大损失。实际上，在该公司年报中，有很多不符合常理之处，同学们可以通过所学知识进行辨别。

根据乐视网 2016 年年报显示：资产负债表上 2016 年货币资金超过 36.6

亿元，同时却有26亿元的短期借款，应付账款，也有54.2亿元。再看该公司2012~2016年五年来货币资金、短期借款和应付账款的数额对比如图3－14所示。

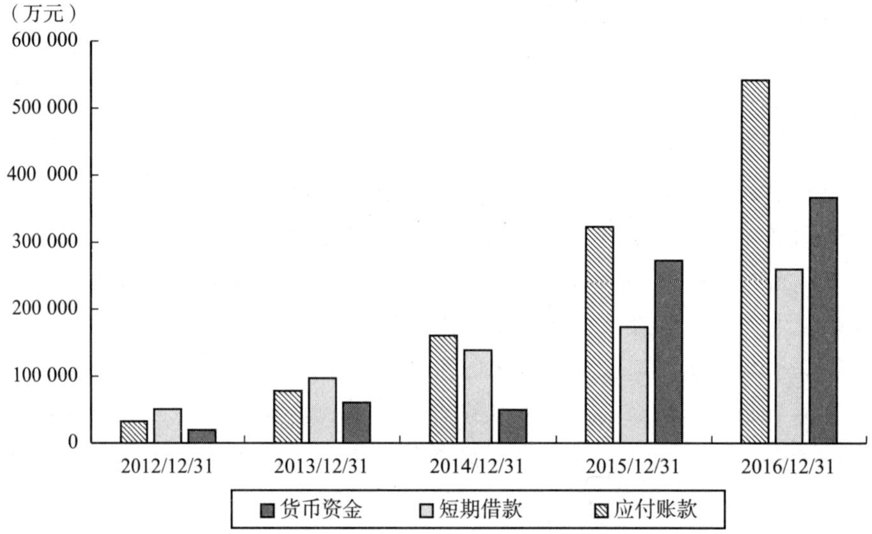

图3－14　乐视网2012年以来货币资金与应付账款对比情况

（案例来源：巨潮资讯网。）

思考：

1. 乐视网公司在持有大额现金的情况下为何还有如此高额的短期借款，这种情况符合常理吗？

2. 运用货币资金的相关知识，应该从哪些方面进行分析，以帮助投资者做出决策？

第四章　固定资产与无形资产

学习目的与要求

本章重点理解和掌握固定资产和无形资产的概念和核算方法。通过本章的学习，掌握固定资产的概念和特征；掌握固定资产的确认、计量和终止确认的核算；掌握无形资产的概念和特征；掌握无形资产取得、摊销和处置的核算方法。

第一节　固定资产

一、固定资产概述

（一）固定资产的定义和特征

固定资产，是指为生产商品、提供劳务、出租或经营管理而持有的，使用寿命超过一个会计年度的有形资产。

从固定资产的定义中可以看出，固定资产具有下列三个特征：

第一，固定资产是有形资产，具有实物形态，直观感觉能够感知它的存在，比如房屋、建筑物、机器设备等。这一特征将固定资产与无形资产明显区分开。

第二，持有目的为生产商品、提供劳务、出租或经营管理，而不是直接用于出售。这就将固定资产与其他有形资产，如原材料、库存商品等存货进行有效区分。企业持有固定资产是企业的劳动工具或手段，而不是用于出售的产品。

第三，固定资产的使用寿命超过一个会计年度。固定资产的使用寿命，是指企业使用固定资产的预计期间，或者该固定资产所能生产产品或提供劳务的数量，比如机器设备或运输设备等固定资产，其使用寿命往往表现为以该固定资产所能生产产品或提供劳务的数量等。该特征使固定资产明显区别于流动资产如低值易耗品等，而且固定资产能够多次参加企业的生产经营过程，每经历一个生产经营周期，其实物形态基本不发生改变。

（二）固定资产的确认条件

固定资产能够确认，首先需要符合固定资产的定义，其次还要符合固定资产的确认条件，即：与该固定资产有关的经济利益很可能流入企业，同时该固定资产的成本能够可靠地计量。

1. 与该固定资产有关的经济利益很可能流入企业

企业在确认固定资产时，需要判断与该项固定资产有关的经济利益是否很可能流入企业。如果与该项固定资产有关的经济利益很可能流入企业，并同时满足固定资产确认的其他条件，则企业应将其确认为固定资产；否则不应将其确认为固定资产。

2. 该固定资产的成本能够可靠地计量

企业在确认固定资产成本时，必须取得确凿的证据。但是有时需要根据所获得的最新资料，对固定资产的成本进行合理的估计。例如，企业对于已达到预定可使用状态但尚未办理竣工决算的固定资产，需要根据工程预算或招投标合同所确定的工程造价或者工程实际发生的成本等资料，按暂估价值确定固定资产的成本，待办理了竣工决算手续后再作调整。

二、固定资产的初始计量

固定资产的初始计量就是确定固定资产的取得成本。企业取得固定资产的渠道有很多，如外购、自行建造、投资者投入、租入、非货币性资产交换等，但是不论通过哪种渠道取得的固定资产，都必须按照规定办理验收交接手续，及时取得和审核有关凭证，作为新增固定资产登记入账的依据，以保证固定资产核算的真实性，以及企业资产的安全与完整。本书侧重介绍外购和接受投资取得固定资产的核算。

（一）外购固定资产

企业进行外购固定资产的核算，主要设置“固定资产”和“在建工程”科目。

“固定资产”科目。它属于资产类科目，用来核算企业持有的固定资产的原价。借方登记增加的固定资产原价；贷方登记出售、报废、毁损、盘亏等原因减少的固定资产原价；期末余额在借方，反映企业持有的固定资产原价。企业还应设置“固定资产登记簿”和“固定资产卡片”，进行明细核算。

外购固定资产的核算

“在建工程”科目。也属于资产类科目，用来核算企业基建、更新改造、安装等在建工程发生的支出。借方登记在建工程所发生的各项支出；贷方登记工程完工交付使用的实际成本；期末余额在借方，反映企业尚未达到预定可使用状态的在建工程成本。在建工程科目可以按照“建筑工程”“安装工程”“在安装设备”以及单项工程等设置明细账进行明细核算（见图4-1）。

在建工程（资产类）

企业各项在建工程的实际支出	完工工程转出的成本
尚未达到预定可使用状态的在建工程的成本	

（1）

固定资产（资产类）

增加的固定资产原价	减少的固定资产原价
期末固定资产的账面原价	

（2）

图4-1 在建工程和固定资产的账户结构

企业购入的固定资产分为不需要安装的固定资产和需要安装的固定资产两种。下面分别介绍这两种情况的账务处理。

1. 不需要安装的固定资产

取得成本包括实际支付的购买价款、包装费、运杂费、保险费、专业人员服务费和相关税费（不含可抵扣的增值税进项税额）等。账务处理为：按应计入固定资产成本的金额，借记“固定资产”科目；按可抵扣的进项税额借记“应交税费——应交增值税（进项税额）”科目；贷记“银行存款”“应付账款”“应付票据”等科目。

【例4-1】泰山公司购入不需要安装的生产设备一台，取得的增值税专用发票上注明设备的买价为100 000元，增值税额为13 000元，发生的运杂费为1 000元（假设运杂费不考虑增值税的问题），全部价款已从银行存款账户支付，设备已交付使用。

借：固定资产　　101 000
　　应交税费——应交增值税（进项税额）　　13 000
　　贷：银行存款　　114 000

2. 需要安装的固定资产

企业购入需要安装的固定资产时，按其取得成本和发生的安装费用等借记“在建工程”科目；按可抵扣的进项税额借记“应交税费——应交增值税（进项税额）”科目；贷记“银行存款”“应付账款”“应付票据”等科目。待安装完毕达到预定可使用状态时，将所归集的固定资产全部成本作为固定资产的原价，由“在建工程”科目转入“固定资产”科目。

【例 4-2】泰山公司购入需要安装的设备一台，取得的增值税专用发票上注明设备的买价为 60 000 元，增值税额为 7 800 元，发生的包装费和运杂费为 3 000 元，购入后需要安装。发生安装费用 2 000 元，全部价款均以银行存款支付，设备已安装完毕并交付使用。（注意：运杂费和安装费等不考虑增值税的问题。）

购入时：

借：在建工程　　63 000
　　应交税费——应交增值税（进项税额）　　7 800
　　贷：银行存款　　70 800

支付安装费时：

借：在建工程　　2 000
　　贷：银行存款　　2 000

安装完毕交付使用：

借：固定资产　　65 000
　　贷：在建工程　　65 000

（二）接受投资者投入固定资产

自行建造和接受投资固定资产的核算

企业对投资者投入的固定资产的核算，一方面要反映本企业固定资产的增加，另一方面要反映投资者投资额的增加，即反映本企业实收资本（或股本）的增加。企业对于投资者投入的固定资产，应当按照投资合同或协议约定的价值，借记“固定资产”科目，贷记“实收资本”（或“股本”）科目。

【例 4-3】泰山公司收到投资者投入的设备一台，账面原值是 200 000 元，已提取折旧 50 000 元。投资合同约定的价值为 140 000 元，与市场公允价值一致，该设备已交付使用。增值税税率为 13%。

借：固定资产　　140 000
　　应交税费——应交增值税（进项税额）　　18 200
　　贷：实收资本　　158 200

三、固定资产的后续计量

（一）固定资产折旧

1. 固定资产折旧的含义

固定资产虽然可以长期参加企业的生产经营活动而仍然保持其原有的实物形态，但其内在的潜力会随着时间的推移和资产的使用而逐渐衰竭或消逝，即随着固定资产的使用，其价值在不断减少。这主要因为固定资产使用过程中，存在固定资产损耗的情况。

固定资产的损耗分为有形损耗和无形损耗两种情况。有形损耗是指固定资产由于使用和自然力的影响而发生的在使用价值和价值上的损失，如机器设备氧化生锈，房屋建筑物由于风吹、日晒、雨淋的侵蚀而逐渐破旧等。无形损耗是指由于科学技术的进步等而引起的固定资产价值的损失。随着科学技术的进步，劳动生产率不断提高，新的机器设备不断出现，产品升级换代的周期不断缩短，因此固定资产的无形损耗有越来越严重的趋势。

固定资产
折旧的核算

企业需要对固定资产价值减少这一资金运动进行会计核算，即在固定资产使用寿命内，按照确定的方法对固定资产价值的总减少额进行系统分摊，这一分摊过程就叫固定资产折旧。在固定资产使用寿命内，价值的总减少额即为应计折旧额，是指应当计提折旧的固定资产的原价扣除其预计净残值后的金额。如果已计提减值准备的固定资产，还应当扣除已计提的固定资产减值准备累计金额。

固定资产折旧的过程，实际上是一个持续的成本分配过程，企业在固定资产的使用寿命内将固定资产的价值进行系统、合理地分摊，计入各期的成本或费用，从各期实现的收入中获得补偿。

2. 影响固定资产折旧的因素

影响固定资产折旧的因素主要包括以下几个方面：

（1）固定资产原价，指固定资产的成本。

（2）预计净残值。预计净残值是指，假定固定资产预计使用寿命已满，并处于使用寿命终了时的预期状态，企业从该项资产处置中获得的，扣除预计处置费用后的金额。预计净残值预期能够在固定资产使用寿命终了后收回，因此计算折旧时应将其扣除。

（3）预计使用寿命。固定资产的预计使用寿命是指企业使用固定资产的预计期间，或者该固定资产所能生产产品或提供劳务的数量。固定资产的使用寿命长短是直接影响各期应提折旧额的关键因素。因此，企业在确定固定资产的使用寿命时，应当考虑下列三个因素：预计生产能力或实物产量；预计有形损耗或无形损耗；法律或者类似规定对资产使用的限制。

具体到某一项固定资产的使用寿命，企业应当在考虑上述因素的基础上，结合不同固定资产的性质、消耗方式、所处环境等因素，做出职业判断。在相同的条件下，对于同样的固定资产的使用寿命应具有相同的预期。

一般情况下，固定资产的使用寿命、预计净残值一经确定，不得随意变更。

（4）固定资产减值准备。指固定资产已计提的固定资产减值准备累计金额。

3. 固定资产计提折旧的范围

企业应对所有的固定资产计提折旧。但是，已提足折旧仍继续使用的固定资产和单独计价入账的土地除外。

在确定计提折旧的范围时，除应遵守以上基本要求外，还应注意以下几点：

（1）企业应当按月计提固定资产折旧，并根据用途计入相关资产的成本或者当期损益。在会计实务中，为了简化核算，当月增加的固定资产，当月不计提折旧，从下月开始计提折旧；当月减少的固定资产，当月仍然计提折旧，从下月开始不再计提折旧。

（2）固定资产提足折旧后，不论能否继续使用，均不再计提折旧，提前报废的固定资产也不再补提折旧。所谓提足折旧指已经提足该项固定资产的应计折旧额，即固定资产账面价值已为预计净残值，但该固定资产仍在继续使用时，就无须再提折旧了。

（3）已达到预定可使用状态但尚未办理竣工决算的固定资产，应当按照估计价值确定其成本，并计提折旧；待办理竣工决算后再按实际成本调整原来的暂估价值，但不需要调整原已计提的折旧额。

4. 固定资产折旧的计算方法

企业选用不同的固定资产折旧方法，将影响固定资产使用寿命期间内不同时期的折旧费用，因此，固定资产的折旧方法一经确定，不得随意变更。固定资产的折旧计算方法主要包括四种：年限平均法、工作量法、双倍余额递减法和年数总和法。

上述四种计算固定资产折旧额的方法中，前两种方法属于平均法，每期或者每个工作量提取的折旧额都是相等的；而后两种方法则属于加速折旧法。加速折旧法的特点是在固定资产使用寿命内各年度提取的折旧额呈递减趋势。

固定资产折旧的计算方法

（1）年限平均法。年限平均法又称直线法，是指将固定资产的应提折旧总额均衡地分摊到固定资产预计使用寿命内各个会计期间的一种方法。采用这种方法计算的每期折旧额是相等的。计算公式如下：

年折旧额 =（固定资产原价 - 预计净残值）÷ 预计使用寿命（年）

月折旧额 = 年折旧额 ÷ 12

如果固定资产有预计净残值率，此时可用下列公式计算（实务中，常用此方法计算折旧额）：

年折旧率 =（1 - 预计净残值率）÷ 预计使用寿命（年）× 100%

月折旧率 = 年折旧率 ÷ 12

月折旧额 = 固定资产原价 × 月折旧率

（其中：预计净残值率 = 预计净残值 ÷ 固定资产原价）

【例 4 -4】 泰山公司新增一台设备，原始价值 600 000 元，预计净残值率为 4%，预计使用寿命 10 年。要求：采用年限平均法计算每月的折旧额。

年折旧率 =（1 - 4%）÷ 10 × 100% = 9.6%

月折旧率 = 9.6% ÷ 12 = 0.8%

月折旧额 = 600 000 × 0.8% = 4 800（元）

采用年限平均法计算的每年、每月的折旧额是相等的。它的主要优点是计算过程比较简便，易于理解和掌握，一般适用于不受季节影响、各期使用程度比较均衡的固定资产，如房屋、建筑物等，是实际工作中应用比较广泛的一种方法。

但这种方法也存在着明显的不足。首先，固定资产在不同的使用年限带来的经济效益是不同的。一般来讲，固定资产在其使用前期工作效率相对较高，所带来的经济利益也就多；而在其使用后期，工作效率一般呈下降趋势，因而，所带来的经济利益也就逐渐减少。年限平均法对此未加考虑，显然是不太合理的。其次，固定资产在不同的使用年限发生的维修费用也不一样。固定资产的维修费用将随着其使用时间的延长而不断增加，而年限平均法也没有考虑到这一因素。

（2）工作量法。工作量法是根据实际工作量计算每期应计提折旧额的一种方法。计算公式如下：

单位工作量折旧额 = 固定资产原价 ×（1 - 预计净残值率）÷ 预计总工作量

某项固定资产月折旧额 = 该项固定资产当月工作量 × 单位工作量折旧额

【**例 4－5**】泰山公司有 1 台设备，原始价值 52 000 元，预计净残值为 2 000 元，预计该设备可生产 10 000 件产品。1 月共生产了 200 件。计算 1 月应计提的折旧额。

单位产品折旧额＝(52 000－2 000)÷10 000＝5（元/件）

1 月应提折旧额＝200×5＝1 000（元）

工作量法的主要优点是将固定资产的效能与固定资产的使用程度联系起来，计算的折旧额与固定资产所完成的工作量成正比，而且计算比较简便，易于理解和掌握。但这种方法的不足之处在于它把有形损耗看作是引起固定资产折旧的唯一因素，由于无形损耗的客观存在，固定资产即使不使用也会发生折旧，使用工作量法难以在账面上对这种情况作出反映。

（3）双倍余额递减法。双倍余额递减法，是指在暂不考虑固定资产预计净残值的情况下，根据每期期初固定资产原价减去累计折旧后的金额（即固定资产账面净值）和双倍的直线法折旧率计算固定资产折旧的一种方法。其计算公式如下：

$$\text{年折旧率}=2\div\text{预计使用寿命(年)}\times100\%$$

$$\text{月折旧率}=\text{年折旧率}\div12$$

$$\text{月折旧额}=\text{固定资产账面净值}\times\text{月折旧率}$$

由于双倍余额递减法是以固定资产账面净值作为折旧基数，而固定资产账面净值是随着折旧的逐年提取而逐步递减的，因此，采用双倍余额递减法计提折旧，使固定资产在使用寿命内每年提取的折旧额呈递减趋势，即早期多提取折旧，后期少提取折旧。

要注意的是，由于计算年折旧率时暂未考虑预计净残值因素，随着固定资产折旧的逐年提取，不能将固定资产的账面净值降低到其预计净残值以下，即历年计提的累计折旧额不应该超过该项固定资产原价扣除预计净残值后的余额，也不能出现固定资产报废时其应计提折旧额未提足而使得账面净值大于预计净残值的情况。

因此，在固定资产使用的后期，如果发现使用双倍余额递减法计算的折旧额小于采用直线法计算的折旧额时，就可以改用直线法计提折旧。为了操作方便，采用双倍余额递减法计提折旧的固定资产，应当在其折旧年限到期前两年内，将固定资产净值扣除预计净残值后的净额平均摊销，即改用直线法平均计算最后两年的折旧额。

【**例 4－6**】泰山公司购买一台生产设备，其账面原价为 50 000 元，预计净残值为 2 000 元，预计使用寿命为 5 年，要求：采用双倍余额递减法计提折旧。

年折旧率 = 2/5 × 100% = 40%

第 1 年折旧额 = 50 000 × 40% = 20 000（元）

第 2 年折旧额 =（50 000 – 20 000）× 40% = 12 000（元）

第 3 年折旧额 =（50 000 – 20 000 – 12 000）× 40% = 7 200（元）

从第 4 年起改用年限平均法计提折旧，并扣除预计净残值

第 4、第 5 年应提折旧额 =（50 000 – 20 000 – 12 000 – 7 200 – 2 000）÷ 2 = 4 400（元）

双倍余额递减法的优点是考虑到了固定资产在其使用前期工作效率相对较高，所带来的经济利益也就多，因此前期提取的折旧额也高，做到收入与费用相配比。它的缺点也很明显，相比前面两种方法，双倍余额递减法的计算比较复杂。

（4）年数总和法。年数总和法又称年限合计法，是指将固定资产的原价减去预计净残值后的余额，乘以一个以固定资产尚可使用寿命为分子、以预计使用寿命逐年数字之和为分母的逐年递减的分数计算每年的折旧额。计算公式如下：

$$年折旧率 = 尚可使用寿命 \div 预计使用寿命的年数总和 \times 100\%$$

$$月折旧率 = 年折旧率 \div 12$$

$$月折旧额 = (固定资产原价 - 预计净残值) \times 月折旧率$$

【例 4 – 7】 泰山公司购买一台生产设备，其账面原价为 50 000 元，预计净残值为 2 000 元，预计使用寿命为 5 年，假设企业采用年数总和法计提折旧。

第 1 年应提折旧额 =（50 000 – 2 000）× 5/15 = 16 000（元）

第 2 年应提折旧额 =（50 000 – 2 000）× 4/15 = 12 800（元）

第 3 年应提折旧额 =（50 000 – 2 000）× 3/15 = 9 600（元）

第 4 年应提折旧额 =（50 000 – 2 000）× 2/15 = 6 400（元）

第 5 年应提折旧额 =（50 000 – 2 000）× 1/15 = 3 200（元）

双倍余额递减法和年数总和法都是加速折旧法。其中，双倍余额递减法的折旧率是固定不变的，而计提折旧的基数为固定资产的账面净值，是逐年减少的，因此计提的折旧额逐年递减；采用年数总和法计提折旧，各年应计提折旧总额，即固定资产原价减去预计净残值，是固定不变的，而折旧率是一个逐年递减的变数，因此各年的折旧额也是逐年递减的。

5. 固定资产折旧的账务处理

为了核算固定资产折旧，企业应该设置“累计折旧”科目。该科目属于资产类科目，是“固定资产”科目的备抵调整科目。贷方登记企业按月计提

的折旧额；借方登记企业由于各种原因处置固定资产时冲销的累计已提折旧额；期末余额在贷方，反映企业持有固定资产的累计折旧额。本科目可按照固定资产的类别或项目进行明细分类核算。“固定资产”科目的借方余额减去“累计折旧”科目的贷方余额，其差额即为固定资产的净值（见图4-2）。

累计折旧（资产类备抵账户）

减少固定资产转出的折旧额	计提的固定资产折旧额
	持有固定资产累计折旧额

图4-2 累计折旧的账户结构

应计提的折旧额应根据企业所采用的折旧方法，利用“固定资产折旧计算表”计算确定，并根据固定资产的用途计入相关资产的成本或者当期损益。基本生产车间使用的固定资产计提的折旧应记入“制造费用”账户，行政管理部门使用的固定资产计提的折旧应记入“管理费用”账户，销售部门使用的固定资产计提的折旧应记入“销售费用”账户，出租用固定资产计提的折旧应记入“其他业务成本”账户。

【例4-8】泰山公司本月各类固定资产应计提的折旧总额为185 000元。其中A、B、C三个车间的折旧额分别是50 000元、60 000元、30 000元，销售部门折旧额为10 000元，行政管理部门折旧额为20 000元，租出固定资产折旧额为15 000元。做出计提折旧的会计分录。

借：制造费用——A车间	50 000	
——B车间	60 000	
——C车间	30 000	
销售费用	10 000	
管理费用	20 000	
其他业务成本	15 000	
贷：累计折旧		185 000

（二）固定资产的减值

固定资产的初始入账价值为历史成本，由于固定资产使用年限较长，市场条件和经营环境的变化、科学技术的进步以及企业经营管理不善等原因，都可能导致固定资产创造未来经济利益的能力大大下降。因此，固定资产的真实价值有可能低于账面价值，在期末必须对固定资产减值损失进行确认。

固定资产在资产负债表日存在可能发生减值的迹象时，其可收回金额低于账面价值的，企业应当将该固定资产的账面价值减记至可收回金额，减记的金额确认为减值损失，计入当期损益，借记“资产减值损失——固定资产减值损失”科目。同时，计提相应的资产减值准备，贷记“固定资产减值准备”科目。

需要强调的是，根据《企业会计准则第 8 号——资产减值》的规定，企业固定资产减值损失一经确认，在以后会计期间不得转回。

四、固定资产的处置

固定资产
处置的核算

（一）固定资产终止确认的条件

固定资产满足下列条件之一的，应当予以终止确认：

1. 该固定资产处于处置状态

处于处置状态的固定资产不再用于生产商品、提供劳务、出租或经营管理，因此不再符合固定资产的定义，应予终止确认。

2. 该固定资产预期通过使用或处置不能产生经济利益

固定资产的确认条件之一是“与该固定资产有关的经济利益很可能流入企业”，如果一项固定资产预期通过使用或处置不能产生经济利益，就不再符合固定资产的定义和确认条件，应予终止确认。

（二）固定资产处置的会计处理

固定资产处置的核算，除了要反映固定资产账面价值的减少情况外，还要反映企业在固定资产处置过程中所发生的支出和取得的收入以及净损益的结转等情况。

为了核算和监督固定资产的处置情况，企业一般应该设置“固定资产清理”科目和“资产处置损益”科目。

“固定资产清理”科目属于资产类科目，核算企业因出售、报废和毁损、对外投资、非货币性资产交换、债务重组等原因转出的固定资产价值以及在清理过程中发生的费用等。借方登记企业转出的固定资产账面价值，以及清理过程中应支付的相关税费及其他费用；贷方登记企业出售固定资产取得的价款和清理过程中取得的残料价值或变价收入，以及应向保险公司或过失人收取的赔款等；若有借方余额，反映企业尚未清理完毕的固定资产清理净损失，若有贷方余额，反映企业尚未清理完毕的固定资产净收益；清理过程完毕，该科目月末没有余额。本科目可按被清理的固定资产项目进行明细核算。

“资产处置损益”科目，属于损益类科目，主要用来核算固定资产、无形资产等因出售和转让等原因，产生的处置损益。借方登记发生的处置净损失，贷方登记取得的处置净收益，期末将净损失或净收益从相反方向转入“本年利润”科目，结转后没有余额（见图4－3）。

固定资产清理（资产类）

转出的固定资产账面价值及清理过程中应支付的相关税费及其他费用	出售固定资产取得的价款、残料价值和变价收入
尚未清理完毕的固定资产清理净损失	尚未清理完毕的固定资产净收益

资产处置损益（损益类）

确认的处置净损失、转入“本年利润”的处置净收益	确认的处置净收益，转入“本年利润”的处置净损失

图4－3 固定资产清理和资产处置损益的账户结构

固定资产处置的核算一般经过下面几步：

第一，固定资产转入清理。按固定资产账面价值，借记“固定资产清理”科目，按已计提的累计折旧，借记“累计折旧”科目，按已计提的减值准备，借记“固定资产减值准备”科目，按固定资产原价，贷记“固定资产”科目。

第二，发生的清理费用。企业在固定资产清理过程中发生的相关税费及其他费用，借记“固定资产清理”科目，贷记“银行存款”“应交税费”等科目。

第三，出售收入、残料等的处理。企业收回出售固定资产的价款、残料价值和变价收入等，应冲减清理支出，借记“银行存款”“原材料”等科目，贷记“固定资产清理”“应交税费——应交增值税（销项税额）”等科目。

第四，保险赔偿的处理。企业计算或收到的应由保险公司或过失人赔偿的损失，应借记“其他应收款”“银行存款”等科目，贷记“固定资产清理”科目。

第五，清理净损益的处理。固定资产清理完成后产生的清理净损益，分情况处理：

（1）属于正常出售、转让所产生的净损益，应记入资产处置损益。确认处置净损失时，借记“资产处置损益”科目，贷记“固定资产清理”科目；如为净收益，借记“固定资产清理”科目，贷记“资产处置损益”科目。

（2）属于已丧失使用功能正常报废所产生的净损失，借记“营业外支出——非流动资产处置损失（正常原因）”科目，贷记“固定资产清理”科目；如为净收益，借记“固定资产清理”科目，贷记“营业外收入——非流动资产处置利得”科目。

（3）属于自然灾害等非正常原因造成的净损失，借记“营业外支出——非常损失（非正常原因）”科目，贷记“固定资产清理”科目，如为净收益，借记“固定资产清理”科目，贷记“营业外收入——非流动资产处置利得”科目。

【例4-9】泰山公司的一台生产设备经批准进行报废清理。该设备的账面原价为150 000元，累计已提折旧为140 000元，以银行存款支付清理费用1 000元，取得残值收入5 000元，已存入开户银行，清理工作已结束（不考虑相关税费）。

要求：做出相关的会计分录。

固定资产转入清理：

借：固定资产清理	10 000	
累计折旧	140 000	
贷：固定资产		150 000

支付清理费用：

借：固定资产清理	1 000	
贷：银行存款		1 000

取得残值收入：

借：银行存款	5 000	
贷：固定资产清理		5 000

结转报废固定资产的清理净损失：10 000 + 1 000 - 5 000 = 6 000（元）

借：营业外支出——非流动资产报废	6 000	
贷：固定资产清理		6 000

该例中，如果是由于出售、转让等原因而产生的固定资产处置损失应该借记“资产处置损益”科目，贷记“固定资产清理”科目。

五、固定资产的清查

企业应当定期或者至少于每年年末对固定资产进行清查盘点，以保证固定资产核算的真实性，充分挖掘企业现有固定资产的潜力。对于盘盈、盘亏的固定资产，应当查明原因，写出书面报告，并根据企业的管理权限，经股东大会或董事会，或经理（厂长）会议或类似机构批准后，在期末结账前处理完毕。

第二节 无形资产

一、无形资产概述

（一）无形资产的概念和特征

无形资产是指企业拥有或者控制的，没有实物形态的可辨认非货币性资产。其主要包括专利权、非专利技术、商标权、著作权、土地使用权、特许权等。

无形资产具有三个主要特征：

一是不具有实物形态。无形资产是不具有实物形态的非货币性资产。它不像固定资产、存货等资产，具有实物形态。

二是具有可辨认性。企业资产满足下列条件之一是符合无形资产定义中的可辨认标准：

（1）能够从企业中分离或者划分出来，并能单独或者与相关资产附在一起，用于出售、转让、授予许可、独立或者交换。

（2）源自合同性权利或其他法定权利，无论这些权利是否可以从企业或其他权利和义务中转移或者分离。商誉由于无法与企业自身分离而存在，不具有可辨认性，不属于无形资产。

三是属于非货币性长期资产。无形资产属于非货币性资产，且能够在多个会计期间为企业带来经济利益。无形资产的使用年限在一年以上，其价值将在各个受益期间逐渐摊销。

（二）无形资产的内容

1. 专利权

专利权是指国家专利。主管机关依法授予发明创造专利申请人对其发明创造在法定期限内所享有的专有权利。包括发明专利权、新型实用专利、全外观设计专有权。企业持有专利可以降低成本或提高产品质量，或者将其转让出去能够获得转让收益。

2. 非专利技术

非专利技术即专有技术，是指先进的、未公开的、未申请专利的，可以带来经济利益的技术及诀窍。

3. 商标权

商标是用来辨认特定的商品或劳务的标识。商标权是指专门在某类指定的商品或产品上使用特定的名称或图案的权利。商标注册人享有商标专用权，受法律保护。

4. 著作权

著作权又称版权。指作者对其著作的文学，科学和艺术作品依法享有的某些特殊权利。

5. 土地使用权

土地使用权是指国家准许某一企业或单位在一定期间内对国有土地享有开发、利用、经营的权利。根据《中华人民共和国土地管理法》的规定，我国实行土地的社会主义公有制，即全民所有制和劳动群众集体所有制。任何单位和个人不得侵占、买卖或者以其他形式非法转让土地，土地使用权可以依法转让。企业取得土地使用权，应将取得时发生的支出资本化，作为土地使用权的成本，计入无形资产成本。

6. 特许权

特许权又称特许经营权、专营权，指企业在某一地区经营或销售某一特定商品的权利，或者是一家企业接受另一家企业使用其商标、商号、秘密技术等的权利，如烟草专卖权，水电、邮电通信专营权、连锁店使用权总店店名的权利等。

二、无形资产的核算

为了反映和监督无形资产的取得、摊销和处置等情况，企业应当设置“无形资产”“累计摊销”“研发支出”等科目进行核算。

“无形资产”科目核算企业持有的无形资产成本，借方登记取得无形资产的成本，贷方登记处置无形资产转出无形资产的账面余额，期末借方余额反映企业期末持有的无形资产的成本。“无形资产”科目应当按照无形资产的项目设置明细科目进行核算（见图4－4）。

无形资产（资产类）

取得无形资产的成本	处置无形资产转出无形资产的账面余额
企业期末持有无形资产的成本	

图 4－4　无形资产的账户结构

“累计摊销”科目核算企业对使用寿命有限的无形资产计提的累计摊销，该科目属于无形资产的调整科目。“累计摊销”科目贷方登记计提的无形资产摊销，借方登记处置无形资产时转出的无形资产累计摊销，期末贷方余额反映企业无形资产的累计摊销额（见图 4－5）。

累计摊销（资产备抵类）

处置无形资产转出的无形资产累计摊销	计提的无形资产摊销
	企业无形资产的累计摊销额

图 4－5　累计摊销的账户结构

“研发支出”科目。它属于成本类科目，用来核算企业自行研究与开发无形资产程中发生的各项支出。该科目借方登记企业研究与开发无形资产过程中实际发生的各项支出；贷方登记企业转入当期损益的费用化支出和转入无形资产的资本化支出；期末借方余额反映企业正在进行的无形资产研究开发项目满足资本化条件的支出。本科目可按研究开发项目，分别“费用化支出”“资本化支出”进行明细核算（见图 4－6）。

研发支出（成本类）

企业研究与开发无形资产过程中实际发生的各项支出	企业转入当期损益的费用化支出和转入无形资产的资本化支出
企业正在进行的无形资产研究开发项目满足资本化条件的支出	

图 4－6　研发支出的账户结构

（一）取得无形资产的账务处理

取得的无形资产，应当按照成本进行初始计量。企业取得无形资产的主要方式有外购、自行研究开发、接受投资等。

1. 外购无形资产的账务处理

外购无形资产的成本，包括购买价款、相关税费以及直接归属于使该项资产达到预定用途所发生的其他支出。其中，相关税费不包括按照现行增值税制度规定，可以从销项税额中抵扣的增值税进项税额。外购无形资产取得增值税专用发票的，按注明的增值税进项税额，借记“应交税费——应交增值税（进项税额）”科目。

外购和接受投资无形资产的核算

【例 4－10】泰山公司为增值税一般纳税人购入一项非专利技术，取得的增值税专用发票上注明的价款为 190 000 元。增值税税率 6%，增值税税额 11 400 元，以银行存款支付。甲公司应编制如下会计分录：

借：无形资产——非专利技术	190 000	
应交税费——应交增值税（进项税额）	11 400	
贷：银行存款		201 400

2. 自行研究开发无形资产的账务处理

企业内部研究开发无形资产的支出，应当区分研究阶段与开发阶段分别进行账务处理。研究是指为获取并理解新的科学或技术知识而进行的独创性的有计划的调查。开发是指在进行商业性生产或使用前，将研究成果或其他知识应用于某项计划或设计，以生产出新的或具有实质性改进的材料、装置、产品等。自行研究开发无形资产支出账务处理的原则是：研究阶段的支出全部费用化，计入当期损益（管理费用）；开发阶段的支出符合资本化条件的，确认为无形资产，不符合资本化条件的计入当期损益。无法区分研究阶段支出和开发阶段支出，应当将其所发生的研发支出全部费用化，计入当期损益。

自行研发无形资产的核算

开发阶段的支出，同时满足下列条件的，才能予以资本化，计入无形资产的成本：（1）完成该无形资产以使其能够使用或出售在技术上具有可行性；（2）具有完成该无形资产并使用或出售的意图；（3）无形资产产生经济利益的方式，包括能够证明运用该无形资产生产的产品存在市场或无形资产自身存在市场，无形资产将在内部使用的，应当证明其有用性；（4）有足够的技术开发，并有能力使用或出售该无形资产；（5）归属于该无形资产开发阶段的支出能够可靠地计量。

企业自行研究开发支出的具体账务处理方法是：（1）不满足资本化条件的，借记“研发支出——费用化支出”科目，满足资本化条件的，借记“研发支出——资本化支出”科目，贷记“原材料”“银行存款”“应付职工薪酬”等科目；（2）期末，应将不满足资本化条件的支出计入当期损益，借记“管理费用”科目，贷记“研发支出——费用化支出”科目，“研发支出”科目期末借方余额反映满足资本化条件的支出；（3）研究开发项目达到预定用途形成无形资产的，应按“研发支出——资本化支出”科目的余额，借记“无形资产”科目，贷记“研发支出——资本化支出”科目。

【例4-11】 泰山公司自行研究开发一项新技术，截至20×3年12月31日，发生研发支出100 000元，均以银行存款支付，经测试，完成了研究阶段的任务，20×4年1月1日进入开发阶段。20×4年1~3月，企业在开发阶段共发生材料费500 000元、人工费100 000元，以及用银行存款支付的其他费用200 000元，共计800 000元，均符合资本化条件。20×4年3月31日，该项新技术的研发活动结束，达到预定用途。假设不考虑相关税费。其账务处理方法如下：

20×3年度发生研究阶段的支出时，作如下会计分录：

借：研发支出——费用化支出	100 000	
贷：银行存款		100 000

20×3年12月31日结转研究阶段支出，作如下会计分录：

借：管理费用	100 000	
贷：研发支出——费用化支出		100 000

20×4年1~3月发生的开发阶段支出，作如下会计分录：

借：研发支出——资本化支出	800 000	
贷：原材料		500 000
应付职工薪酬		100 000
银行存款		200 000

20×4年3月31日研发的新技术达到预定用途，作如下会计分录：

借：无形资产——非专利技术	800 000	
贷：研发支出——资本化支出		800 000

3. 投资者投入无形资产的账务处理

投资者投入的无形资产，企业应按投资合同或协议约定的价值，借记“无形资产”科目，贷记“实收资本”（或“股本”）等科目。

【例4-12】 泰山公司接受B公司投资转入的特许权一项，投资合同约定的价值为300 000元，增值税税率6%，增值税税额为18 000元，已办妥相关手续。作如下会计分录：

借：无形资产——特许权	300 000	
应交税费——应交增值税（进项税额）	18 000	
贷：实收资本		318 000

（二）无形资产摊销的账务处理

企业应当与取得无形资产时分析判断其使用寿命，使用寿命有限的无形资产应进行摊销，使用寿命不确定的无形资产，不予摊销。

使用寿命有限的无形资产，其残值通常为零。对于使用寿命有限的无形资产，企业应当按月进行摊销，可供使用当月起开始摊销，处置当月不再摊销。无形资产摊销方法有年限平均法（即直线法）、生产总量法等。企业选择的无形资产摊销方法，应当反映与该项无形资产有关的经济利益的预期实现方式。无法依靠确定预期实现方式的，应当采用年限平均法摊销。

无形资产摊销和处置的核算

无形资产的摊销额一般应当计入当期损益。企业管理用的无形资产，其摊销金额计入管理费用；出租的无形资产，其摊销金额计入其他业务成本；某项无形资产包含的经济利益通过所生产的产品或其他资产实现的，其摊销金额应当计入相关资产成本。

企业对无形资产进行摊销时，借记“管理费用”“其他业务成本”“生产成本”“制造费用”等科目，贷记“累计摊销”科目。

【例4－13】泰山公司购买的一项管理用特许权。成本为2 400 000元。合同规定受益年限为十年，公司采用年限平均法按月进行摊销。每月摊销时，泰山公司应做如下账务处理：

（1）计算每月应摊销的金额＝2 400 000÷10÷12＝20 000（元）

（2）编制会计分录：

借：管理费用　　20 000

　　贷：累计摊销　　20 000

本例中该无形资产属于公司管理用无形资产，其摊销金额应记入“管理费用”科目借方。

【例4－14】20×3年12月1日，泰山公司将其自行开发完成的非专利技术出租给丁公司，该非专利技术成本为1 800 000元，双方约定的租赁期限为10年，甲公司采用年限平均法按月进行摊销。每月摊销时，泰山公司应做如下账务处理：

（1）计算每月应摊销的金额＝1 800 000÷10÷12＝15 000（元）

（2）编制会计分录：

借：其他业务成本　　15 000

　　贷：累计摊销　　15 000

本例中该无形资产属于出租的无形资产，其摊销金额应记入“其他业务成本”科目的借方。

（三）无形资产处置的账务处理

无形资产的处置，主要包括无形资产出售、对外出租、对外捐赠，或者是无法为企业带来未来经济利益时，应予以转销并终止确认。下面重点阐述无形资产出售和报废的账务处理。

1. 无形资产出售的账务处理

企业出售某项无形资产，表明企业放弃该项无形资产的所有权，应将所取得的价款扣除该无形资产账面价值以及相关税费后的差额计入当期损益。企业出售无形资产时，按实际收到或应收的金额，借记“银行存款”“其他应收款”等科目，按已计提的累计摊销额，借记“累计摊销”科目，原已计提减值准备的，借记“无形资产减值准备”科目，按无形资产账面余额，贷记“无形资产”科目，按增值税专用发票上注明的增值税销项税额，贷记“应交税费——应交增值税（销项税额）”科目，按其差额，贷记或借记“资产处置损益”科目。

【例4－15】 A企业将其拥有的一项非专利技术出售，其账面余额为700 000元，累计摊销额为320 000元，售价450 000元，增值税税率为6%，应交的增值税税额为27 000元。作如下会计分录：

借：银行存款	450 000	
累计摊销	320 000	
贷：无形资产——非专利技术		700 000
应交税费——应交增值税（销项税额）		27 000
资产处置损益		43 000

2. 无形资产报废的账务处理

如果无形资产预期不能为企业带来未来经济利益，例如，某项无形资产已被其他新技术所替代或超过法律保护期，不能再为企业带来经济利益的，则不再符合无形资产的定义，企业应将其报废并予以转销，其账面价值转作当期损益。转销时，应按已计提的累计摊销，借记“累计摊销”科目，原已计提减值准备的，借记“无形资产减值准备”科目，按其账面余额，贷记“无形资产”科目，按其差额，借记“营业外支出——非动资产处置损失”科目。

【例4－16】 泰山公司的一项非专利技术已被其他新技术所替代，预期不能再为企业带来经济利益，决定予以转销。该项非专利技术的账面余额为600 000元，已计提的累计摊销额为300 000元，已计提的减值准备为160 000元，残值为零。作如下会计分录：

借：累计摊销　　300 000
　　无形资产减值准备　　160 000
　　营业外支出——非流动资产处置损失　　140 000
　　贷：无形资产——非专利技术　　600 000

本章小结

第一，固定资产，是指为生产商品、提供劳务、出租或经营管理而持有的；使用寿命超过一个会计年度的有形资产。固定资产具有三个特征：有形资产；持有目的为生产商品、提供劳务、出租或经营管理；使用寿命超过一个会计年度。

第二，固定资产取得成本，是指企业购建某项固定资产达到预定可使用状态前所发生的一切合理、必要的支出。这些支出包括直接发生的价款、相关税费（不包括可以抵扣的进项税额）、运杂费、包装费和安装成本等，也包括间接发生的，如应承担的借款利息、外币借款折算差额以及应分摊的其他间接费用。

第三，企业取得固定资产的渠道有很多，如外购、自行建造、投资者投入、租入、非货币性资产交换等，但是不论通过哪种渠道取得的固定资产，都必须按照规定办理验收交接手续，及时取得和审核有关凭证，作为新增固定资产登记入账的依据，以保证固定资产核算的真实性，以及企业资产的安全与完整。

第四，固定资产折旧，是指在固定资产使用寿命内，按照确定的方法对应计折旧额进行系统分摊。

固定资产虽然可以长期参加企业的生产经营活动而仍然保持其原有的实物形态，但其内在的潜力会随着时间的推移和资产的使用而逐渐衰竭或消逝。固定资产折旧就是对固定资产由于磨损和损耗而转移到成本或费用中去的那一部分价值的补偿，是一个持续的成本分配过程，就是将固定资产的成本在其使用寿命内转化为费用的过程，而每期计提折旧是为了在固定资产的使用期限内对固定资产的成本进行合理的摊销。

固定资产处置的核算，除了要反映固定资产账面价值的减少情况外，还要反映企业在固定资产处置过程中所发生的支出和取得的收入以及净损益的结转等情况。

第五，无形资产是指企业拥有或者控制的，没有实物形态的可辨认非货币性资产。其主要包括专利权、非专利技术、商标权、著作权、土地使用权、特许权等。

为了反映和监督无形资产的取得、摊销和处置等情况，企业应当设置“无形资产”“累计摊销”等科目进行核算。

会计思政案例分析

2017 年 8 月，亚泰集团发布了一则公告：《关于吉林亚泰（集团）股份有限公司所属水泥生产行业子公司固定资产折旧年限会计估计变更的专项说明》。通过这个专项说明，可以了解到亚泰集团调整了折旧年限，并对当期利润造成了重大影响，由于亚泰集团是重资产企业，据 2016 年年报，固定资产总额 128 亿元，此次折旧年限调整，少提折旧 5 142 万元，相应地，在没有任何经营改善的前提下，就能增加本年净利润 5 142 万元。

图 4－7 显示亚泰集团五年来的固定资产、累计折旧和净利润曲线，该公司近年来盈利压力非常大，累计折旧不断攀升，蚕食了相当一部分利润。为了避免报表亏损，亚泰集团调整了折旧年限调整的手段，不惜损失巨额税款，也要确保盈利。

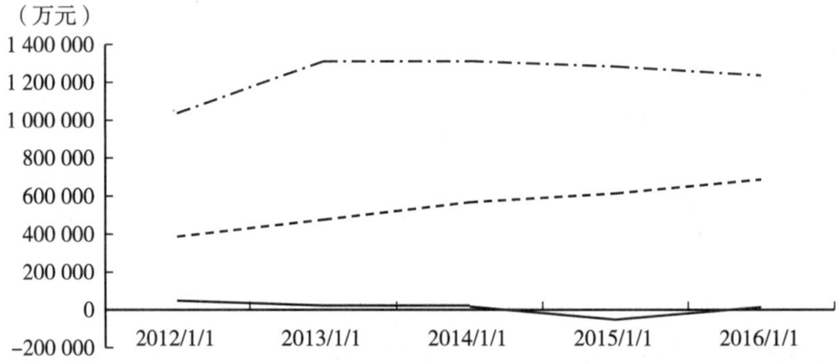

	2016/12/31	2015/12/31	2014/12/31	2013/12/31	2012/12/31
——净利润（万元）	13 910	–52 098	16 566	22 727	47 870
---- 累计折旧（万元）	686 892	613 830	567 586	475 985	386 760
–·– 固定资产（万元）	1 236 663	1 283 390	1 311 936	1 310 802	1 036 899

——净利润　---- 累计折旧　–·– 固定资产

图 4－7　亚泰集团近五年固定资产、累计折旧和净利润曲线

（案例来源：巨潮资讯。）

思考：请结合固定资产折旧等相关知识，分析亚泰集团这种做法合适吗？为什么？请简要分析这种做法对企业和其他利益相关者的影响分别是什么？

第五章　负　　债

学习目的与要求

本章重点是理解和掌握各种负债的基本概念及其核算方法。通过本章的学习，要求掌握短期借款、应付票据、应付账款、合同负债、应付职工薪酬、应交税费以及长期借款的内容和核算方法；熟悉流动负债的特征及其核算方法；了解流动负债和非流动负债的分类和内容。

负债按流动性不同（或偿还期限的长短），分为流动负债和非流动负债两大类。流动负债是指企业将在1年内（含1年）或超过1年的一个营业周期内偿还的债务。主要包括短期借款、应付票据、应付账款、预收账款、合同负债、应付职工薪酬、应付股利、应付利息、应交税费、其他应付款等。非流动负债是指流动负债以外的负债，包括长期借款、应付债券、长期应付款等。

第一节　短期借款

短期借款

短期借款是指企业从银行或其他金融机构等借入的期限在1年以下（含1年）的各种款项。短期借款一般是企业为了满足正常生产经营所需的资金或者是为了抵偿某项债务而借入的。短期借款的债权人不仅是银行，还包括其他非银行金融机构。

企业借入短期借款，需向债权人按期偿还借款的本金和利息，并及时反映款项的借入、利息的结算和本息的偿还情况。

为了核算短期借款的取得、偿还等情况，企业应设置“短期借款”科目（见图5-1）。它属于负债类科目，贷方登记取得短期借款的本金金额，借方登记偿还短期借款的本金金额，期末余额在贷方，反映企业尚未偿还的短期借款本金金额。本科目可按借款种类、贷款人和币种设置明细科目进行明细核算。

短期借款（负债类）

短期借款（负债类）	
偿还的短期借款的本金	取得的短期借款的本金
	尚未偿还的短期借款的本金

图 5－1　短期借款的账户结构

一、取得短期借款的核算

企业取得短期借款时，借记“银行存款”科目，贷记“短期借款”科目。

【例 5－1】 20×3 年 1 月 1 日，泰山公司从银行借入一笔生产经营用短期借款 2 000 000 元，期限为 9 个月，年利率为 6%。根据与银行签署的借款协议，该项借款的本金到期一次性归还，利息按季支付。

1 月 1 日取得该笔短期借款时，泰山公司应编制如下会计分录：

借：银行存款　　2 000 000

　　贷：短期借款　　2 000 000

二、短期借款利息的核算

对于企业借入短期借款应支付的利息，在实际工作中，如果短期借款利息是按期支付的，如按季度支付利息，或者利息是在借款到期时连同本金一起归还，并且其数额较大的，企业应于月末采用预提方式进行短期借款利息的核算。短期借款利息属于企业的筹资费用，应当在发生时作为财务费用直接计入当期损益。在资产负债表日，企业应当按照计算确定的短期借款利息费用，借记“财务费用”科目，贷记“应付利息”科目；实际支付利息时，借记“应付利息”科目，贷记“银行存款”科目。

如果企业的短期借款利息按月支付，或者在借款到期时连同本金一起归还，并且数额不大的，可以不采用预提的方式，而在实际支付或收到银行的计息通知时，直接计入当期损益，借记“财务费用”科目，贷记“银行存款”科目。

为了核算企业应付未付的利息，企业应设置“应付利息”科目。它属于负债类科目，贷方登记企业应当支付的利息费用，借方登记已经偿还的应付利息，期末余额在贷方，反映企业尚未偿还的应付利息。

【例5－2】 承【例5－1】，该笔短期借款每月的利息为10 000元（2 000 000×6%÷12）。该笔短期借款持有期间利息核算如下：

（1）1月末，计提1月应付利息：

借：财务费用　　　　10 000

　　贷：应付利息　　　　10 000

（2）2月末计提2月利息费用的会计处理与1月相同；

（3）3月末，支付第一季度银行借款利息：

借：财务费用　　　　10 000

　　应付利息　　　　20 000

　　贷：银行存款　　　　30 000

第二、第三季度的会计处理同上。

三、归还短期借款的核算

短期借款到期时，应及时归还。短期借款到期偿还本金时，企业应借记“短期借款”科目，贷记“银行存款”科目。如果在借款到期时连同本金一起归还利息的，企业应归还的利息通过“应付利息”或“财务费用”科目核算。

【例5－3】 承【例5－1】，该短期借款于20×3年10月1日到期，偿还该笔借款本金的会计处理如下：

借：短期借款　　　　2 000 000

　　贷：银行存款　　　　2 000 000

第二节　应付及预收款项

应付票据、应付账款和合同负债

一、应付票据

（一）应付票据概述

应付票据是指企业购买材料、商品和接受劳务供应等而开出、承兑的商业汇票。应付票据按照承兑人不同分为商业承兑汇票和银行承兑汇票，按票面是否载明利率分为带息票据和不带息票据。

企业应设置“应付票据”科目核算应付票据的开出、偿付等情况（见图5-2）。它属于负债类科目，贷方登记开出、承兑商业汇票的票面金额，借方登记支付票据的票面金额，期末余额在贷方，反映企业尚未到期的商业汇票的票面金额。企业应当设置“应付票据备查簿”，详细登记商业汇票的种类、号数、出票日期、到期日、票面金额、交易合同号和收款人姓名或单位名称以及付款日期和金额等资料。应付票据到期结清时，上述内容应当在备查簿内予以注销。

应付票据（负债类）

支付商业汇票的票面金额	开出、承兑商业汇票的票面金额
	尚未到期商业汇票的票面金额

图5-2　应付票据的账户结构

我国纸质商业汇票最长付款期限为6个月，电子商业汇票最长付款期限为1年。因此，企业应将应付票据作为流动负债管理和核算。同时，由于应付票据的偿付时间较短，在会计实务中，一般均按照开出、承兑的应付票据的面值入账。

（二）应付票据的会计核算

企业因购买材料、商品和接受劳务供应等而开出、承兑的商业汇票，应当按其票面金额作为应付票据的入账金额，借记“在途物资”“原材料”“库存商品”“应付账款”“应交税费——应交增值税（进项税额）”等科目，贷记“应付票据”科目。

企业因开出银行承兑汇票而支付的银行承兑汇票手续费，应当计入当期财务费用。支付手续费时，按照确认的手续费，借记“财务费用”科目，贷记“银行存款”科目。

企业开具的商业汇票到期支付票据款时，根据开户银行的付款通知，借记“应付票据”科目，贷记“银行存款”科目。

【例5-4】泰山公司为增值税一般纳税人，原材料按实际成本核算。20×3年3月17日购入原材料一批，增值税专用发票上注明的价款为120 000元，增值税税额为15 600元，原材料验收入库。该企业开出并承兑一张面值为135 600元、期限6个月的商业汇票。9月17日商业汇票到期，泰山公司通知其开户银行以银行存款支付票款。泰山公司应编制如下会计分录：

（1）开出并承兑商业汇票购入材料：

借：原材料 120 000

　应交税费——应交增值税（进项税额） 15 600

　　贷：应付票据 135 600

（2）到期支付商业汇票款：

借：应付票据 135 600

　　贷：银行存款 135 600

应付商业承兑汇票到期，如企业无力支付票款，由于商业汇票已经失效，企业应将应付票据按账面余额转作应付账款，借记“应付票据”科目，贷记“应付账款”科目。

应付银行承兑汇票到期，如企业无力支付票款，则由承兑银行代为支付并作为付款企业的贷款处理，企业应将应付票据的账面余额转作短期借款，借记“应付票据”科目，贷记“短期借款”科目。

【例5-5】 承【例5-4】，假设上述商业承兑汇票到期时泰山公司无力支付票款。泰山公司应编制如下会计分录：

借：应付票据 135 600

　　贷：应付账款 135 600

【例5-6】 如果【例5-4】中商业汇票为银行承兑汇票，泰山公司向银行申请承兑时，支付承兑手续费60元。泰山公司应编制如下会计分录：

借：财务费用 60

　　贷：银行存款 60

【例5-7】 如果【例5-6】中的银行承兑汇票到期，泰山公司无力支付票款。泰山公司应编制如下会计分录：

借：应付票据 135 600

　　贷：短期借款 135 600

二、应付账款

（一）应付账款概述

应付账款是指企业因购买材料、商品或接受劳务供应等经营活动而应付给供应单位的款项。它是买卖双方在购销活动中，由于取得货物或接受劳务与支付货款或劳务价款在时间上不一致而产生的负债。

应付账款与应付票据不同，二者虽然都是由于交易而产生的负债且都属于流动负债，但应付账款是尚未结清的债务，而应付票据是一种期票，是延期付款的证明，有承诺付款的票据作为凭证。

应付账款入账时间的确定，应以与所购买材料、商品所有权有关的风险和报酬已经转移或劳务已经接受为标志。实务中，为了使所购入材料、商品的金额、品种、数量和质量等与合同规定的条款相符，避免因验收时发现所购材料、商品的数量或质量存在问题而对入账的材料、商品或应付账款金额进行改动，在材料、商品和发票账单同时到达的情况下，一般在所购材料、商品验收入库后，根据发票账单登记入账，确认应付账款。在所购材料、商品已经验收入库，但是发票账单未能同时到达的情况下，企业应付材料、商品供应单位的债务已经成立。在会计期末，为了反映企业的负债情况，需要将所购材料、商品和相关的应付账款暂估入账，待下月初用红字将上月末暂估入账的应付账款予以冲销。

应付账款由于偿付时间较短，一般按应付金额入账，而不按到期应付金额的现值入账。企业应设置“应付账款”科目核算应付账款的发生、偿还、转销等情况（见图 5－3）。它属于负债类科目，贷方登记应付未付款项的增加，借方登记应付未付款项的减少，期末贷方余额反映企业尚未支付的应付账款余额。本科目可按债权人设置明细科目进行明细核算。

应付账款（负债类）

偿还的应付供应单位的款项	应付供应单位款项的增加
	尚未偿还的应付款

图 5－3　应付账款的账户结构

（二）应付账款的核算

购入材料、商品等验收入库，但货款尚未支付，根据有关凭证（发票账单、随货同行发票上记载的实际价款或暂估价值），借记“在途物资”“原材料”“库存商品”等科目，按照可抵扣的增值税进项税额，借记“应交税费——应交增值税（进项税额）”科目，按应付的款项，贷记“应付账款”科目。

企业接受供应单位提供劳务而发生的应付未付款项，根据供应单位的发票账单所列金额，借记“生产成本”“制造费用”“管理费用”等科目，按照增值税专用发票上注明的可抵扣的增值税进项税额，借记“应交税费——应交增值税（进项税额）”科目，贷记“应付账款”科目。

企业偿还应付账款或开出商业汇票抵付应付账款时，借记“应付账款”科目，贷记“银行存款”“应付票据”等科目。

【例5-8】泰山公司为增值税一般纳税人。20×3年6月1日，从A公司购入一批材料，增值税专用发票上注明的价款为200 000元，增值税税额为26 000元，已收到对方开具的增值税专用发票；同时，对方代垫运费1 000元（假设运费不考虑增值税）。材料已验收入库，该企业材料按实际成本进行核算，款项尚未支付。7月10日，泰山公司以银行存款支付购入材料相关款项227 000元。泰山公司应编制如下会计分录：

（1）确认应付账款：

借：原材料	201 000	
应交税费——应交增值税（进项税额）	26 000	
贷：应付账款——A公司		227 000

（2）偿还应付账款：

借：应付账款——A公司	227 000	
贷：银行存款		227 000

实务中，企业外购电力、燃气等动力一般通过“应付账款”科目核算，即在每月付款时先作暂付款处理，按照增值税专用发票上注明的价款，借记“应付账款”科目，按照增值税专用发票上注明的可抵扣的增值税进项税额，借记“应交税费——应交增值税（进项税额）”科目，贷记“银行存款”等科目；月末按照外购动力的用途分配动力费时，借记“生产成本”“制造费用”“管理费用”等科目，贷记“应付账款”科目。

【例5-9】20×3年6月17日，泰山公司收到银行转来B电力公司供电部门开具的增值税专用发票，发票上注明的电费为76 800元、增值税税额为9 984元，企业以银行存款付讫。月末，该企业经计算，本月应付电费76 800元，其中生产车间电费51 200元，企业行政管理部门电费25 600元。泰山公司应编制如下会计分录：

（1）支付外购动力费：

借：应付账款——B电力公司	76 800	
应交税费——应交增值税（进项税额）	9 984	
贷：银行存款		86 784

（2）月末分配外购动力费：

借：制造费用　　　　　　　　　　　51 200
　　管理费用　　　　　　　　　　　25 600
　　贷：应付账款——B 电力公司　　　　　　76 800

应付账款一般在较短期限内支付，但有时由于债权单位撤销或其他原因而使应付账款无法清偿。企业对于确实无法支付的应付账款应予以转销，按其账面余额计入营业外收入，借记“应付账款”科目，贷记“营业外收入”科目。

【例 5-10】 20×3 年 12 月 31 日，泰山公司确认一笔应付 C 公司货款 67 000 元为无法支付的款项，对此予以转销。泰山公司应编制如下会计分录：

借：应付账款　　　　　　　　　　　67 000
　　贷：营业外收入　　　　　　　　　　67 000

三、预收账款

预收账款是指企业按照合同规定预收的款项。

企业应设置“预收账款”科目，核算预收账款的取得、偿付等情况（见图 5-4）。它属于负债类科目，贷方登记发生的预收账款金额；借方登记企业冲销的预收账款金额；期末贷方余额反映企业预收的款项，如为借方余额，反映企业尚未转销的款项。本科目一般应按照客户设置明细科目进行明细核算。

预收账款（负债类）

冲销的预收账款的金额	发生的预收账款的金额
企业尚未转销的款项	企业预收的款项

图 5-4　预收账款的账户结构

预收货款业务不多的企业，可以不单独设置“预收账款”科目，其所发生的预收货款，可通过“应收账款”科目核算。

四、合同负债

（一）合同负债概述

合同负债是指企业已收或应收客户对价而应向客户转让商品的义务。比如航空公司提前收取的旅客购票款，电信公司提前收取客户支付的网络数据服务使用费等。

企业应设置“合同负债”科目，核算合同负债的取得、偿付等情况（见图5－5）。它属于负债类科目，贷方登记企业在向客户转让商品之前，已经收到或已经取得无条件收取合同对价权利的金额；借方登记企业向客户转让商品时冲销的金额；期末贷方余额反映企业在向客户转让商品之前，已经收到的合同对价或已经取得的无条件收取合同对价权利的金额。该科目按合同进行明细核算。

合同负债（负债类）

向客户转让商品时冲销的金额	向客户转让商品前，已经收到或已经取得无条件收取合同对价权利的金额
	在向客户转让商品前，已经收到的合同对价或已经取得的无条件收取合同对价权利的金额

图5－5　合同负债的账户结构

企业因转让商品收到的预收款使用收入准则进行会计处理时，合同负债因为强调了履约义务，因此在很大程度上能够替代原来的“预收账款”“递延收益”科目。

（二）合同负债的核算

根据合同规定，企业收到客户对价而承担向客户转让商品或服务的义务时，应当按实际收到的金额，借记“银行存款”等科目，贷记“合同负债”“应交税费——待转销项税额”等科目；企业按照合同约定向客户转让相关商品或服务确认收入时，借记“合同负债”“应交税费——待转销项税额”等科目，贷记“主营业务收入”“应交税费——应交增值税（销项税额）”等科目。

【例5－11】泰山公司为增值税一般纳税人，20×3年4月5日与乙公司签订销售合同，合同约定销售价款为400 000元，交货期为30天；4月10日，收到乙公司支付的款项452 000元；4月20日，泰山公司按照合同约定向乙公司发出指定产品，开出增值税专用发票上注明的不含税价款为400 000元，增值税税额为52 000元。

（1）收到乙公司交来预付款时，作如下会计分录：

借：银行存款　　452 000
　　贷：合同负债　　400 000
　　　　应交税费——待转销项税额　　52 000

需要说明的是，对于尚未向客户履行转让商品的义务而已收或应收客户对价中的增值税部分，因不符合合同负债的定义，不应确认为合同负债。因此，应计入合同负债的金额为：452 000/（1 +13%）=400 000（元）。

（2）按合同规定向乙公司发货，确认销售收入时，作如下会计分录：

借：合同负债　　400 000
　　应交税费——待转销项税额　　52 000
　　贷：主营业务收入　　400 000
　　　　应交税费——应交增值税（销项税额）　　52 000

将应计入主营业务收入的金额400 000 元从合同负债中转销；同时将对应的待转销项税额确认为销项税额。

五、应付利息和应付股利

（一）应付利息

应付利息是指企业按照合同约定应支付的利息，包括预提短期借款利息、分期付息到期还本的长期借款、企业债券等应支付的利息。

企业应设置“应付利息”科目核算应付利息的发生、支付情况（见图5－6）。它属于负债类科目，贷方登记按照合同约定计算的应付利息，借方登记实际支付的利息，期末贷方余额反映企业应付未付的利息。本科目一般应按照债权人设置明细科目进行明细核算。

应付利息（负债类）

实际支付的利息	按合同约定应当支付的利息
	企业应付未付的利息

图5－6　应付利息的账户结构

企业采用合同约定的利率计算确定利息费用时，按应付合同利息金额，借记“财务费用”等科目，贷记“应付利息”科目；实际支付利息时，借记“应付利息”科目，贷记“银行存款”等科目。

【例5－12】泰山公司20×3年1月1日借入6个月到期一次还本付息的短期借款60 000元，合同约定年利率为6%。泰山公司应编制如下会计分录：

（1）每月计算确认利息费用：

借：财务费用　　300

　　贷：应付利息　　300

企业每月应支付的利息＝60 000×6%÷12＝300（元）

（2）借款到期实际支付利息：

借：应付利息　　1 800

　　贷：银行存款　　1 800

（二）应付股利

应付股利是指企业根据股东大会或类似机构审议批准的利润分配方案确定分配给投资者的现金股利或利润。

企业应设置“应付股利”科目核算企业确定或宣告发放但尚未实际支付的现金股利或利润（见图5－7）。该科目属于负债类，贷方登记应支付的现金股利或利润；借方登记实际支付的现金股利或利润；期末贷方余额反映企业应付未付的现金股利或利润。本科目应按照投资者设置明细科目进行明细核算。

应付股利（负债类）

实际支付的现金股利或利润	应支付的现金股利或利润
	企业应付未付的现金股利或利润

图5－7　应付股利的账户结构

企业根据股东大会或类似机构审议批准的利润分配方案，确定或宣告应付给投资者的现金股利或利润时，借记“利润分配——应付现金股利或利润”科目，贷记“应付股利”科目；向投资者实际支付现金股利或利润时，借记“应付股利”科目，贷记“银行存款”等科目。

【例5－13】泰山公司有甲、乙两个股东，其出资分别占注册资本的30%和70%。20×3年度该公司实现净利润12 000 000元。经批准决定20×3年分配现金股利8 000 000元，股利已用银行存款支付。泰山公司应编制如下会计分录：

（1）确认应付投资者利润：

借：利润分配——应付现金股利或利润　　8 000 000

　　贷：应付股利——甲　　2 400 000

　　　　　　　　——乙　　5 600 000

（2）支付投资者利润：

借：应付股利——甲　　2 400 000

　　　　　　——乙　　5 600 000

　　贷：银行存款　　8 000 000

甲股东应分配的现金股利 = 8 000 000 × 30% = 2 400 000（元）

乙股东应分配的现金股利 = 8 000 000 × 70% = 5 600 000（元）

需要说明的是，企业董事会或类似机构通过的利润分配方案中拟分配的现金股利或利润，不需要进行账务处理，但应在附注中披露。企业分配的股票股利不通过“应付股利”科目核算。

六、其他应付款

其他应付款是指企业除应付票据、应付账款、预收账款、应付职工薪酬、应交税费、应付利息、应付股利等经营活动以外的其他各项应付、暂收的款项，如租入包装物租金、存入保证金等。

企业应设置“其他应付款”科目核算其他应付款的增减变动及其结存情况（见图 5 - 8）。该科目属于负债类，贷方登记发生的各种应付、暂收款项；借方登记偿还或转销的各种应付、暂收款项；该科目期末贷方余额反映企业应付未付的其他应付款项。本科目按照其他应付款的项目和对方单位（或个人）设置明细科目进行明细核算。

其他应付款（负债类）

偿还或转销的各种应付、暂收款项	发生的各种应付、暂收款项
	应付未付的其他应付款项

图 5 - 8　其他应付款的账户结构

企业发生其他各种应付、暂收款项时，借记“管理费用”“银行存款”等科目，贷记“其他应付款”科目；支付或退回其他各种应付、暂收款项时，借记“其他应付款”科目，贷记“银行存款”等科目。

【例 5 - 14】 泰山公司从 20 × 3 年 5 月 1 日，租入管理用包装物一批，租期3个月，每月租金7 000元，到期支付。7月31日，泰山公司以银行存款支付应付租金21 000元，增值税专用发票上注明的增值税进项税额2 730元。泰山公司应编制如下会计分录：

（1）5月31日计提应付租入包装物租金：

借：管理费用　　7 000

　　贷：其他应付款　　7 000

6月30日计提应付租入包装物租金的会计处理同上；

（2）7月31日支付租金和税金：

借：其他应付款　　14 000

　　管理费用　　7 000

　　应交税费——应交增值税（进项税额）　　2 730

　　贷：银行存款　　23 730

应付职工薪酬

第三节　应付职工薪酬

一、职工薪酬的内容

职工是指与企业订立劳动合同的所有人员，含全职、兼职和临时职工，也包括虽未与企业订立劳动合同但由企业正式任命的人员。主要包括以下三类：一是与企业订立劳动合同的所有人员，含全职、兼职和临时职工；二是未与企业订立劳动合同，但由企业正式任命的企业治理层和管理层人员，如董事会成员、监事会成员等；三是在企业的计划和控制下，虽未与企业订立劳动合同或未由其正式任命，但向企业所提供服务与职工所提供服务类似的人员，也属于职工的范畴，包括通过企业与劳务中介公司签订用工合同而向企业提供服务的人员。

职工薪酬是指企业为获得职工提供的服务或解除劳动关系而给予的各种形式的报酬或补偿。职工薪酬包括短期薪酬、离职后福利、辞退福利和其他长期职工福利。企业提供给职工配偶、子女、受赡养人、已故员工遗属及其他受益人等的福利，也属于职工薪酬。

（一）短期薪酬

短期薪酬是指企业在职工提供相关服务的年度报告期间结束后12个月内

需要全部予以支付的职工薪酬，因解除与职工的劳动关系给予的补偿除外。具体包括：

1. 职工工资、奖金、津贴和补贴

职工工资、奖金、津贴和补贴是指按照构成工资总额的计时工资、计件工资、支付给职工的超额劳动报酬和增收节支的劳动报酬、为补偿职工特殊或额外的劳动消耗和因其他特殊原因支付给职工的津贴，以及为保证职工工资水平不受物价影响支付给职工的物价补贴等。其中，企业的短期奖金计划属于短期薪酬，长期奖金计划属于其他长期职工福利。

2. 职工福利费

职工福利费是指企业向职工提供的生活困难补助、丧葬补助费、抚恤费、职工异地安家费、防暑降温费等职工福利支出。

3. 医疗保险费、工伤保险费等社会保险费

社会保险费是指企业按照国家规定的基准和比例计算，向社会保险经办机构缴纳的，由企业负担的医疗保险费、工伤保险费和生育保险费。

4. 住房公积金

住房公积金是指企业按照国家规定的基准和比例计算，向住房公积金管理机构缴存的，由企业负担的住房公积金。

5. 工会经费和职工教育经费

工会经费和职工教育经费是指企业为了改善职工文化生活、为职工学习先进技术及提高文化水平和业务素质，用于开展工会活动和职工教育及职业技能培训等相关支出。

6. 短期带薪缺勤

短期带薪缺勤是指职工虽然缺勤但企业仍向其支付报酬的安排，包括年休假、病假、婚假、产假、丧假、探亲假等。长期带薪缺勤属于其他长期职工福利。

7. 短期利润分享计划

短期利润分享计划是指因职工提供服务而与职工达成的基于利润或其他经营成果提供薪酬的协议。长期利润分享计划属于其他长期职工福利。

8. 非货币性福利

非货币性福利是指企业以自己的产品或外购商品发放给职工作为福利，企业提供给职工无偿使用自己拥有的资产或租赁资产供职工无偿使用等。

9. 其他短期薪酬

其他短期薪酬是指除上述薪酬以外的其他为获得职工提供的服务而给予短期薪酬。

（二）离职后福利

离职后福利是指企业为获得职工提供的服务而在职工退休或与企业解除劳动关系后，提供的各种形式的报酬和福利，短期薪酬和辞退福利除外。

企业应当将离职后福利计划分类为设定提存计划和设定受益计划。离职后福利计划，是指企业与职工就离职后福利达成的协议，或者企业为向职工提供离职后福利制定的规章或办法等。其中，设定提存计划，是指向独立的基金缴存固定费用后，企业不再承担进一步支付义务的离职后福利计划；设定受益计划，是指除设定提存计划以外的离职后福利计划。

（三）辞退福利

辞退福利是指企业在职工劳动合同到期之前解除与职工的劳动关系，或者为鼓励职工自愿接受裁减而给予职工的补偿。

（四）其他长期职工福利

其他长期职工福利是指除短期薪酬、离职后福利、辞退福利之外所有的职工薪酬，包括长期带薪缺勤、长期残疾福利、长期利润分享计划等。

我们在日常生活中常听到的“五险一金”是指医疗保险费、工伤保险费、生育保险费、养老保险费、失业保险费五项社会保险费及住房公积金。其中，医疗保险费、工伤保险费、生育保险费和住房公积金属于短期薪酬，养老保险费和失业保险费属于离职后福利。养老保险、医疗保险和失业保险，这三种险由企业和个人共同缴纳保费，工伤保险和生育保险完全由企业承担保费，个人不需要缴纳。这里要注意的是“五险”是法定的，而“一金”不是法定的。缴纳住房公积金的企业所缴纳的住房公积金也是由企业和个人共同承担的。

二、应付职工薪酬的科目设置

企业应设置“应付职工薪酬”科目，核算应付职工薪酬的计提、结算、使用等情况（见图5－9）。该科目属于负债类，贷方登记已分配计入有关成本费用项目的职工薪酬，借方登记实际发放的职工薪酬，包括扣还的款项等；期末贷方余额，反映企业应付未付的职工薪酬。

应付职工薪酬（负债类）	
实际发放的职工薪酬	已分配计入有关成本费用项目的职工薪酬
	应付未付的职工薪酬

图 5-9　应付职工薪酬的账户结构

“应付职工薪酬”科目应按照“工资”“职工福利费”“非货币性福利”“社会保险费”“住房公积金”“工会经费”“职工教育经费”“带薪缺勤”“利润分享计划”“设定提存计划”“设定受益计划”“辞退福利”等职工薪酬项目设置明细账进行明细核算。

三、短期薪酬的核算

企业应当在职工为其提供服务的会计期间，将实际发生的短期薪酬确认为负债，并根据职工提供服务的受益对象计入当期损益，其他会计准则要求或允许计入资产成本的除外。

（一）货币性职工薪酬

生产部门人员的职工薪酬，借记“生产成本”“制造费用”“劳务成本”等科目，贷记“应付职工薪酬”科目；管理人员的职工薪酬，借记“管理费用”科目，贷记“应付职工薪酬”科目；销售人员的职工薪酬，借记“销售费用”科目，贷记“应付职工薪酬”科目；应由在建工程、研发支出负担的职工薪酬，借记“在建工程”“研发支出”科目，贷记“应付职工薪酬”科目。

【例 5-15】泰山公司 20×3 年 6 月应付职工工资总额为 1 330 200 元，“工资费用分配汇总表”中列示的产品生产人员工资为 960 000 元，车间管理人员工资为 210 000 元，企业行政管理人员工资为 90 000 元，专设销售机构人员工资为 70 200 元。泰山公司应编制如下会计分录：

借：生产成本	960 000	
制造费用	210 000	
管理费用	90 000	
销售费用	70 200	
贷：应付职工薪酬——工资		1 330 200

企业按照有关规定向职工支付工资、奖金、津贴、补贴等，借记“应付职工薪酬——工资”科目，贷记“银行存款”“库存现金”等科目；企业从应付职工薪酬中扣还的各种款项（代垫的家属药费、个人所得税等），借记“应付职工薪酬”科目，贷记“银行存款”“库存现金”“其他应收款”“应交税费——应交个人所得税”等科目。

【例5－16】承【例5－15】，泰山公司根据“工资费用分配汇总表”结算本月应付职工工资总额1 330 200元，其中企业代垫职工房租66 000元、代垫职工家属医药费28 000元，实发工资1 236 200元。泰山公司应编制如下会计分录：

借：应付职工薪酬——工资	94 000	
贷：其他应收款——职工房租		66 000
——代垫医药费		28 000

如果用现金发放工资应编制如下会计分录：

（1）从银行提取现金：

借：库存现金	1 236 200	
贷：银行存款		1 236 200

（2）用现金发放工资：

借：应付职工薪酬——工资	1 236 200	
贷：库存现金		1 236 200

如果通过银行发放工资应编制如下会计分录：

借：应付职工薪酬——工资	1 236 200	
贷：银行存款		1 236 200

对于职工福利费，企业应当在实际发生时根据实际发生额计入当期损益或相关资产成本，借记“生产成本”“制造费用”“管理费用”“销售费用”“在建工程”“研发支出”等科目，贷记“应付职工薪酬——职工福利费”科目。发放时，借记“应付职工薪酬——职工福利费”科目，贷记“银行存款”科目。

对于国家规定了计提基础和计提比例的社会保险费、住房公积金、工会经费和职工教育经费，借记“生产成本”“制造费用”“管理费用”“销售费用”“在建工程”“研发支出”等科目，贷记“应付职工薪酬——社会保险费、住房公积金、工会经费、职工教育经费”等科目；实际上缴或发生实际开支时，借记“应付职工薪酬——社会保险费、住房公积金、工会经费、职工教育经费”，贷记“银行存款”等科目。对于职工个人承担的社会保险费和住房公积金，由职工所在企业每月从其工资中代扣代缴，借记“应付职工薪酬——工资”科目，贷记“其他应付款——社会保险费、住房公积金”科目。

【例5－17】承【例5－15】，20×3年7月，泰山公司根据相关规定，分别按照职工工资总额2%和8%的计提标准，确认应付工会经费和职工教育经费。泰山公司应编制如下会计分录：

借：生产成本　　96 000
　　制造费用　　21 000
　　管理费用　　9 000
　　销售费用　　7 020
　　贷：应付职工薪酬——工会经费　　26 604
　　　　　　　　　　——职工教育经费　　106 416

本例中，应确认的应付职工薪酬＝(960 000＋210 000＋90 000＋70 200)×(2%＋8%)＝133 020（元），其中，工会经费为26 604元、职工教育经费为106 416元。应记入“生产成本”科目的金额＝960 000×(2%＋8%)＝96 000（元）；应记入“制造费用”科目的金额＝210 000×(2%＋8%)＝21 000（元）；应记入“管理费用”科目的金额＝90 000×(2%＋8%)＝9 000（元）；应记入“销售费用”科目的金额＝70 200×(2%＋8%)＝7 020（元）。

【例5－18】承【例5－15】，20×3年7月，泰山公司根据国家规定的计提标准，计算应由企业负担的向社会保险经办机构缴纳社会保险费共计178 324元，按照规定标准计提住房公积金为162 460元。其中，产品生产人员的社会保险费和住房公积金为220 800元，车间管理人员工资为48 300元，企业行政管理人员工资为41 672元，专设销售机构人员工资为30 012元。泰山公司应编制如下会计分录：

借：生产成本　　220 800
　　制造费用　　48 300
　　管理费用　　41 672
　　销售费用　　30 012
　　贷：应付职工薪酬——社会保险费　　178 324
　　　　　　　　　　——住房公积金　　162 460

【例5－19】假定该公司从应付职工薪酬中代扣个人应缴纳的社会保险30 690元、住房公积金为75 230元，共计105 920元。泰山公司应编制如下会计分录：

借：应付职工薪酬——工资　　105 920
　　贷：其他应付款——社会保险费　　30 690
　　　　　　　　　——住房公积金　　75 230

对于职工带薪缺勤，企业应当根据其性质及职工享有的权利，分为累积带薪缺勤和非累积带薪缺勤两类。企业应当对累积带薪缺勤和非累积带薪缺勤分别进行会计处理。如果带薪缺勤属于长期带薪缺勤的，企业应当作为其他长期职工福利处理。

累积带薪缺勤，是指带薪权利可以结转下期的带薪缺勤，本期尚未用完的带薪缺勤权利可以在未来期间使用。企业应当在职工提供了服务从而增加了其未来享有的带薪缺勤权利时，确认与累积带薪缺勤相关的职工薪酬，并以累积未行使权利而增加的预期支付金额计量。确认累积带薪缺勤时，借记“管理费用”等科目，贷记“应付职工薪酬——带薪缺勤——短期带薪缺勤——累积带薪缺勤”科目。

非累积带薪缺勤，是指带薪权利不能结转下期的带薪缺勤，本期尚未用完的带薪缺勤权利将予以取消，并且职工离开企业时也无权获得现金支付。我国企业职工休婚假、产假、丧假、探亲假、病假期间的工资通常属于非累积带薪缺勤。由于职工提供服务本身不能增加其能够享受的福利金额，企业在职工未缺勤时不应当计提相关费用和负债。为此，企业应当在职工实际发生缺勤的会计期间确认与非累积带薪缺勤相关的职工薪酬。企业确认职工享有的与非累积带薪缺勤权利相关的薪酬，视同职工出勤确认的当期损益或相关资产成本。通常情况下，与非累积带薪缺勤相关的职工薪酬已经包括在企业每期向职工发放的工资等薪酬中。因此，不必额外做相应的账务处理。

（二）非货币性职工薪酬

企业以其自产产品作为非货币性福利发放给职工的，应当根据受益对象，按照该产品的含税公允价值计入相关资产成本或当期损益，同时确认应付职工薪酬，借记“生产成本”“制造费用”“管理费用”“销售费用”“在建工程”“研发支出”等科目，贷记“应付职工薪酬——非货币性福利”科目。

将企业拥有的房屋等资产无偿提供给职工使用的，应当根据受益对象，将该住房每期应计提的折旧计入相关资产成本或当期损益，同时确认应付职工薪酬，借记“生产成本”“制造费用”“管理费用”“销售费用”“在建工程”“研发支出”等科目，贷记“应付职工薪酬——非货币性福利”科目，并且同时借记“应付职工薪酬——非货币性福利”科目，贷记“累计折旧”科目。租赁住房等资产供职工无偿使用的，应当根据受益对象，将每期应付的租金计入相关资产成本或当期损益，并确认应付职工薪酬，借记“生产成本”“制造费用”“管理费用”“销售费用”“在建工程”“研发支出”科目，贷记“应付职工薪酬——非货币性福利”科目。难以认定受益对象的非货币性福利，直接计入当期损益和应付职工薪酬。

四、设定提存计划的核算

对于设定提存计划，企业应当根据在资产负债表日为换取职工在会计期间提供的服务而应向单独主体缴存的提存金，确认为应付职工薪酬，并计入当期损益或相关资产成本，借记“生产成本”“制造费用”“管理费用”“销售费用”“在建工程”“研发支出”等科目，贷记“应付职工薪酬——设定提存计划”科目。

【例5－20】承【例5－15】，泰山公司根据所在地政府规定，按照职工工资总额的一定比例计提基本养老保险费，缴存当地社会保险经办机构。20×3年7月，泰山公司缴存的基本养老保险费228 701元，应计入生产成本的金额为153 600元，应计入制造费用的金额为33 600元，应计入管理费用的金额为28 996元，应计入销售费用的金额为12 505元。泰山公司应编制如下会计分录：

借：生产成本	153 600	
制造费用	33 600	
管理费用	28 996	
销售费用	12 505	
贷：应付职工薪酬——设定提存计划——基本养老保险费		228 701

第四节　应交税费

应交税费

一、应交税费概述

企业根据税法规定应交纳的各种税费包括：增值税、消费税、关税、企业所得税、城市维护建设税、资源税、土地增值税、房产税、车船税、城镇土地使用税、教育费附加、印花税、耕地占用税、契税、车辆购置税、环境保护税等。

企业应交纳的税费绝大多数都需要预计应交数，然后定期与税务机关进行结算或清算。企业应交纳的税费在尚未交纳之前，构成了企业的一项流动负债。此外，企业还以代理人的身份为国家代扣代缴个人所得税等，这些代扣代缴的税金，在上交国家之前也形成了企业的一项流动负债。

企业应通过“应交税费”科目，核算各种应交税费的形成及其交纳情况。该科目属于负债类，贷方登记应交纳的各种税费，借方登记实际交纳的税费；期末余额一般在贷方，反映企业尚未交纳的税费，期末余额如在借方，则反映企业多交或尚未抵扣的税费。本科目按应交税费种类设置明细科目进行明细核算。

企业代扣代交的个人所得税，也通过“应交税费”科目核算。

二、应交增值税

（一）增值税概述

增值税是以商品（含应税劳务、应税行为）在流转过程中实现的增值额作为计税依据而征收的一种流转税。按照我国现行增值税制度的规定，在我国境内销售货物、加工修理修配劳务、服务、无形资产和不动产以及进口货物的企业、单位和个人为增值税的纳税义务人。其中，“服务”是指提供交通运输服务、建筑服务、邮政服务、电信服务、金融服务、现代服务、生活服务等。

根据经营规模大小及会计核算水平的健全程度，增值税纳税人分为一般纳税人和小规模纳税人。一般纳税人是指年应税销售额超过财政部、国家税务总局规定标准的增值税纳税人。小规模纳税人是指年应税销售额未超过规定标准，并且会计核算不健全，不能够提供准确税务资料的增值税纳税人。

（二）一般纳税人增值税的核算

1. 计税方法

一般纳税人大多数适用增值税一般计税方法。增值税的一般计税方法，是先按当期销售额和适用的税率计算出销项税额，然后以该销项税额对当期购进项目支付的税款（即进项税额）进行抵扣，间接算出当期的应纳税额。应纳税额的计算公式：

$$应纳税额=当期销项税额-当期进项税额$$

公式中的“当期销项税额”是指纳税人当期销售货物、加工修理修配劳务、服务、无形资产和不动产时按照销售额和增值税税率计算并收取的增值税税额。其中，销售额是指纳税人销售货物、加工修理修配劳务、服务、无形资产和不动产时向购买方收取的全部价款和价外费用，但是不包括收取的销项税额。当期销项税额的计算公式：

销项税额＝销售额×增值税税率

公式中的“当期进项税额”是指纳税人购进货物、加工修理修配劳务、服务、无形资产和不动产时，支付或者负担的增值税税额。下列进项税额准予从销项税额中抵扣：

（1）从销售方取得的增值税专用发票（含税控机动车销售统一发票，下同）上注明的增值税税额。（2）从海关进口增值税专用缴款书上注明的增值税税额。（3）购进农产品，除取得增值税专用发票或者海关进口增值税专用缴款书外，按照农产品收购发票或者销售发票上注明的农产品买价和9%的扣除率计算的进项税额；如用于生产销售或委托加工13%税率货物的农产品，按照农产品收购发票或者销售发票上注明的农产品买价和10%的扣除率计算的进项税额。（4）从境外单位或者个人购进服务、无形资产或者不动产，从税务机关或者扣缴义务人取得的解缴税款的完税凭证上注明的增值税税额。（5）一般纳税人支付的道路、桥、闸通行费，凭取得的通行费发票上注明的收费金额和规定的方法计算的可抵扣的增值税进项税额。

当期销项税额小于当期进项税额不足抵扣时，其不足部分可以结转下期继续抵扣。

一般纳税人采用的税率分为13%、9%、6%和零税率。一般纳税人销售货物、劳务、有形动产租赁服务或者进口货物，税率为13%。一般纳税人销售或者进口粮食等农产品、食用植物油、食用盐、自来水、暖气、冷气、热水、煤气、石油液化气、天然气、二甲醚、沼气、居民用煤炭制品、图书、报纸、杂志、音像制品、电子出版物、饲料、化肥、农药、农机、农膜以及国务院及其有关部门规定的其他货物，税率为9%；提供交通运输、邮政、基础电信、建筑、不动产租赁服务，销售不动产，转让土地使用权，税率为9%；其他应税行为，税率为6%。一般纳税人出口货物，税率为0；但是，国务院另有规定的除外。境内单位和个人发生的跨境应税行为税率为0，具体范围由财政部和国家税务总局另行规定。

2. 账务处理

（1）科目设置。

为了核算企业应交增值税的发生、抵扣、交纳、退税及转出等情况，增值税一般纳税人应当在“应交税费”科目下设置“应交增值税”“未交增值税”“预交增值税”“待抵扣进项税额”“待认证进项税额”“待转销项税额”“增值税留抵税额”“简易计税”“转让金融商品应交增值税”“代扣代交增值税”等明细科目。下面仅介绍“应交增值税”和“未交增值税”两个明细科目。

“应交增值税”明细科目，核算一般纳税人进项税额、销项税额抵减、已交税金、转出未交增值税、减免税款、出口抵减内销产品应纳税额、销项税额、出口退税、进项税额转出、转出多交增值税等情况。

该明细账设置以下专栏：①“进项税额”专栏，记录一般纳税人购进货物、加工修理修配劳务、服务、无形资产或不动产而支付或负担的、准予从当期销项税额中抵扣的增值税税额；②“销项税额抵减”专栏，记录一般纳税人按照现行增值税制度规定因扣减销售额而减少的销项税额；③“已交税金”专栏，记录一般纳税人当月已交纳的应交增值税税额；④“转出未交增值税”和“转出多交增值税”专栏，分别记录一般纳税人月度终了转出当月应交未交或多交的增值税税额；⑤“减免税款”专栏，记录一般纳税人按现行增值税制度规定准予减免的增值税税额；⑥“出口抵减内销产品应纳税额”专栏，记录实行“免、抵、退”办法的一般纳税人按规定计算的出口货物的进项税抵减内销产品的应纳税额；⑦“销项税额”专栏，记录一般纳税人销售货物、加工修理修配劳务、服务、无形资产或不动产应收取的增值税税额；⑧“出口退税”专栏，记录一般纳税人出口货物、加工修理修配劳务、服务、无形资产按规定退回的增值税税额；⑨“进项税额转出”专栏，记录一般纳税人购进货物、加工修理修配劳务、服务、无形资产或不动产等发生非正常损失以及其他原因而不应从销项税额中抵扣、按规定转出的进项税额（见图5-10）。

应交税费——应交增值税

略	借方							贷方					借或贷	余额
	合计	进项税额	销项税额抵减	已交税金	减免税额	转出未交增值税	出口抵减内销产品应纳税额	合计	销项税额	出口退税	进项税额转出	转出多交增值税		

图5-10 应付税费——应交增值税的账户结构

“未交增值税”明细科目，核算一般纳税人月度终了从“应交增值税”或“预交增值税”明细科目转入当月应交未交、多交或预交的增值税税额，以及当月交纳以前期间未交的增值税税额。

下面对取得资产、接受劳务或服务、销售业务中增值税的会计处理，以及交纳增值税、月末转出多交增值税和未交增值税的会计处理进行介绍，对于视同销售业务以及进项税额转出业务的会计处理不再介绍。

（2）取得资产、接受劳务或服务的会计处理。

一般纳税人购进货物、加工修理修配劳务、服务、无形资产或者不动产，按应计入相关成本费用或资产的金额，借记“在途物资”“原材料”“库存商品”“生产成本”“无形资产”“固定资产”“管理费用”等科目，按当月已认证的可抵扣增值税税额，借记“应交税费——应交增值税（进项税额）”科目，按应付或实际支付的金额，贷记“应付账款”“应付票据”“银行存款”等科目。购进货物等发生的退货，应作相反的会计分录。

【例 5-21】 泰山公司为增值税一般纳税人，20×3 年 8 月发生交易或事项以及相关的会计分录如下：

6 日，购入原材料一批，增值税专用发票上注明的价款为 240 000 元，增值税税额为 31 200 元，材料尚未到达，全部款项已用银行存款支付。

借：在途物资	240 000	
应交税费——应交增值税（进项税额）	31 200	
贷：银行存款		271 200

25 日，购入不需要安装的生产设备一台，增值税专用发票上注明的价款为 60 000 元，增值税税额为 7 800 元，款项尚未支付。

借：固定资产	60 000	
应交税费——应交增值税（进项税额）	7 800	
贷：应付账款		67 800

企业购进的货物等已到达并验收入库，但尚未收到增值税扣税凭证并未付款的，应在月末按货物清单或相关合同协议上的价格暂估入账，不需要将增值税的进项税额暂估入账。下月初，用红字冲销原暂估入账金额，待取得相关增值税扣税凭证并经认证后，按应计入相关成本费用或资产的金额，借记“原材料”“库存商品”“固定资产”“无形资产”等科目，按可抵扣的增值税额，借记“应交税费——应交增值税（进项税额）”科目，按应付或实际支付的金额，贷记“应付账款”“应付票据”“银行存款”等科目。

【例 5-22】 泰山公司为增值税一般纳税人，20×3 年 6 月 30 日，购进原材料一批已验收入库，但尚未收到增值税扣税凭证，款项也未支付。随货同行的材料清单列明的原材料销售价格为 520 000 元。泰山公司应编制如下会计分录：

借：原材料　　　　　　　　　　　　　　　　　　520 000

　　贷：应付账款　　　　　　　　　　　　　　　　　520 000

7 月初，用红字冲销原暂估入账金额：

借：原材料　　　　　　　　　　　　　　　　　　[520 000]

　　贷：应付账款　　　　　　　　　　　　　　　　　[520 000]

7 月 11 日，取得相关增值税专用发票上注明的价款为 520 000 元，增值税税额为 67 600 元，增值税专用发票已经认证。全部款项以银行存款支付。泰山公司应编制如下会计分录：

借：原材料　　　　　　　　　　　　　　　　　　520 000

　　应交税费——应交增值税（进项税额）　　　　　67 600

　　贷：银行存款　　　　　　　　　　　　　　　　　587 600

（3）销售等业务的会计处理。

企业销售货物、加工修理修配劳务、服务、无形资产或不动产，应当按应收或已收的金额，借记“应收账款”“应收票据”“银行存款”等科目，按取得的收益金额，贷记“主营业务收入”“其他业务收入”“固定资产清理”等科目，按现行增值税制度规定计算的销项税额，贷记“应交税费——应交增值税（销项税额）”科目。企业销售货物发生的销售退回，应根据税务机关开具的红字增值税专用发票作相反的会计分录。

【例 5－23】 20×3 年 6 月 15 日，泰山公司销售产品一批，开具的增值税专用发票上注明的价款为 6 000 000 元，增值税税额为 780 000 元，提货单和增值税专用发票已交给买方，款项尚未收到。

借：应收账款　　　　　　　　　　　　　　　　6 780 000

　　贷：主营业务收入　　　　　　　　　　　　　　6 000 000

　　　　应交税费——应交增值税（销项税额）　　　　780 000

【例 5－24】 20×3 年 8 月 25 日，泰山公司销售一批原材料，开具的增值税专用发票上注明的价款为 750 000 元，增值税税额为 97 500 元，款项已经收取。

借：银行存款　　　　　　　　　　　　　　　　　847 500

　　贷：其他业务收入　　　　　　　　　　　　　　　750 000

　　　　应交税费——应交增值税（销项税额）　　　　97 500

（4）交纳增值税的账务处理。

企业交纳当月应交的增值税时，借记“应交税费——应交增值税（已交税金）”科目，贷记“银行存款”科目；企业交纳以前期间未交的增值税时，借记“应交税费——未交增值税”科目，贷记“银行存款”科目。

【例5-25】 20×3年6月，泰山公司当月发生增值税销项税额合计为625 200元，增值税进项税额合计为390 100元，假设其他专栏均无发生额。泰山公司当月应交增值税计算结果如下：

当月应交增值税 = 625 200 - 390 100 = 235 100（元）

泰山公司6月30日用银行存款交纳当月增值税，则编制如下会计分录：

借：应交税费——应交增值税（已交税金）　　　235 100

　　贷：银行存款　　　　　　　　　　　　　　　　235 100

（5）月末结转多交增值税和未交增值税的会计处理。

月末，企业应当将当月应交未交或多交的增值税自“应交增值税”明细科目转入“未交增值税”明细科目。对于当月应交未交的增值税，借记“应交税费——应交增值税（转出未交增值税）”科目，贷记“应交税费——未交增值税”科目；对于当月多交的增值税，借记“应交税费——未交增值税”科目，贷记“应交税费——应交增值税（转出多交增值税）”科目。

【例5-26】 承【例5-25】，20×3年6月30日，泰山公司将6月份未交纳的增值税税款235 100元进行转账。泰山公司应编制如下会计分录：

借：应交税费——应交增值税（转出未交增值税）　　235 100

　　贷：应交税费——未交增值税　　　　　　　　　　235 100

7月10日，用银行存款交纳6月份未交增值税时，泰山公司应编制如下会计分录：

借：应交税费——未交增值税　　　　　　　　235 100

　　贷：银行存款　　　　　　　　　　　　　　　235 100

（三）小规模纳税人增值税的核算

1. 计税方法

小规模纳税人计算增值税采用简易计税方法，即购进货物、应税服务或应税行为，取得增值税专用发票上注明的增值税，一律不予抵扣，直接计入相关成本费用或资产。

小规模纳税人销售货物、应税服务或应税行为时，按照不含税的销售额和规定的增值税征收率计算应交纳的增值税（即应纳税额），但不得开具增值税专用发票。

增值税的简易计税的计算公式为：

$$应纳税额 = 销售额 \times 征收率$$

公式中的销售额不包括其应纳税额。不含税的销售额计算公式为：

$$不含税销售额 = 含税销售额 \div (1 + 征收率)$$

采用简易计税方式的增值税征收率为3%，国家另有规定的除外。

2. 会计处理

小规模纳税人进行账务处理时，需在“应交税费”科目下设置“应交增值税”明细科目，该明细科目不再设置增值税专栏。“应交税费——应交增值税”科目贷方登记应交纳的增值税，借方登记已交纳的增值税；期末贷方余额反映小规模纳税人尚未交纳的增值税，期末借方余额反映小规模纳税人多交纳的增值税。

小规模纳税人购进货物、应税服务或应税行为，按照应付或实际支付的全部款项（包括支付的增值税税额），借记“在途物资”“原材料”“库存商品”等科目，贷记“应付账款”“应付票据”“银行存款”等科目；销售货物、应税服务或应税行为，应按全部价款（包括应交的增值税税额），借记“银行存款”等科目，按不含税的销售额，贷记“主营业务收入”等科目，按应交增值税税额，贷记“应交税费——应交增值税”科目。

【例5－27】振兴公司为增值税小规模纳税人，适用增值税征收率为3%，原材料按实际成本核算。该企业发生如下经济业务：购入原材料一批，取得的增值税专用发票上注明的价款为60 000元，增值税税额为7 800元，全部款项以银行存款支付，材料已验收入库。销售产品一批，开具的普通发票上注明的货款（含税）为51 500元，款项已存入银行。用银行存款交纳增值税1 500元。该企业应编制如下会计分录：

购入原材料：

借：原材料	67 800	
贷：银行存款		67 800

销售产品：

借：银行存款	51 500	
贷：主营业务收入		50 000
应交税费——应交增值税		1 500

不含税销售额＝含税销售额÷(1＋征收率)＝51 500÷(1＋3%)＝50 000（元）

应纳增值税＝不含税销售额×征收率＝50 000×3%＝1 500（元）

交纳增值税：

借：应交税费——应交增值税	1 500	
贷：银行存款		1 500

三、应交消费税

（一）消费税概述

消费税是指在我国境内生产、委托加工和进口应税消费品的单位和个人，按其流转额交纳的一种税。应税消费品主要包括烟、酒、高档化妆品、贵重首饰和珠宝玉石、高尔夫球及球具、高档手表、鞭炮、焰火、成品油、游艇、摩托车和小汽车、电池、涂料、木质一次性筷子、实木地板等。

消费税有从价定率、从量定额、从价定率和从量定额复合计税（以下简称“复合计税”）三种征收方法。采取从价定率方法征收的消费税，以不含增值税的销售额为税基，按照税法规定的税率计算。企业的销售收入包含增值税的，应将其换算为不含增值税的销售额。采取从量定额计征的消费税，按税法确定的企业应税消费品的数量和单位应税消费品应交纳的消费税计算确定。采取复合计税计征的消费税，由以不含增值税的销售额为税基，按照税法规定的税率计算的消费税和根据按税法确定的企业应税消费品的数量和单位应税消费品应交纳的消费税计算的消费税合计确定。

（二）应交消费税的核算

企业应在“应交税费”科目下设置“应交消费税”明细科目，核算应交消费税的发生、交纳情况（见图5－11）。它属于负债类科目，贷方登记应交纳的消费税，借方登记已交纳的消费税，期末贷方余额，反映企业尚未交纳的消费税，期末借方余额，反映企业多交纳的消费税。

应交税费——应交消费税（负债类）

已交纳的消费税	应交纳的消费税
多交纳的消费税	尚未交纳的消费税

图5－11　应交税费——应交消费税的账户结构

企业销售应税消费品应交的消费税，应借记“税金及附加”科目，贷记“应交税费——应交消费税”科目；按规定交纳应交纳的消费税，借记“应交税费——应交消费税”科目，贷记“银行存款”科目。

【例5－28】振华公司销售所生产的化妆品，价款2 000 000元（不含增值税)，增值税专用发票上注明的增值税税额为260 000元，适用的消费税税率为15%，款项存入银行。振华公司应编制如下会计分录：

取得价款和税款时：

借：银行存款 2 260 000

贷：主营业务收入 2 000 000

应交税费——应交增值税（销项税额） 260 000

计算应交纳的消费税：

应纳消费税税额 = 2 000 000 × 15% = 300 000（元）

借：税金及附加 300 000

贷：应交税费——应交消费税 300 000

四、其他应交税费

其他应交税费是指除上述应交税费以外的其他各种应上交国家的税费，包括应交资源税、应交城市维护建设税、应交土地增值税、应交所得税、应交房产税、应交土地使用税、应交车船税、应交环境保护税、应交教育费附加、应交个人所得税等。企业应当在“应交税费”科目下设置相应的明细科目进行核算，贷方登记应交纳的有关税费，借方登记已交纳的有关税费，期末贷方余额，反映企业尚未交纳的有关税费。

（一）应交资源税

资源税是对在我国境内开采矿产品或者生产盐的单位和个人征收的税。对外销售应税产品应交纳的资源税应记入“税金及附加”科目，借记“税金及附加”科目，贷记“应交税费——应交资源税”科目。

【例5－29】 泰山公司本期对外销售资源税应税矿产品3 000吨，税法规定每吨矿产品应交资源税5元。泰山公司应编制如下会计分录：

计算应交资源税：

借：税金及附加 15 000

贷：应交税费——应交资源税 15 000

企业对外销售应税产品而应交的资源税 = 3 000 × 5 = 15 000（元）

交纳资源税：

借：应交税费——应交资源税 15 000

贷：银行存款 15 000

（二）应交城市维护建设税

城市维护建设税是以增值税和消费税为计税依据征收的一种税。其纳税人为交纳增值税和消费税的单位和个人，以纳税人实际缴纳的增值税和消费税税额为计税依据，并分别与两项税金同时缴纳。税率因纳税人所在地不同从1% ~7%不等。应纳税计算公式为：

应纳税额 =（实际交纳的增值税 + 实际交纳的消费税）× 适用税率

企业按规定计算出应交纳的城市维护建设税，借记“税金及附加”等科目，贷记“应交税费——应交城市维护建设税”科目。交纳城市维护建设税，借记“应交税费——应交城市维护建设税”科目，贷记“银行存款”科目。

【例5 -30】 20×3年5月，泰山公司实际交纳增值税680 000元、消费税320 000元，适用的城市维护建设税税率为7%。泰山公司应编制如下会计分录：

计算应交城市维护建设税：

借：税金及附加	70 000	
贷：应交税费——应交城市维护建设税		70 000

应交的城市维护建设税 =（680 000 +320 000）×7% =70 000（元）

交纳城市维护建设税：

借：应交税费——应交城市维护建设税	70 000	
贷：银行存款		70 000

（三）应交教育费附加

教育费附加是指为了加快发展地方教育事业、扩大地方教育经费资金来源而向企业征收的附加费用。教育费附加以各单位实际缴纳的增值税、消费税的税额为计征依据，按其一定比例分别与增值税、消费税同时缴纳。企业按规定计算出应交纳的教育费附加，借记“税金及附加”等科目，贷记“应交税费——应交教育费附加”科目。交纳教育费附加，借记“应交税费——应交教育费附加”科目，贷记“银行存款”科目。

【例5 -31】 20×3年5月，泰山公司实际交纳增值税680 000元、消费税320 000元，适用的教育费附加费率为3%。泰山公司应编制如下会计分录：

计算应交纳的教育费附加：

借：税金及附加	30 000	
贷：应交税费——应交教育费附加		30 000

应交的教育费附加 =（680 000 +320 000）×3% =30 000（元）

交纳教育费附加：

借：应交税费——应交教育费附加　　30 000

　　贷：银行存款　　30 000

（四）应交个人所得税

企业职工按规定应交纳的个人所得税通常由单位代扣代缴。企业按规定计算的代扣代缴的职工个人所得税，借记“应付职工薪酬”科目，贷记“应交税费——应交个人所得税”科目；企业交纳个人所得税时，借记“应交税费——应交个人所得税”科目，贷记“银行存款”等科目。

【例 5－32】20×3 年 6 月，泰山公司结算本月应付职工工资总额 600 000 元，按税法规定应代扣代缴的职工个人所得税共计 12 000 元，实发工资 588 000 元。泰山公司应编制如下会计分录：

代扣个人所得税：

借：应付职工薪酬——工资　　12 000

　　贷：应交税费——应交个人所得税　　12 000

交纳个人所得税：

借：应交税费——应交个人所得税　　12 000

　　贷：银行存款　　12 000

第五节　长期借款

长期借款

一、长期借款的定义

长期借款是指企业从银行或其他金融机构借入的期限在 1 年以上（不含 1 年）的各种借款。它一般用于固定资产的购建、改扩建工程、大修理工程以及为了保持长期经营能力等方面。

二、长期借款的核算

为了核算和监督长期借款的借入、应计利息和还本付息等情况，企业应设置“长期借款”科目（见图 5－12）。它属于负债类科目，贷方登记长期借款本息的增加额；借方登记长期借款本息的减少额；期末贷方余额反映企业尚未偿还的长期借款的本息额。本科目可按照贷款单位和贷款种类，分别“本金”“利息调整”“应计利息”等进行明细核算。

长期借款（负债类）

长期借款本息的减少	长期借款本息的增加
	尚未偿还的长期借款的本息额

图5－12　长期借款的账户结构

长期借款的核算主要包括取得长期借款的核算、长期借款利息费用的核算以及归还长期借款本息的核算等内容。

1. 取得长期借款的核算

企业从银行或其他金融机构借入长期借款时按实际收到的款项，借记“银行存款”科目，按借款本金，贷记“长期借款——本金”科目，如存在差额，还应借记“长期借款——利息调整”科目。

2. 长期借款利息费用的核算

在资产负债表日，企业应按长期借款的摊余成本和实际利率计算确定的利息费用，借记“在建工程”“财务费用”等科目，按借款本金和合同利率计算确定的应付未付利息，如果属于分期付息的，贷记“应付利息”科目，如果属于到期一次付息的，应记入“长期借款——应计利息”科目。按其差额，贷记“长期借款——利息调整”科目。当实际利率与合同利率差异较小的，也可以采用合同利率计算确定利息费用。

3. 归还长期借款本息的核算

企业归还长期借款时，按归还的借款本息，借记“长期借款——本金”“应付利息”“长期借款——应计利息”科目，按转销的利息调整金额，贷记“长期借款——利息调整”科目，按实际归还的款项，贷记“银行存款”科目，按借贷双方之间的差额，借记“在建工程”“财务费用”等科目。

【例5－33】泰山公司为增值税一般纳税人，20×3年11月30日从银行借入资金4 000 000元，借款期限为3年；年利率为6%，到期一次还本付息，不计复利；假设实际利率与合同利率相同；所借款项已存入银行。泰山公司用该借款于当日购买不需要安装的设备一台，价款3 000 000元，增值税税额为510 000元，另支付保险等费用100 000元，设备已于当日投入使用。泰山公司应编制如下会计分录：

取得借款：

借：银行存款 4 000 000

　　贷：长期借款——本金 4 000 000

支付设备款和保险费：

借：固定资产 3 100 000

　　应交税费——应交增值税（进项税额） 510 000

　　贷：银行存款 3 610 000

【例5－34】承【例5－33】，泰山公司于20×3年12月31日计提长期借款利息。泰山公司应编制如下会计分录：

借：财务费用 20 000

　　贷：长期借款——应计利息 20 000

20×3年12月，泰山公司应负担的长期借款利息为：

4 000 000×6%÷12＝20 000（元）

本章小结

负债是指企业过去的交易或者事项形成的、预期会导致经济利益流出企业的现时义务。负债按其流动性，可分为流动负债和非流动负债。

流动负债是指预计在一个正常营业周期中清偿，或者主要为交易目的而持有，或者自资产负债表日起一年内（含一年）到期应予以清偿，或者企业无权自主地将清偿推迟至资产负债表日后一年以上的负债。企业的流动负债通常包括：短期借款、以公允价值计量且其变动计入当期损益的金融负债、应付票据、应付账款、合同负债、预收账款、应付职工薪酬、应交税费、应付利息、应付股利、其他应付款等。

非流动负债是指流动负债以外的负债，包括长期借款、应付债券、长期应付款等。

会计思政案例分析

背景资料：

乐视网于2004年成立，贾跃亭是创始人也是第一股东，2010年在中国创业板上市。自上市以来，乐视网的市值一路飙升，曾最高达到1 600多亿元，一度成为行业内的标杆。但是，令人唏嘘的是，历经短短数十载，2016年底乐视网被爆出资金链紧张的问题，净利润由2015年盈利2.2亿元跌至2016年亏损2.2亿元，其市值也迅速跌入谷底。2017年末亏损额达到了181.84亿元，2018 年末亏损额达到 57.34 亿元，因满足证券交易所的暂停上市条件，乐视网于 2019 年 5 月被暂停上市。证券交易所规定，暂停上市后的第一年，净利润或净资产仍旧为负，或者被出具保留意见的将会被强制退市。乐视网 2019 年营业利润为 -19.41 亿元，乐视网已经触及了上述规定，于 2020 年 6 月退市。

2016 年下半年开始，有关乐视网欠供应商货款、资金链短缺的负面新闻此起彼伏，不绝于耳。随后的几年，乐视的资金链危机越发严重。资金链的断裂反映了乐视严重的财务风险，这些都可以从乐视网对外公布的财务会计报告中列示的企业资产和负债规模中看出端倪。

我们可以根据企业的财务报告中企业资产和负债规模计算下列两个指标：

（1）流动比率 = 流动资产/流动负债，反映企业的短期偿债能力，一般认为企业流动比率等于 2 是比较合理的，此指标数额越大，说明企业短期偿债能力越强，反之越弱；

（2）资产负债率 = 负债总额/资产总额 ×100%，反映企业的长期偿债能力，一般认为企业资产负债率在 50% ~60% 是比较合理的，此指标越小，说明企业长期偿债能力越强，反之越弱。

图 5 -13 列示了乐视网 2015 ~2019 年流动比率和资产负债率趋势。

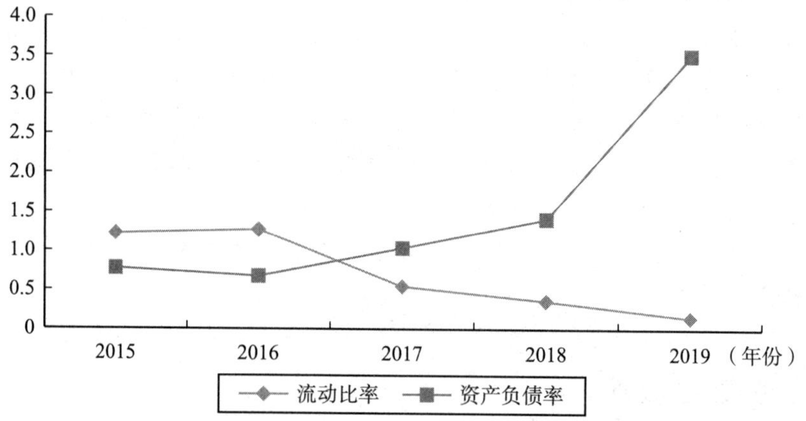

图 5 -13　乐视网 2015 ~2019 年流动比率和资产负债率趋势

（案例来源：根据 wind 数据库相关资料整理。）

思考：（1）乐视网的短期偿债能力趋势如何？

（2）乐视网的长期偿债能力趋势如何？

（3）乐视网短期偿债能力和长期偿债能力的表现会造成怎样的财务风险？

第六章　所有者权益

学习目的与要求

本章重点是理解和掌握所有者权益的基本构成及其核算方法。通过本章的学习，要求掌握所有者权益的概念及其构成，以及实收资本、资本公积和留存收益的概念、构成及其核算方法；熟悉股份有限公司股本的核算方法；了解企业各项所有者权益的管理要求。

所有者权益是指企业资产扣除负债后由所有者享有的剩余权益，即所有者对企业净资产的所有权，其金额为资产减去负债后的余额。公司的所有者权益又称为股东权益。

按其来源可分为所有者投入的资本、其他综合收益、留存收益等，通常由实收资本（或股本）、其他权益工具、资本公积、其他综合收益、专项储备、留存收益构成。本章重点介绍实收资本、资本公积和留存收益的有关内容。

实收资本和资本公积

第一节　实收资本（或股本）

一、实收资本（或股本）概述

（一）实收资本的概念

实收资本是指投资者按照企业章程规定或合同、协议约定，实际投入企业的资本。

实收资本是所有者权益的主体和基础，其构成比例或股东的股份比例，通常是确定所有者在企业所有者权益中所占的份额和参与企业生产经营决策的基础，也是企业进行利润分配或股利分配的依据，同时还是企业清算时确定所有者对净资产的要求权的依据。

（二）股东出资形式

我国《公司法》规定，股东可以用货币出资，也可以用实物、知识产权、土地使用权等可以用货币估价并可以依法转让的非货币财产作价出资；但是，法律、行政法规规定不得作为出资的财产除外。企业应当对作为出资的非货币财产评估作价，核实财产，不得高估或者低估作价。法律、行政法规对评估作价有规定的，从其规定。股东应当按期足额缴纳公司章程中规定的各自所认缴的出资额。股东以货币出资的，应当将货币出资足额存入有限责任公司在银行开设的账户；以非货币财产出资的，应当依法办理其财产权的转移手续。企业收到所有者投入企业的资本后，应根据有关原始凭证（如投资清单、银行通知单等），分别不同的出资方式进行会计处理。

二、实收资本（或股本）的核算

股份有限公司应设置“股本”科目，其他各类企业应设置“实收资本”科目，反映和监督企业实际收到的投资者投入资本的情况（见图6－1）。“实收资本”（或股本）属于所有者权益类科目，贷方登记企业收到投资者符合注册资本的出资额；借方登记企业按照法定程序报经批准减少的注册资本额；期末余额在贷方，反映企业实有的资本额。“实收资本”科目应按照投资者设置明细账进行明细核算。

实收资本/股本（所有者权益类）

按照法定程序报经批准减少的注册资本额	收到投资者符合注册资本的出资额
	企业实有的资本额

图6－1 实收资本/股本的账户结构

（一）接受货币资金投资

企业接受货币资产投资时，应以实际收到的金额或存入企业开户银行的金额，借记“银行存款”等科目，按投资合同或协议约定的投资者在企业注册资本中所占份额的部分，贷记“实收资本”或“股本”科目，企业实际收到或存入开户银行的金额超过投资者在企业注册资本中所占份额的部分，贷记“资本公积——资本溢价”或“资本公积——股本溢价”科目。

【例6－1】 20×3年1月，甲、乙、丙共同投资设立泰山有限责任公司，注册资本为6 000 000元，甲、乙、丙持股比例分别为30%、50%和20%。按照章程规定，甲、乙、丙投入资本分别为1 800 000元、3 000 000元和1 200 000元。泰山公司已如期收到各投资者一次缴足的款项。泰山公司应编制如下会计分录：

借：银行存款	6 000 000	
贷：实收资本——甲		1 800 000
——乙		3 000 000
——丙		1 200 000

【例6－2】 20×3年5月，黄河股份有限公司发行普通股20 000 000股，每股面值1元，每股发行价格5元。假定股票发行成功，股款100 000 000元已全部收到，不考虑发行过程中的税费等因素。根据上述资料，黄河股份有限公司应编制如下会计分录：

应记入“资本公积”科目的金额＝100 000 000－20 000 000×1

＝80 000 000（元）

借：银行存款	100 000 000	
贷：股本		20 000 000
资本公积——股本溢价		80 000 000

本例中，黄河股份有限公司发行股票实际收到的款项为100 000 000元，应借记“银行存款”科目；实际发行的股票面值总额为20 000 000元，应贷记“股本”科目，按其差额，贷记“资本公积——股本溢价”科目。

（二）接受非货币资产投资

1. 接受投入固定资产

企业接受投资者作价投入的房屋、建筑物、机器设备等固定资产，应按投资合同或协议约定的价值（不公允的除外）作为固定资产的入账价值，按投资合同或协议约定的投资者在企业注册资本或股本中所占份额的部分作为实收资本或股本入账，投资合同或协议约定的价值（不公允的除外）超过投资者在企业注册资本或股本中所占份额的部分，计入资本公积（资本溢价或股本溢价）。

【例6-3】20×3年1月，泉城有限责任公司于设立时收到A公司作为资本投入的不需要安装的机器设备一台，合同约定该机器设备的价值为4 000 000元，增值税进项税额为520 000元（由投资方支付税款，并提供增值税专用发票）。经约定，泉城有限责任公司接受A公司的投入资本为4 520 000元，全部作为实收资本。合同约定的固定资产价值与公允价值相符，不考虑其他因素。泉城有限责任公司应编制如下会计分录：

借：固定资产　　4 000 000
　　应交税费——应交增值税（进项税额）　　520 000
　　贷：实收资本——A公司　　4 520 000

本例中，该项固定资产合同约定的价值与公允价值相符，泉城有限责任公司接受A公司投入的固定资产按合同约定金额与增值税进项税额作为实收资本，因此，应按4 520 000元的金额贷记“实收资本”科目。

2. 接受投入材料物资

企业接受投资者作价投入的材料物资，应按投资合同或协议约定的价值（不公允的除外）作为材料物资的入账价值，按投资合同或协议约定的投资者在企业注册资本或股本中所占份额的部分作为实收资本或股本入账，投资合同或协议约定的价值（不公允的除外）超过投资者在企业注册资本或股本中所占份额的部分，计入资本公积（资本溢价或股本溢价）。

【例6-4】20×3年1月，泉城有限责任公司于设立时收到B公司作为资本投入的原材料一批，该批原材料投资合同或协议约定价值为200 000元，增值税进项税额为26 000元（由投资方支付税款，并提供增值税专用发票）。合同约定的价值与公允价值相符，不考虑其他因素。泉城有限责任公司对原材料按实际成本进行日常核算，原材料已验收收入库。泉城有限责任公司应编制如下会计分录：

借：原材料　　200 000
　　应交税费——应交增值税（进项税额）　　26 000
　　贷：实收资本——B公司　　226 000

3. 接受投入无形资产

企业收到以无形资产方式投入的资本，应按投资合同或协议约定的价值（不公允的除外）作为无形资产的入账价值，按投资合同或协议约定的投资者在企业注册资本或股本中所占份额的部分作为实收资本或股本入账，投资合同或协议约定的价值（不公允的除外）超过投资者在企业注册资本或股本中所占份额的部分，计入资本公积（资本溢价或股本溢价）。

【例6-5】20×3年1月，泉城有限责任公司于设立时收到A公司作为资本投入的非专利技术一项，该非专利技术投资合同约定价值为30 000元，增值税进项税额为1 800元（由投资方支付税款，并提供增值税专用发票）；同时收到B公司作为资本投入的土地使用权一项，投资合同约定价值为40 000元，增值税进项税额为3 600元（由投资方支付税款，并提供增值税专用发票）。假设该公司接受该非专利技术和土地使用权符合国家注册资本管理的有关规定，可按合同作为实收资本入账，合同约定的资产价值与公允价值相符，不考虑其他因素。泉城有限责任公司应编制如下会计分录：

借：无形资产——非专利技术	30 000	
——土地使用权	40 000	
应交税费——应交增值税（进项税额）	5 400	
贷：实收资本——A公司		31 800
——B公司		43 600

（三）实收资本（或股本）的增减变动

一般情况下，企业的实收资本应相对固定不变，但在某些特定情况下，实收资本也可能发生增减变化。我国《企业法人登记管理条例施行细则》规定，除国家另有规定外，企业的注册资金应当与实收资本相一致，当实收资本比原注册资金增加或减少超过20%时，应持资金信用证明或者验资证明，向原登记主管机关申请变更登记。如擅自改变注册资本或抽逃资金，要受到市场监督管理部门的处罚。

1. 实收资本（或股本）的增加

一般企业增加资本主要有三个途径：接受投资者追加投资、资本公积转增资本和盈余公积转增资本。

企业按规定接受投资者追加投资时，其核算方法与投资者初次投入时相同。

企业采用资本公积或盈余公积转增资本时，应按转增的资本金额确认实收资本或股本。用资本公积转增资本时，借记“资本公积——资本溢价（或股本溢价）”科目，贷记“实收资本”（或“股本”）科目。用盈余公积转增资本时，借记“盈余公积”科目，贷记“实收资本”（或“股本”）科目。

需要注意的是，由于资本公积和盈余公积均属于所有者权益，用其转增资本时，应该按照原投资者各自出资比例相应增加各投资者的出资额。

【例6－6】 20×3年1月，甲、乙、丙三人共同投资设立了泰山有限责任公司，原注册资本为6 000 000元，甲、乙、丙分别出资1 200 000元、3 000 000元和1 800 000元。20×4年1月，为扩大经营规模，经批准，泰山有限责任公司注册资本扩大为 8 000 000 元，甲、乙、丙按照原出分别追加投资 400 000 元、1 000 000 元和 600 000 元。泰山有限责任公司如期收到甲、乙、丙追加的投资。泰山有限责任公司应编制如下会计分录：

借：银行存款　　2 000 000
　　贷：实收资本——甲　　400 000
　　　　　　　　——乙　　1 000 000
　　　　　　　　——丙　　600 000

【例 6－7】 承【例 6－6】，20×4 年 5 月，因扩大经营规模需要，经批准，泰山有限责任公司按原出资比例将资本公积 500 000 元转增资本。泰山有限责任公司应编制如下会计分录：

借：资本公积　　500 000
　　贷：实收资本——甲　　100 000
　　　　　　　　——乙　　250 000
　　　　　　　　——丙　　150 000

【例 6－8】 承【例 6－6】，20×4 年 7 月，因扩大经营规模需要，经批准，泰山有限责任公司按原出资比例将盈余公积 1 000 000 元转增资本。泰山有限责任公司应编制如下会计分录：

借：盈余公积　　1 000 000
　　贷：实收资本——甲　　200 000
　　　　　　　　——乙　　500 000
　　　　　　　　——丙　　300 000

2. 实收资本（或股本）的减少

企业按法定程序报经批准减少注册资本的，按减少的注册资本金额减少实收资本，借记“实收资本”“股本”科目，贷记“银行存款”等科目。

第二节　资本公积

一、资本公积概述

（一）资本公积的概念

资本公积是指企业收到投资者出资额超出其在注册资本（或股本）中所

占份额的部分，以及其他资本公积等。资本公积包括资本溢价（或股本溢价）和其他资本公积等。

形成资本溢价（或股本溢价）的原因有溢价发行股票、投资者超额缴入资本等。其他资本公积是指除资本溢价（或股本溢价）、净损益、其他综合收益和利润分配以外所有者权益的其他变动。

根据我国《公司法》等有关法规规定，资本公积的用途主要是用于转增资本（或股本）。资本公积由全体投资者共同享有，因此，资本公积在转增资本（或股本）时，应按各个投资者在实收资本中所占的投资比例计算的份额，分别转增各个投资者的投资金额。资本公积转增资本并不会改变企业的所有者权益总额，但它可以改变企业投入资本的总额。

资本公积的核算包括资本溢价（或股本溢价）的核算、资本公积转增资本的核算等内容。

（二）资本公积与实收资本（或股本）、留存收益的区别

1. 资本公积与实收资本（或股本）的区别

（1）从来源和性质看。实收资本（或股本）是指投资者按照企业章程或合同、协议的约定，实际投入企业并依法进行注册的资本，它体现了企业所有者对企业的基本产权关系。资本公积是投资者的出资额超出其在注册资本中所占份额的部分（即资本溢价或股本溢价），以及其他资本公积，它不直接表明所有者对企业的基本产权关系。

（2）从用途看。实收资本（或股本）的构成比例是确定所有者参与企业财务经营决策的基础，也是企业进行利润分配或股利分配的依据，同时还是企业清算时确定所有者对净资产的要求权的依据。资本公积的用途主要是用来转增资本（或股本）。资本公积不体现各所有者的占有比例，也不能作为所有者参与企业财务经营决策或进行利润分配（或股利分配）的依据。

2. 资本公积与留存收益的区别

资本公积的来源不是企业实现的利润，而主要来自资本溢价（或股本溢价）等。留存收益包括盈余公积和未分配利润，是企业从历年实现的利润中提取或形成的留存于企业的内部积累，源自企业生产经营活动实现的利润。

二、资本公积的核算

为了反映和监督企业资本公积的增减变动情况，企业应设置“资本公积”科目（见图6-2）。该科目属于所有者权益类，贷方登记资本公积的

增加额；借方登记资本公积的减少额；期末贷方余额反映企业资本公积结余额。本科目应设置“资本（股本）溢价”“其他资本公积”明细科目，进行明细核算。

资本公积（所有者权益类）

资本公积的减少额	用“资本（股本）溢价”等原因引起的资本公积的增加额
	资本公积的结余额

图 6－2　资本公积的账户结构

（一）资本溢价

除股份有限公司外的其他类型的企业，在企业创立时，投资者认缴的出资额与注册资本一致，一般不会产生资本溢价。但在企业重组或有新的投资者加入时，常常会出现资本溢价。因为在企业进行正常生产经营后，其资本利润率通常要高于企业初创阶段，另外，企业有内部积累，新投资者加入企业后，对这些积累将来也要分享，所以新加入的投资者往往要付出大于原投资者的出资额，才能取得与原投资者相同的出资比例。投资者多缴的部分就形成了资本溢价。

【例 6－9】 20×3 年 1 月，泰山有限责任公司由两位投资者甲和乙投资 400 000 元设立，每人各出资 200 000 元。一年后，为扩大经营规模，经批准，泰山有限责任公司注册资本增加到 600 000 元，并引入第三位投资者丙加入。按照投资协议，新投资者丙需缴入资金 220 000 元，同时享有该公司 1/3 的股份。泰山有限责任公司已收到该投资。假定不考虑其他因素。应编制如下会计分录：

借：银行存款　　220 000
　　贷：实收资本——丙　　200 000
　　　　资本公积——资本溢价　　20 000

本例中，泰山有限责任公司收到投资者丙的现金投资 220 000 元中，200 000 元属于投资者丙在注册资本中所享有的份额，应记入“实收资本”科目，20 000 元属于资本溢价，应记入“资本公积——资本溢价”科目。

（二）股本溢价

股份有限公司是以发行股票的方式筹集股本的，股票可按面值发行，也可按溢价发行，我国目前不准折价发行。与其他类型的企业不同，股份有限公司在成立时可能会溢价发行股票，因而在成立之初，就可能会产生股本溢价。股本溢价的数额等于股份有限公司发行股票时实际收到的款额超过股票面值总额的部分。

在按面值发行股票的情况下，企业发行股票取得的收入，应全部作为股本处理；在溢价发行股票的情况下，企业发行股票取得的收入，等于股票面值部分计入股本，超出股票面值的溢价收入计入股本溢价。

发行股票相关的手续费、佣金等交易费用，如果是溢价发行股票的，应从溢价中抵扣，冲减资本公积（股本溢价）；无溢价发行股票或溢价金额不足以抵扣的，应将不足抵扣的部分冲减盈余公积，盈余公积不足抵扣的，冲减未分配利润。

【例6－10】 20×3 年 1 月，黄河股份有限公司首次公开发行普通股 30 000 000 股，每股面值1 元，每股发行价格为5 元。黄河股份有限公司与证券公司约定，证券公司按发行收入的 3% 收取佣金（假设不考虑相关税费），从发行收入中扣除。假定收到的股款已存入银行。黄河股份有限公司应编制如下会计分录：

公司收到证券公司转来的发行收入＝30 000 000×5×(1－3%)

＝145 500 000（元）

应记入“资本公积”科目的金额＝溢价收入－发行佣金

＝30 000 000×(5－1)－30 000 000×5×3%

＝115 500 000（元）

借：银行存款	145 500 000	
贷：股本		30 000 000
资本公积——股本溢价		115 500 000

（三）资本公积转增资本

经股东大会或类似机构决议，用资本公积转增资本时，应冲减资本公积，同时按照转增资本前的实收资本（或股本）的结构或比例，将转增的金额记入“实收资本”（或“股本”）科目下各所有者的明细分类账。

有关账务处理，参见本章【例6－7】的有关内容。

第三节 留存收益

一、留存收益概述

留存收益是指企业从历年实现的利润中提取或形成的留存于企业的内部积累，包括盈余公积和未分配利润两类。

盈余公积是指企业按照有关规定从净利润中提取的积累资金。企业的盈余公积包括法定盈余公积和任意盈余公积。法定盈余公积是指企业按照规定的比例从净利润中提取的盈余公积。任意盈余公积是指企业按照股东会或股东大会决议提取的盈余公积。

企业提取的盈余公积经批准可用于弥补亏损、转增资本或发放现金股利或利润等。

未分配利润是指企业实现的净利润经过弥补亏损、提取盈余公积和向投资者分配利润后留存在企业的、历年结存的利润。相较于所有者权益的其他部分来说，企业对于未分配利润的使用有较大的自主权。

二、盈余公积的核算

按照《公司法》有关规定，公司制企业应按照净利润（减弥补以前年度亏损，下同）的 10% 提取法定盈余公积。非公司制企业法定盈余公积的提取比例可超过净利润的 10%。法定盈余公积累计额已达注册资本的 50% 时可以不再提取。值得注意的是，如果以前年度未分配利润有盈余（即年初未分配利润余额为正数），在计算提取法定盈余公积的基数时，不应包括企业年初未分配利润；如果以前年度有亏损（即年初未分配利润余额为负数），应先弥补以前年度亏损再提取盈余公积。

公司制企业可根据股东会或股东大会的决议提取任意盈余公积。非公司制企业经类似权力机构批准，也可提取任意盈余公积。法定盈余公积和任意盈余公积的区别在于其各自计提的依据不同，前者以国家的法律法规为依据，后者由企业的权力机构自行决定。

为了反映和监督盈余公积的形成和使用情况，企业应设置“盈余公积”科目。该科目属于所有者权益类，贷方登记按规定提取的盈余公积数额；借方登记用盈余公积弥补亏损和转增资本的实际数额；贷方余额反映企业的盈余公积余额。“盈余公积”科目应按照盈余公积形成的来源分设“法定盈余公积”和“任意盈余公积”两个明细科目（见图6-3）。

盈余公积（所有者权益类）

用盈余公积弥补亏损和转增资本的实际数额	按规定提取的盈余公积数额
	企业盈余公积的余额

图6-3　盈余公积的账户结构

（一）提取盈余公积

企业按规定提取盈余公积时，应通过“利润分配”和“盈余公积”等科目核算。

【例6-11】20×3年12月，黄河股份有限公司本年实现净利润为3 000 000元，年初未分配利润为0。经股东大会批准，公司按当年净利润的10%提取法定盈余公积。假定不考虑其他因素。应编制如下会计分录：

借：利润分配——提取法定盈余公积　　300 000

　　贷：盈余公积——法定盈余公积　　300 000

本年提取法定盈余公积金额=3 000 000×10%=300 000（元）

（二）盈余公积转增资本

【例6-12】20×4年3月，因扩大经营规模需要，经股东大会批准，黄河股份有限公司将盈余公积200 000元转增股本。假定不考虑其他因素。应编制如下会计分录：

借：盈余公积　　200 000

　　贷：股本　　200 000

三、未分配利润的核算

未分配利润是通过“利润分配——未分配利润”科目进行核算的。每年年度终了，企业应将全年实现的净利润，自“本年利润”科目转入“利润分配——未分配利润”科目，借“本年利润”科目，贷记“利润分配——未分配利润”科目；如为亏损，则作相反的会计分录。同时，将“利润分配”科目下的其他明细科目的余额转入“利润分配——未分配利润”明细科目。结转后，“利润分配——未分配利润”明细科目的贷方余额就是尚未分配的利润的数额，如出现借方余额，则表示尚未弥补的亏损的数额。

企业在进行未分配利润的核算时，应注意以下两个问题：

（1）“利润分配——未分配利润”明细科目的余额，反映企业累积未分配利润或累积未弥补的亏损。

（2）用利润弥补亏损无须专门作会计分录。企业发生了亏损，如同实现净利润一样，均从“本年利润”科目转入“利润分配——未分配利润”科目。结转后，“利润分配——未分配利润”科目的借方余额，即为未弥补的亏损，自然抵减了上年转来的借方亏损余额。分配利润的具体核算方法详见第八章。

本章小结

实收资本（股本）是指企业按照章程规定或合同、协议约定，接受投资者投入企业的资本。实收资本的构成比例或股东的股份比例，是确定所有者在企业所有者权益中份额的基础，也是企业进行利润或股利分配的主要依据。

资本公积是企业收到投资者出资额超出其在注册资本（或股本）中所占份额的部分，以及其他资本公积等。资本公积包括资本溢价（或股本溢价）和其他资本公积等。

留存收益是指企业从历年实现的利润中提取或形成的留存于企业的内部积累，包括盈余公积和未分配利润两部分。盈余公积是指企业按照有关规定从净利润中提取的积累资金。未分配利润是指企业实现的净利润经过弥补亏损、提取盈余公积和向投资者分配利润后留存在企业的、历年结存的利润。

会计思政案例分析

背景资料：

乐视网于2004年成立，贾跃亭是创始人也是第一股东，2010年在中国创业板上市。自上市以来，乐视网的市值一路飙升，曾最高达到1 600多亿元，一度成为行业内的标杆。但是，令人唏嘘的是，历经短短数十载，2016年底乐视网被曝出资金链紧张的问题，净利润由2015年盈利2.2亿元跌至2016年亏损2.2亿元，其市值也迅速跌入谷底。2017年末亏损额达到了181.84亿元，2018年末亏损额达到57.34亿元，因满足证券交易所的暂停上市条件，乐视网于2019年5月被暂停上市。证券交易所规定，暂停上市后的第一年，净利润或净资产仍旧为负，或者被出具保留意见的将会被强制退市。乐视网2019年营业利润为-19.41亿元，乐视网已经触及了上述规定，于2020年6月退市。

乐视网是典型的个人创业型公司，自2010年IPO上市以来，贾跃亭一直都是第一大股东，在股权数量上拥有绝对优势且多年来贾跃亭一直都是公司的实控人。贾跃亭在2010~2014年拥有股权数量均超过总股本的40%，证明其他股东股权数量与第一大股东差距较大，贾跃亭具有绝对的股权优势。另外，贾跃芳（贾跃亭姐姐）及贾跃民（贾跃亭哥哥）任公司大股东，在经营过程中，他们始终支持贾跃亭的决策，导致贾跃亭拥有绝对控制权。2015~2019年，乐视网为了筹集资金，贾跃亭共经历了三次较大规模的股票减持，在减持过后，贾跃亭的持股比例为23.07%，仍然远远高于第二到第五大股东的股权数量之和，图6-4列示了截至2018年底乐视网前十位股权结构。整体看来，乐视网在历年的股权变动中，始终保持股权高度集中的结构，导致第一大股东贾跃亭的权利缺少制衡。

（案例来源：根据wind数据库相关资料整理。）

思考：请查阅相关资料说明乐视网“一股独大”股权结构对其经营决策的作出有什么影响？

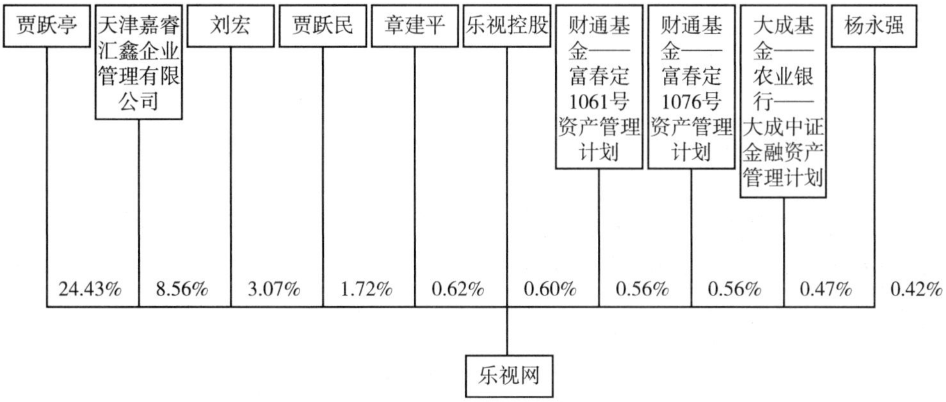

图6-4　截至2018年底乐视网前十位股权结构

第七章　收入、费用与利润

学习目的与要求

本章重点是理解和掌握收入、费用和利润的概念及其核算方法。掌握收入的概念、特征、确认条件及其核算方法，费用的概念、特征，营业成本、税金及附加和期间费用的内容与核算方法，利润的概念及构成、营业外收入和支出的内容与核算方法。

收入、费用和利润表现相对动态的资金运动。其中收入是企业在日常活动中发生的经济利益总流入，主要包括主营业务收入和其他业务收入。费用是指企业在日常活动中发生的经济利益的总流出，主要包括营业成本、税金及附加和期间费用。利润是指企业在一定会计期间的经营成果，包括营业利润、利润总额和净利润三个层次。

第一节　收　　入

一、收入概述

收入的定义

收入是指企业在日常活动中形成的、会导致所有者权益增加的、与所有者投入资本无关的经济利益的总流入。按照企业从事的日常活动在企业中的重要性，可将收入分为主营业务收入和其他业务收入。

1. 主营业务收入

主营业务收入是指企业为完成其经营目标从事经常性活动所实现的收入，是企业主要生产经营活动所带来的收入。主营业务收入在营业收入中所占比重较大且具有经常性、重复性和预见性的特点。不同企业的经营项目会有较大的差别，如制造业企业销售产成品、自制半成品等取得的收入；商品流通企业的商品销售收入；金融企业的利息收入；租赁企业的租金收入等。

2. 其他业务收入

其他业务收入是指企业为完成其经营目标从事与其经常性活动相关的活动所实现的收入。其他业务收入在企业营业收入中所占比重较小且不太稳定。在制造业企业中，其他业务收入是指对外出售不需要的原材料、出租包装物、对外转让固定（无形）资产使用权等取得的收入。

二、收入的确认和计量

根据《企业会计准则第 14 号——收入》（2017）的规定，收入的确认要满足一定的原则和前提条件。收入的确认是指收入在什么时间入账，并在利润表中反映；收入的计量则是解决收入的入账金额问题。本章的收入不涉及企业对外出租资产收取的租金、进行债权投资收取的利息、进行股权投资取得的现金股利以及保费收入等。

收入的确认

（一）收入确认的原则

企业应当在履行了合同中的履约义务，即在客户取得相关商品控制权时确认收入。控制权一般是相对于所有权而言的，是指对某项资源的支配权。取得相关商品控制权，是指客户能够主导该商品的使用并从中获得几乎全部经济利益，也包括有能力阻止其他方主导该商品的使用并从中获得经济利益。本章所称的客户是指与企业订立合同以向该企业购买其日常活动生产的商品并支付对价的一方，这里所说的商品包括商品和服务。

企业在判断控制权是否发生转移，应当从客户的角度进行分析，即客户是否取得了相关商品的控制权以及何时取得该控制权。取得商品控制权包括三个要素：

第一，企业只有在客户拥有现时权利，能够主导该商品的使用并从中获得几乎全部经济利益时，才能确认收入。如果根据合同约定，客户在生产过程中或更晚的时点主导该商品的使用并从中获益，企业在该时点才能确认收入，在此之前，企业不应当确认收入。

第二，客户有能力主导该商品的使用，即客户在其活动中有权使用该商品，或者能够允许或阻止其他方使用该商品。

第三，客户能够获得商品几乎全部的经济利益。商品的经济利益是指商品的潜在现金流量，既包括现金流入的增加，也包括现金流出的减少。客户可以通过使用、消耗、出售、处置、交换、抵押或持有等多种方式直接或间接地获得商品的经济利益。

（二）收入确认的前提条件

当企业与客户之间的合同同时满足下列条件时，企业应当在客户取得相关商品控制权时确认收入：

（1）合同各方已批准该合同并承诺将履行各自义务。

（2）该合同明确了合同各方与所转让商品或提供劳务（以下简称“转让商品”）相关的权利和义务。

（3）该合同有明确的与所转让商品相关的支付条款。

（4）该合同具有商业实质，即履行该合同将改变企业未来现金流量的风险、时间分布或金额。

（5）企业因向客户转让商品而有权取得的对价很可能收回。

（三）收入确认的时间

企业在履行了合同中的履约义务，即客户取得相关商品控制权时确认收入。企业将商品的控制权转移给客户，这一转移的行为可能发生在某一段时段内（履行履约义务的过程中）发生，也可能在某一时点（履约义务完成时）发生。企业应当根据实际情况，首先判断履约义务是否满足在某一时段内履行的条件，如不满足，则该履约义务属于在某一时点履行的履约义务。对于某一时段内履行的履约义务，企业应当选取恰当的方法来确定履约进度；对于某一时点履行的履约义务，企业应当综合分析控制权转移的迹象，判断其转移时点。

1. 在某一时段内履约的收入确认条件

满足下列条件之一的，属于在某一时段内履行的履约义务，相关收入应当在履行该义务期间内确认：

（1）客户在企业履约的同时即取得并消耗企业履约所带来的经济利益。企业在履约过程中是持续地向客户转移企业履约所带来的经济利益的，该履约义务属于在某一时段内履行的履约义务，企业应当在提供该服务的期间内确认收入。企业在进行判断时，可以假定在企业履约的过程中更换为其他企业继续履行剩余履约义务，如果该继续履行合同的企业实质上无须重新执行企业累计至今已经完成的工作，则表明客户在企业履约的同时即取得并消耗了企业履约所带来的经济利益。例如，泰山公司承诺将客户的一批货物从甲地运送到乙地，假定该批货物在途经丙地时，由另外一家运输公司接替泰山公司继续提供该运输服务，由于甲地到丙地之间的运输服务是无须重新执行的，这表明客户在泰山公司履约的同时即取得并消耗了泰山公司履约所带来的经济利益，因此该公司提供的运输服务属在某一时段内履行的履约义务。

（2）客户能够控制企业履约过程中在建的商品。企业在履约过程中创建的商品包括在产品、在建工程、尚未完成的研发项目、正在进行的服务等，如果客户在企业创建该产品的过程中就能够控制这些商品，应当认为企业提供该商品的履约义务属于在某一时段内履行的履约义务。

【例7－1】泰山公司与客户签订合同，在客户拥有的土地上按照其设计要求建造仓库。在建造过程中客户有权修改仓库设计，并与泰山公司重新协商设计变更后的合同价款。客户每月末按当月工程进度向泰山公司支付工程款。如果客户终止合同，已完成建造部分的仓库归客户所有。

本例中，泰山公司为客户建造仓库，该仓库位于客户的土地上，客户终止合同时，已建造的仓库归客户所有。这些均表明客户在仓库建造的过程中就能够控制该在建的厂房。因此，泰山公司提供的建造服务属于在某一时段内履行的履约义务，泰山公司应当在提供该服务的期间内确认收入。

（3）企业履约过程中所产出的商品具有不可替代用途，且该企业在整个合同期间内有权就累计至今已完成的履约部分收取款项。

对于在某一时段内履行的履约义务，企业应当在该段时间内按照履约进度确认收入，但是，履约进度不能合理确定的除外。企业应当考虑商品的性质，采用产出法或投入法确定恰当的履约进度。其中，产出法是根据已转移给客户的商品对于客户的价值确定履约进度；投入法是根据企业为履行履约义务的投入确定履约进度。对于类似情况下的类似履约义务，企业应当采用相同的方法确定履约进度。

2. 在某一时点履行的履约义务的收入确认条件

当一项履约义务不属于在某一时段内履行的履约义务时，应当属于在某一时点履行的履约义务。对于在某一时点履行的履约义务，企业应当在客户取得相关商品控制权时点确认收入。在判断客户是否已取得商品控制权时，企业应当考虑下列迹象：

（1）企业就该商品享有现时收款权利，即客户就该商品负有现时付款义务。如果企业对该商品享有现时的收款权利，则可能表明客户已经有能力主导该商品的使用并从中获得几乎全部的经济利益。

（2）企业已将该商品的法定所有权转移给客户，即客户已拥有该商品的法定所有权。客户如果取得了商品的法定所有权，则可能表明其已经有能力主导该商品的使用并从中获得几乎全部的经济利益，或者能够阻止其他企业获得这些经济利益。例如，房地产企业向客户销售商品房，在客户付款后取得房屋产权证时，表明企业已将该商品房的法定所有权转移给客户。

（3）企业已将该商品实物转移给客户，即客户已占有该商品实物。客户如果已经占有商品实物，则可能表明其有能力主导该商品的使用并从中获得几乎全部的经济利益，或者使其他企业无法获得这些利益。例如，企业与客户签订交款提货合同，在企业销售商品并送货到客户指定地点，客户验收合格并付款，表明企业已将该商品实物转移给客户，即客户已占有该商品实物。

（4）企业已将该商品所有权上的主要风险和报酬转移给客户，即客户已取得该商品所有权上的主要风险和报酬。企业向客户转移了商品所有权上的主要风险和报酬，可能表明客户已经取得了主导该商品的使用并从中获得其几乎全部经济利益的能力。例如，房地产公司向客户销售商品房办理产权转移手续后，该商品房价格上涨或下跌带来的利益或损失全部属于客户，表明客户已取得该商品房所有权上的主要风险和报酬。

（5）客户已接受该商品。例如，企业向客户销售为其定制生产的节能设备，客户收到并验收合格后办理入库手续，表明客户已接受该商品。

（6）其他表明客户已取得商品控制权的迹象。需要强调的是，在上述迹象中，并没有哪一个或哪几个迹象是决定性的，企业应当根据合同条款和交易实质进行分析，综合判断其是否以及何时将商品的控制权转移给客户，从而确定收入确认的时点。

（四）收入的计量

企业应当按照分摊至各单项履约义务的交易价格计量收入。交易价格是指企业因向客户转让商品等而预期有权收取对价金额，不包括企业代第三方收取的款项（如增值税）以及企业预期退还给客户的款项。在确定交易价格时，企业应当考虑可变对价、合同中存在的重大融资成分等因素的影响，并应当假定将按照现有合同的约定向客户转移商品，且该合同不会被取消、续约或变更。

1. 可变对价

企业与客户的合同中约定的对价金额可能会因折扣、价格折让、返利、退款、奖励积分、激励措施、业绩奖金、索赔等因素而变化，确定交易价格时，应当考虑这些可变对价的影响。合同中存在可变对价的，企业应当对计入交易价格的可变对价进行估计。如果企业拥有大量具有类似特征的合同，并估计可能产生多个结果时，通常按照期望值估计可变对价金额。当合同仅有两个可能结果时，通常按照最可能发生金额估计可变对价金额。例如，泰山公司与客户签订合同为其建造一栋厂房，约定的价款为 100 万元，4 个月完工，交易价格就是固定金额 100 万元；假如合同中约定若提前 1 个月完工，客户将额外奖励泰山公司10万元，泰山公司对合同估计工程提前1个月完工的概率为95%，则泰山公司预计有权收取的对价为110万元，即为最可能发生的金额，对价包括固定金额100万元和可变金额10万元，总计为110万元。

2. 合同中存在的重大融资成分

当企业将商品的控制权转移给客户的时间与客户实际付款的时间不一致时，如企业以赊销方式销售商品，或者要求客户支付预付款等，如果各方以在合同中（或者以隐含的方式）约定的付款时间为客户或企业就转让商品的交易提供了重大融资利益，则合同中包含了重大融资成分。企业在确定交易价格时，应当对已承诺的对价金额作出调整，以剔除货币时间价值的影响。如果在合同开始日，企业预计客户取得商品控制权与客户支付价款间隔不超过一年的，可以不考虑合同中存在的重大融资成分。

（五）收入确认和计量的步骤

收入确认和计量大致分为五步：

第一步，识别与客户订立的合同。合同是指双方或多方之间订立有法律约束力的权利义务的协议。合同有书面形式、口头形式以及其他形式。合同是企业确认收入的前提，企业与客户之间一经签订合同，企业即负有向客户转移商品和服务的履约义务，同时享有收取商品和服务对价的权利。

第二步，识别合同中的单项履约义务。履约义务是指合同中企业向客户转让可明确区分商品或服务的承诺。企业应当将向客户转让可明确区分商品（或者商品的组合）的承诺以及向客户转让一系列实质相同且转让模式相同的、可明确区分商品的承诺作为单项履约义务。只有在满足可明确区分条件的商品和服务，才能被识别为单项履约义务。例如，企业与客户签订合同，向其销售商品并提供安装服务，该安装服务简单，除该企业外其他供应商也可以提供此类安装服务，该合同中销售商品和提供安装服务为两项单项履约义务。若该安装服务复杂且商品需要按客户定制要求修改，则合同中销售商品和提供安装服务合并为单项履约义务。

第三步，确定交易价格。交易价格是指企业因向客户转让商品而预期有权收取的对价金额，不包括企业代第三方收取的款项（如增值税）以及企业预期将退还给客户的款项。交易价格，可能是固定金额、可变金额或两者兼有。

第四步，将交易价格分摊至各单项履约义务。当合同中包含两项或多项履约义务时，需要将交易价格分摊至各单项履约义务，分摊的方法是在合同开始日，按照各单项履约义务所承诺商品的单独售价（企业向客户单独销售商品的价格）的相对比例，将交易价格分摊至各单项履约义务。通过分摊交易价格，使企业分摊至各单项履约义务的交易价格能够反映其因向客户转让已承诺的相关商品而有权收取的对价金额。例如，泰山公司与客户签订合同，向其销售 A、B、C 三件产品，在不考虑增值税的前提下，A、B、C 三件产品的合同总价款为 10 000 元。而泰山公司单独销售 A、B、C 产品时，其售价分别为 5 000 元、3 500 元和 7 500 元，合计 16 000 元。按照交易价格分摊原则，A 产品应当分摊的交易价格为 3 125 元（5 000 ÷ 16 000 × 10 000），B 产品应当分摊的交易价格为 2 187.5 元（3 500 ÷ 16 000 × 10 000），C 产品应当分摊的交易价格为 4 687.5 元（7 500 ÷ 16 000 × 10 000）。

第五步，履行各单项履约义务时确认收入。当企业将商品转移给客户，客户取得了相关商品的控制权，意味着企业履行了合同履约义务，控制权发生了转移，此时企业应确认收入。企业将商品控制权转移给客户，可能是在某一时段内（即履行义务的过程中）发生，也可能在某一时点（即履约义务完成时）发生。企业应当根据实际情况，首先判断履约义务是否满足在某一时段内履行的条件，如不满足，则该履约义务属于在某一时点履行的履约义务。

收入确认和计量五个步骤中，第一步、第二步和第五步主要与收入的确认有关，第三步和第四步主要与收入的计量有关。

需要说明的是，一般而言，确认和计量任何一项合同收入应考虑全部的五个步骤。但履行某些合同义务确认收入不一定都经过五个步骤，如企业按照第二步确定某项合同仅为单项履约义务时，可以从第三步直接进入第五步确认收入，不需要第四步（分摊交易价格）。

（六）收入核算的账户

收入核算的账户设置

为了核算企业与客户之间的合同产生的收入及相关的成本费用，企业一般需要设置“主营业务收入”“其他业务收入”“主营业务成本”“其他业务成本”“合同履约成本”“合同资产”“合同负债”等账户。

“主营业务收入”账户核算企业确认的销售商品、提供服务等主营业务的收入（见图 7 - 1）。该账户贷方登记企业主营业务活动实现的收入，借方登记期末转入“本年利润”科目的主营业务收入，结转后该科目应无余额。该账户可按主营业务的种类进行明细核算。

主营业务收入（损益类）

销货退回和期末结转“本年利润”的本期销售收入	已确认实现的销售收入

图7－1 主营业务收入账户结构

“其他业务收入”账户核算企业确认的除主营业务活动以外的其他经营活动实现的收入，包括出租固定资产、出租无形资产、出租包装物和商品、销售材料等实现的收入（见图7－2）。该账户贷方登记企业其他业务活动实现的收入，借方登记期末转入“本年利润”账户的其他业务收入，结转后该账户应无余额。该账户可按其他业务的种类进行明细核算。

其他业务收入（损益类）

期末结转“本年利润”的本期其他业务收入，结转“本年利润”后，该账户无余额	已确认实现的其他收入

图7－2 其他业务收入账户结构

“主营业务成本”账户核算企业确认销售商品、提供服务等主营业务收入时应结转的成本（见图7－3）。该账户借方登记企业应结转的主营业务成本，贷方登记期末转入“本年利润”账户的主营业务成本，结转后该账户应无余额。该账户可按主营业务的种类进行明细核算。

主营业务成本（损益类）

本期发生的销售成本	期末结转“本年利润”的本期销售成本

图7－3 主营业务成本账户结构

“其他业务成本”账户核算企业确认的除主营业务活动以外的其他经营活动所形成的成本，包括出租固定资产的折旧额、出租无形资产的摊销额、出租包装物的成本或摊销额、销售材料的成本等（见图7－4）。该账户借方登记企业应结转的其他业务成本，贷方登记期末转入“本年利润”账户的其他业务成本，结转后该账户应无余额。该账户可按其他业务的种类进行明细核算。

其他业务成本（损益类）

本期发生的其他业务成本	期末结转“本年利润”的本期其他业务成本

图7-4　其他业务成本账户结构

“合同履约成本”科目核算企业为履行当前或预期取得的合同所发生的、不属于其他企业会计准则规范范围且按照收入准则应当确认为一项资产的成本，包括直接人工、直接材料、间接费用等（见图7-5）。该科目借方登记发生的合同履约成本，贷方登记摊销的合同履约成本，期末借方余额，反映企业尚未结转的合同履约成本。该科目可按合同分别“服务成本”“工程施工”等进行明细核算。

合同履约成本（成本类）

本期发生的合同履约成本	摊销的合同履约成本
尚未结转的合同履约成本	

图7-5　合同履约成本账户结构

“合同资产”账户核算企业已向客户转让商品而有权收取对价的权利，且该权利取决于时间流逝之外的其他因素（如履行合同中的其他履约义务）。该账户借方登记因已转让商品而有权收取的对价金额，贷方登记取得无条件收款权的金额，期末借方余额，反映企业已向客户转让商品而有权收取的对价金额（见图7-6）。该账户按合同进行明细核算。

合同资产（资产类）

已转让商品而有权收取的对价金额	取得无条件收款权的金额
已向客户转让商品而有权收取的对价金额	

图7-6　合同资产账户结构

“合同负债”账户核算企业已收或应收客户对价而应向客户转让商品的义务。该账户贷方登记企业在向客户转让商品之前，已经收到或已经取得无条件收取合同对价权利的金额；借方登记企业向客户转让商品时冲销的金额；期末贷方余额，反映企业在向客户转让商品之前，已经收到的合同对价或已经取得的无条件收取合同对价权利的金额。该账户按合同进行明细核算。

此外，企业发生减值的，还应当设置“合同履约成本减值准备”“合同资产减值准备”等科目进行核算。

三、收入的账务处理

（一）在某一时点履行履约义务确认收入

当销售商品符合收入确认的前提条件，且满足商品的控制权转移条件，企业应及时确认收入，借记“应收账款”“银行存款”等科目，贷记“主营业务收入”“应交税费”等科目；并结转相关销售成本，借记“主营业务成本”科目，贷记“库存商品”等科目；如果涉及税金核算，则借记“税金及附加”科目，贷记“应交税费”科目。

收入的核算

1. 一般销售商品业务收入的账务处理

【例 7-2】 20×3 年 3 月 1 日，泰山公司向乙公司销售商品一批，开具的增值税专用发票上注明售价为 200 000 元，增值税税额为 26 000 元，当日商品的控制权已转移。泰山公司收到乙公司开出的不带息银行承兑汇票一张，票面金额为 226 000 元，期限为 2 个月；该批商品成本为 130 000 元；乙公司收到商品并验收入库。

本例中泰山公司已经收到乙公司开出的不带息银行承兑汇票，客户乙公司收到商品并验收入库。因此，销售商品为单项履约义务且属于在某一时点履行的履约义务。泰山公司应编制如下会计分录：

借：应收票据　　226 000
　　贷：主营业务收入　　200 000
　　　　应交税费——应交增值税（销项税额）　　26 000
借：主营业务成本　　130 000
　　贷：库存商品　　130 000

【例 7-3】 20×3 年 6 月 1 日，泰山公司与丙公司签订合同，向其销售 A、B 两种商品，合同价款为 300 000 元（不含增值税），其中 A 商品交易价格为 200 000 元，B 商品交易价格为 100 000 元，增值税税率为 13%。合同约定，A 商品于合同开始日 6 月 1 日交付，B 商品在 8 月 1 日交付，只有当 A、B 两种商品全部交付之后，泰山公司才有权收取 300 000 元的合同对价和相应的增值税销项税额。假设 A 商品和 B 商品分别构成单项履约义务，其控制权在交付时已转移给丙公司。

分析：泰山公司将 A 商品交付给丙公司后，与该商品相关的履约义务已经履行，但是需要等到后续交付 B 商品时，泰山公司才具有无条件收取合同对价的权利。因此，泰山公司应当将与 A 商品交付相关的合同对价 200 000 元和对应的相应的增值税销项税额 26 000 元确认为合同资产，而非应收账款。应收账款是企业拥有的、无条件（即仅取决于时间流逝）向客户收取对价的权利，而合同资产是一项条件收款权，该权利取决于时间流逝之外的其他条件，如履约义务的执行情况。因此，从资产质量上讲，合同资产弱于应收账款。

（1）6 月 1 日交付 A 产品时：

确认收入：

借：合同资产	226 000	
贷：主营业务收入		200 000
应交税费——应交增值税（销项税额）		26 000

（2）8 月 1 日交付 B 产品时：

借：应收账款	113 000	
贷：主营业务收入		100 000
应交税费——应交增值税（销项税额）		13 000

同时结转合同资产：

借：应收账款	226 000	
贷：合同资产		226 000

2. 商业折扣和现金折扣的账务处理

（1）商业折扣。商业折扣是指企业为促进商品销售而给予的价格扣除。例如，企业为鼓励购货方多买商品，可能规定购买一定数量的商品给予购货 15% 的折扣，即购货方只需要支付原价格的 85%。此外，对于一些残次、陈旧、冷门的商品，企业也可能降价（即商业折扣）销售。商业折扣在销售前即已发生，并不构成最终交易价格的一部分，企业应当按照扣除商业折扣后的金额确定商品销售价格和销售商品收入金额。

（2）现金折扣。现金折扣是指在赊销的方式下，企业（债权人）为鼓励购货方（债务人）在规定的期限内付款，而向购货方提供的债务扣除。现金折扣一般用符号“折扣率/付款期限”表示，例如，“5/10，2/20，N/30”表示：销货方允许购货方最长的付款期限（信用期限）为30天，如果客户在10天内付款，销货方可按商品售价给予5%的折扣；如果购货方在11～20天内付款，销货方可按商品售价给予2%的折扣；如果购货方在21～30天内付款，将不能享受现金折扣。

对现金折扣的处理应遵循收入准则的规定，对客户是否会在折扣期内付款进行判断，即对企业未来能够收到的金额进行判断，按照最可能发生的金额记录应收账款和收入。

【例7－4】泰山公司为增值税一般纳税人，20×3年9月1日销售A商品2 000件并开具增值税专用发票，每件商品的标价为500元（不含增值税），A商品适用的增值税税率为13%；每件商品的实际成本为300元；由于是成批销售，泰山公司给予客户10%的商业折扣，并在销售合同中规定现金折扣条件为2/10，N/30；A商品于9月1日发出，商品控制权在同一天转移，该项销售业务属于在某一时点履行的履约义务。泰山公司判断该现金折扣对客户很有吸引力，客户极可能在10天内付款。假定计算现金折扣不考虑增值税。

本例涉及商业折扣和现金折扣问题，发票上的售价应该为扣除商业折扣的金额900 000元（500×2 000－500×2 000×10%），增值税销项税额为117 000元（900 000×13%）。对于现金折扣，由于甲公司判断该现金折扣对客户很有吸引力，客户有极大的可能会在10天内付款。因此，应确认的销售收入为882 000元［900 000×(1－2%)］。泰山公司应编制如下会计分录：

（1）9月1日销售实现时，按最可能发生的金额确认收入：

借：应收账款	999 000	
贷：主营业务收入		882 000
应交税费——应交增值税（销项税额）		117 000
借：主营业务成本	600 000	
贷：库存商品		600 000

（2）9月9日收到货款时：

借：银行存款	999 000	
贷：应收账款		999 000

若客户于9月底付款，则应按全额付款，收到货款时，泰山公司应编制如下会计分录：

借：银行存款	1 017 000	
贷：应收账款		999 000
主营业务收入		18 000

3. 销售退回的账务处理

销售退回是指企业因售出商品在质量、品种、规格等方面不符合销售合同规定条款的要求，客户要求企业予以退货。企业销售商品发生退货，表明企业履约义务的减少和客户商品控制权及其相关经济利益的丧失。已确认销售商品收入的售出商品发生销售退回的，除属于资产负债表日后事项的外，企业应在收到退回的商品时，借记“主营业务收入”“应交税费——应交增值税（销项税额）”科目，贷记“银行存款”“应收票据”“应收账款”等科目。收到退回商品验收入库时，按照商品成本，借记“库存商品”科目，贷记“主营业务成本”科目。

属于资产负债表日后事项的销售退回是指资产负债表日及之前售出的商品在资产负债表日至财务会计报告批准报出日之间发生的退回。对这类退回，应作为资产负债表日后发生的调整事项，冲减报告年度的收入、成本和相关的税金。

【例7-5】泰山公司于20×3年5月20日销售A商品一批，增值税专用发票上注明售价为350 000元，增值税税额为45 500元，该批商品成本为240 000元。A商品于20×3年5月20日发出，客户于5月27日付款。该项业务属于在某一时点履行的履约义务并确认销售收入。20×3年9月16日，该商品质量出现严重问题，客户将该批商品全部退回给泰山公司且泰山公司同意退货，于退货当日支付了退货款，并按规定向客户开具了增值税专用发票（红字）。假定不考虑其他因素，泰山公司应编制如下会计分录：

（1）20×3年5月20日确认收入时：

借：应收账款	395 500	
贷：主营业务收入		350 000
应交税费——应交增值税（销项税额）		45 500
借：主营业务成本	240 000	
贷：库存商品		240 000

（2）20×3年5月27日收到货款时：

借：银行存款	395 500	
贷：应收账款		395 500

（3）20×3年9月16日销售退回时：

借：主营业务收入	350 000	
应交税费——应交增值税（销项税额）	45 500	
贷：银行存款		395 500

借：库存商品 240 000

　　贷：主营业务成本 240 000

4. 销售材料等存货的账务处理

对于不需用的原材料、包装物等存货，企业也可以对外销售，这些日常活动仍属于企业的销售业务，需要确认收入且收入的确认和计量原则比照商品销售。企业销售原材料、包装物等存货使用的账户为其他业务收入和其他业务成本。

【例7-6】 泰山公司向乙公司销售一批原材料，开具的增值税专用发票上注明售价为100 000元，增值税税额为13 000元；泰山公司收到乙公司支付的款项存入银行；该批原材料的实际成本为90 000元；乙公司收到原材料并验收入库。

本例中泰山公司已经收到乙公司支付的货款，乙公司收到原材料并验收入库。因此，该项业务为单项履约义务且属于在某一时点履行的履约义务。泰山公司应编制如下会计分录：

（1）确认收入时：

借：银行存款 113 000

　　贷：其他业务收入 100 000

　　　　应交税费——应交增值税（销项税额） 13 000

（2）转原材料成本：

借：其他业务成本 90 000

　　贷：原材料 90 000

（二）在某一时段内履行履约义务确认收入

对于在某一时段内履行的履约义务，企业应当在该段时间内按照履约进度确认收入，履约进度不能合理确定的除外。企业应当考虑商品的性质，采用产出法或投入法确定恰当的履约进度。

1. 产出法

产出法主要是根据已转移给客户的商品对于客户的价值确定履约进度，主要包括按照实际测量的完工进度、评估已实现的结果、已达到的里程碑、时间进度、已完工或交付的产品等确定履约进度的方法。企业在评估是否采用产出法确定履约进度时，应当考虑所选择的产出指标是否能够如实地反映向客户转移商品的进度。

产出法是直接计量已完成的产出，一般能够客观地反映履约进度。当产出法所需要的信息无法直接通过观察获得时，或者为获得这些信息需要花费很高的成本时，可采用投入法。

2. 投入法

投入法主要是根据企业履约的投入确定履约进度，主要包括已投入的材料数量、花费的人工工时或机器工时、发生的成本和时间进度等投入指标确定履约进度。实务中，企业通常按照累计实际发生的成本占预计总成本的比例（即成本法）确定履约进度，累计实际发生的成本包括企业向客户转移商品过程中所发生的直接成本和间接成本，如直接人工、直接材料、分包成本以及其他与合同相关的成本。

当企业从事的工作或发生的投入是在整个履约期间内平均发生时，按照直线法确认收入是合适的。

当履约进度不能合理确定时，企业已经发生的成本预计能够得到补偿的，应当按照已经发生的成本金额确认收入，直至履约进度能够合理确定为止。

履约期间，企业发生的履约成本费用借记“合同履约成本”等科目，贷记“银行存款”“原材料”“应付职工薪酬”“累计折旧”等科目；会计期末按照产出法或投入法确定收入，借记“应收账款”等科目，贷记“主营业务收入”科目；同时按照一定的规则将归集的合同履约成本转入“主营业务成本”科目，借记“主营业务成本”科目，贷记“合同履约成本”科目。

【例7-7】泰山公司为增值税一般纳税人，装修服务适用增值税税率为9%。20×3年12月1日，泰山公司与乙公司签订一项为期3个月的装修合同，合同约定装修价款为500 000元，增值税税额为45 000元，装修费用每月末按完工进度支付。20×3年12月31日，经专业测量师测量后，确定该项劳务的完工程度为25%；乙公司按完工进度支付价款及相应的增值税款。截至20×3年12月31日，泰山公司为完成该合同累计发生劳务成本100 000元（假定均为装修人员薪酬），估计还将发生劳务成本300 000元。

假定该业务属于泰山公司的主营业务，全部由其自行完成；该装修服务构成单项履约义务，并属于在某一时段内履行的履约义务；泰山公司按照实际测量的完工进度确定履约进度。

泰山公司应编制如下会计分录：

（1）实际发生劳务成本100 000元：

借：合同履约成本　　　　100 000

　　贷：应付职工薪酬　　　　100 000

（2）20×3年12月31日确认劳务收入并结转劳务成本：

20×3年12月31日确认的劳务收入＝500 000×25%－0＝125 000（元）

借：银行存款　　　　136 250

贷：主营业务收入　125 000

应交税费——应交增值税（销项税额）　11 250

借：主营业务成本　100 000

贷：合同履约成本　100 000

20×4年1月31日，经专业测量师测量后，确定该项劳务的完工程度为70%；乙公司按完工进度支付价款同时支付对应的增值税款。20×4年1月，为完成该合同发生劳务成本180 000元（假定均为装修人员薪酬），为完成该合同估计还将发生劳务成本120 000元。泰山公司应编制如下会计分录：

（1）实际发生劳务成本180 000元：

借：合同履约成本　180 000

贷：应付职工薪酬　180 000

（2）20×4年1月31日确认劳务收入并结转劳务成本：

20×4年1月31日确认的劳务收入＝500 000×70%－125 000＝225 000（元）

借：银行存款　245 250

贷：主营业务收入　225 000

应交税费——应交增值税（销项税额）　20 250

借：主营业务成本　180 000

贷：合同履约成本　180 000

20×4年2月28日，装修完工；乙公司验收合格，按完工进度支付价款同时支付对应的增值税款。20×4年2月，为完成该合同发生劳务成本120 000元（假定均为装修人员薪酬）。泰山公司应编制如下会计分录：

（1）实际发生劳务成本120 000元：

借：合同履约成本　120 000

贷：应付职工薪酬　120 000

（2）20×4年2月28日确认劳务收入并结转劳务成本：

20×4年2月28日确认的劳务收入＝500 000－125 000－225 000＝150 000（元）

借：银行存款　163 500

贷：主营业务收入　150 000

应交税费——应交增值税（销项税额）　13 500

借：主营业务成本　120 000

贷：合同履约成本　120 000

第二节 费　用

费用是指企业在日常活动中发生的、会导致所有者权益减少的、与向所有者分配利润无关的经济利益的总流出。费用主要包括营业成本、税金及附加和期间费用。企业为生产产品、提供劳务等发生的可归属于产品成本、劳务成本等的费用，应当在确认销售商品收入、提供劳务收入等时，将已销售商品、已提供劳务的成本确认为营业成本（包括主营业务成本和其他业务成本）。期间费用包括销售费用、管理费用和财务费用。

费用与成本是既存在密切联系，又相互区别的概念。两者从本质上讲都是企业资源的耗费。两者的差别在于费用与一定的会计期间相联系，而与生产哪一种产品无关。成本是对象化的费用，即服务于特定对象所耗费的资源，如生产成本和劳务成本等。它由某一对象承担，与发生在哪一会计期间无关。对于制造业企业而言，本期为生产产品而耗费的资源经历了从在产品成本（生产成本）到产成品成本（库存商品），再到销售当期的费用（主营业务成本）的一系列演变。在此过程中，未实现销售的在产品成本和产成品成本以存货形态存在，在资产负债表中列示。只有产品实现销售时，附着在产品上的成本才能顺利地转化为主营业务成本，计入销售当期的费用。

一、营业成本

生产费用的核算

营业成本是指企业为生产产品、提供服务等发生的可归属于产品成本、服务成本等的费用，应当在确认销售商品收入、提供服务收入等时，将已销售商品、已提供服务的成本等确认为营业成本。营业成本包括主营业务成本和其他业务成本。

（一）主营业务成本

主营业务成本是指企业销售商品、提供服务等经常性活动所发生的成本。企业一般在确认销售商品、提供服务等主营业务收入时，或在月末，将已销售商品、已提供服务的成本转入主营业务成本。企业应当设置“主营业务成本”科目，用于核算企业因销售商品、提供服务等日常活动而发生的实际成本，该科目按主营业务的种类进行明细核算。

企业结转已销售商品或提供服务成本时，借记“主营业务成本”科目，贷记“库存商品”“合同履约成本”等科目。期末，将主营业务成本的余额转入“本年利润”科目，借记“本年利润”科目，贷记“主营业务成本”科目，结转后，“主营业务成本”科目无余额。

【例7-8】 20×3年5月20日，泰山公司向乙公司销售一批产品，开具的增值税专用发票上注明的价款为400 000元，增值税税额为52 000元；泰山公司已收到乙公司支付的款项452 000元，并将提货单送交乙公司；该批产品成本为300 000元。该项销售业务属于某一时点履行的履约义务。泰山公司应编制如下会计分录：

（1）销售实现时：

借：银行存款	452 000	
贷：主营业务收入		400 000
应交税费——应交增值税（销项税额）		52 000
借：主营业务成本	300 000	
贷：库存商品		300 000

（2）期末，将主营业务成本结转至本年利润时：

借：本年利润	300 000	
贷：主营业务成本		300 000

（二）其他业务成本

其他业务成本是指企业确认的除主营业务活动以外的其他日常经营活动所发生的支出。其他业务成本包括销售材料的成本、出租固定资产的折旧额、出租无形资产的摊销额、出租包装物的成本或摊销额等。

企业应当设置“其他业务成本”科目，核算企业确认的除主营业务活动以外的其他日常经营活动所发生的支出。“其他业务成本”科目按其他业务成本的种类进行明细核算。企业发生的其他业务成本，借记“其他业务成本”科目，贷记“原材料”“周转材料”“累计折旧”“累计摊销”“应付职工薪酬”“银行存款”等科目。期末，“其他业务成本”科目余额转入“本年利润”科目，结转后，“其他业务成本”科目无余额。

【例7-9】 20×3年7月1日，泰山公司销售一批原材料，开具的增值税专用发票上注明的价款为20 000元，增值税税额为2 600元，款项已由银行收妥。该批原材料的实际成本为10 000元。该项销售业务属于某一时点履行的履约义务。该公司应编制如下会计分录：

（1）销售实现时：

借：银行存款	22 600	

贷：其他业务收入　　20 000
　　应交税费——应交增值税（销项税额）　　2 600
借：其他业务成本　　10 000
　　贷：原材料　　10 000
（2）期末，将其他业务成本结转至本年利润时：
借：本年利润　　10 000
　　贷：其他业务成本　　10 000

【例7－10】20×3年3月4日，泰山公司将自行开发完成的非专利技术出租给一家公司，该非专利技术成本为480 000元，双方约定的租赁期限为10年，泰山公司每月应摊销4 000元［480 000÷(10×12)］。泰山公司每月摊销非专利技术成本时，应编制如下会计分录：

借：其他业务成本　　4 000
　　贷：累计摊销　　4 000

二、税金及附加

税金及附加是指企业经营活动应负担的相关税费，包括消费税、城市维护建设税、教育费附加、资源税、土地增值税、房产税、环境保护税、城镇土地使用税、车船税、印花税等。

企业应当设置“税金及附加”科目，核算企业经营活动发生的消费税、城市维护建设税、教育费附加、资源税、房产税、环境保护税、城镇土地使用税、车船税、印花税等相关税费。其中，按规定计算确定的与经营活动相关的消费税、城市维护建设税、资源税、教育费附加、房产税、环境保护税、城镇土地使用税、车船税等税费，企业应借记“税金及附加”科目，贷记“应交税费”科目。期末，应将“税金及附加”科目余额转入“本年利润”科目，结转后，“税金及附加”科目无余额（见图7－7）。

税金及附加（损益类）

本期经营活动发生的消费税、城市维护建设税、教育费附加、资源税、房产税、城镇土地使用税、车船税、印花税等相关税费发生额	期末结转“本年利润”的本期税金及附加

图7－7　税金及附加账户结构

【例7－11】20×3年9月1日，泰山公司取得应纳消费税的销售商品收入1 000 000元，该商品适用的消费税税率为25%。该公司应编制如下会计分录：

（1）计算确认应交消费税税额：

消费税税额＝1 000 000×25%＝250 000（元）

借：税金及附加　　250 000
　　贷：应交税费——应交消费税　　250 000

（2）实际交纳消费税时：

借：应交税费——应交消费税　　250 000
　　贷：银行存款　　250 000

【例7－12】20×3年10月，泰山公司当月实际缴纳的增值税500 000元、消费税100 000元，适用的城市维护建设税税率为7%，教育费附加征收比率为3%，市维护建设税、教育费附加有关的会计分录如下：

（1）计算确认应交城市维护建设税和教育费附加时：

城市维护建设税＝(500 000＋100 000)×7%＝42 000（元）

教育费附加＝(500 000＋100 000)×3%＝18 000（元）

借：税金及附加　　60 000
　　贷：应交税费——应交城市维护建设税　　42 000
　　　　　　　　——应交教育费附加　　18 000

（2）实际交纳城市维护建设税和教育费附加时：

借：应交税费——应交城市维护建设税　　42 000
　　　　　　——应交教育费附加　　18 000
　　贷：银行存款　　60 000

三、期间费用

期间费用是指企业日常活动发生的不能计入特定核算对象的成本，而应计入发生当期损益的费用。由于期间费用不直接发生在产品生产过程中，很难判断所归属的产品是谁，但却比较容易确定发生的期间，因而期间费用不计入有关核算对象的成本，而是直接计入当期损益。期间费用包括管理费用、销售费用和财务费用。

期间费用的核算

（一）管理费用

管理费用是指企业为组织和管理生产经营发生的各种费用，包括企业在筹建期间内发生的开办费、董事会和行政管理部门在企业的经营管理中发生的以及应由企业统一负担的公司经费（包括行政管理部门职工薪酬、物料消耗、低值易耗品摊销、办公费和差旅费等），行政管理部门负担的工会经费、董事会费（包括董事会成员津贴、会议费和差旅费等）、聘请中介机构费、咨询费（含顾问费）、诉讼费、业务招待费、技术转让费、研究费用等。企业行政管理部门发生的固定资产修理费用等后续支出，也作为管理费用核算。

企业应设置“管理费用”科目，核算管理费用的发生和结转情况。“管理费用”科目借方登记企业发生的各项管理费用，贷方登记期末转入“本年利润”科目的管理费用，结转后，“管理费用”科目应无余额。“管理费用”科目按管理费用的费用项目进行明细核算（见图7-8）。

管理费用（损益类）

本期为组织和管理生产经营发生的各种费用	期末结转“本年利润”的本期管理费用

图7-8　管理费用账户结构

【例7-13】 20×3年5月5日，泰山公司发生业务招待住宿费100 000元，取得的增值税专用发票上注明的增值税税额为6 000元，已用银行存款支付全部款项。该公司应编制如下会计分录：

借：管理费用——业务招待费　　100 000
　　应交税费——应交增值税（进项税额）　　6 000
　　贷：银行存款　　106 000

【例7-14】 泰山公司行政部20×3年5月共发生费用143 000元，其中：行政人员薪酬110 000元，报销行政人员差旅费25 000元（假定报销人员均未预借差旅费），其他办公、水电费8 000元（均用银行存款支付）。假设不考虑增值税等因素，该公司应编制如下会计分录：

借：管理费用　　143 000
　　贷：应付职工薪酬　　110 000
　　　　库存现金　　25 000
　　　　银行存款　　8 000

【例7-15】 20×3年5月30日，泰山公司计提管理部门固定资产折旧60 000元，摊销公司管理部门用无形资产成本90 000元。该公司应编制如下会计分录：

借：管理费用　　150 000

　　贷：累计折旧　　60 000

　　　　累计摊销　　90 000

【例 7－16】承【例 7－13】~【例 7－15】，泰山公司 20×3 年 5 月 31 日将“管理费用”科目余额 393 000 元结转至“本年利润”科目。

该公司应编制如下会计分录：

借：本年利润　　393 000

　　贷：管理费用　　393 000

（二）销售费用

销售费用是指企业销售商品和材料、提供服务的过程中发生的各种费用，包括企业在销售商品过程中发生的保险费、包装费、展览费和广告费、商品维修费、预计产品质量保证损失、运输费、装卸费等以及为销售本企业商品而专设的销售机构（含销售网点、售后服务网点等）的职工薪酬、业务费、折旧费等经营费用。企业发生的与专设销售机构相关的固定资产修理费用等后续支出也属于销售费用。

销售费用是与企业销售商品活动有关的费用，但不包括销售商品本身的成本，该成本属于主营业务成本。

企业应设置“销售费用”科目，核算销售费用的发生和结转情况（见图 7－9）。该科目借方登记企业所发生的各项销售费用，贷方登记期末转入“本年利润”科目的销售费用，结转后，“销售费用”科目应无余额。“销售费用”科目应按销售费用的费用项目进行明细核算。

销售费用（损益类）

本期销售商品和材料、提供服务的过程中发生的各种费用	期末结转“本年利润”的本期销售费用

图 7－9　销售费用账户结构

【例 7－17】泰山公司为增值税一般纳税人，20×3 年 7 月 1 日为宣传新产品发生广告费，取得的增值税专用发票上注明的价款为 200 000 元，增值税税额为 12 000 元，价税款项用银行存款支付。该公司应编制如下会计分录：

借：销售费用——广告费　200 000
　　应交税费——应交增值税（进项税额）　12 000
　　贷：银行存款　212 000

【例7-18】泰山公司为增值税一般纳税人，20×3年7月10日销售一批产品，取得的增值税专用发票上注明的运输费为3 000元，增值税税额为270元，上述款项均用银行存款支付。该公司应编制如下会计分录：

借：销售费用　3 000
　　应交税费——应交增值税（进项税额）　270
　　贷：银行存款　3 270

【例7-19】泰山公司销售部20×3年7月共发生费用340 000元，其中：销售人员薪酬200 000元，销售部专用办公设备和房屋的折旧费70 000元，业务费70 000元（用银行存款支付）。假设不考虑其他因素，该公司应编制如下会计分录：

借：销售费用　340 000
　　贷：应付职工薪酬　200 000
　　　　累计折旧　70 000
　　　　银行存款　70 000

【例7-20】承【例7-17】~【例7-19】，泰山公司20×3年7月31日将“销售费用”科目余额550 000元结转至“本年利润”科目。该公司应编制如下会计分录：

借：本年利润　550 000
　　贷：销售费用　550 000

（三）财务费用

财务费用是指企业为筹集生产经营所需资金等而发生的筹资费用，包括利息支出（减利息收入）、汇兑损益以及相关的手续费（见图7-10）。

财务费用（损益类）

本期为筹集生产经营所需资金等而发生的筹资费用	期末结转“本年利润”的本期销售费用，以及应冲减财务费用的利息收入等

图7-10　财务费用账户结构

企业应设置“财务费用”科目，核算财务费用的发生和结转情况。“财务费用”科目借方登记企业发生的各项财务费用，贷方登记期末转入“本年利润”科目的财务费用，结转后，“财务费用”科目应无余额。“财务费用”科目应按财务费用的费用项目进行明细核算。

【例 7－21】泰山公司于 20×3 年 12 月 1 日从银行借入生产经营用短期借款 720 000 元，期限 6 个月，年利率为 5%，该借款本金到期后一次归还，利息分月预提，按季支付。该公司应编制如下会计分录：

每月末，预提当月应计利息：720 000×5%/12＝3 000（元）

借：财务费用——利息支出　　3 000

　　贷：应付利息　　3 000

【例 7－22】泰山公司 20×3 年 12 月 30 日收到银行转来的入账通知单，本季度的银行存款利息为 400 元。该公司应编制如下会计分录：

借：银行存款　　400

　　贷：财务费用　　400

【例 7－23】承【例 7－21】~【例 7－22】，20×3 年 12 月 31 日，泰山公司将“财务费用”科目余额 2 600 元结转至“本年利润”科目。该公司应编制如下会计分录：

借：本年利润　　2 600

　　贷：财务费用　　2 600

第三节　利　　润

一、利润构成

利润是企业在一定会计期间的经营成果。利润包括收入减去费用后的净额、直接计入当期利润的利得和损失等。利得是指由企业非日常活动所形成的、会导致所有者权益增加的、与所有者投入资本无关的经济利益的流入。损失是指由企业非日常活动所发生的、会导致所有者权益减少的、与向所有者分配利润无关的经济利益的流出。

利润的形成

利润包括营业利润、利润总额和净利润三个层次。

（一）营业利润

营业利润是企业在一定会计期间内从事生产经营活动取得的利润，是企业利润的主要来源。这一指标能够比较恰当地反映企业管理者的经营业绩。计算公式如下：

营业利润 = 营业收入 − 营业成本 − 税金及附加 − 销售费用 − 管理费用 − 财务费用 + 其他收益 + 投资收益（− 投资损失）+ 公允价值变动收益（− 公允价值变动损失）− 信用减值损失 − 资产减值损失 + 资产处置收益（− 资产处置损失）

其中：

（1）营业收入是指企业经营业务所实现的收入总额，包括主营业务收入和其他业务收入。

（2）营业成本是指企业经营业务所发生的实际成本总额，包括主营业务成本和其他业务成本。

（3）税金及附加是指企业因取得营业收入应由营业收入补偿的各种税金及附加。

（4）销售费用、管理费用、财务费用。销售费用、管理费用、财务费用属于企业的期间费用，是指本期发生的、不能直接或间接归入某种产品成本的，而应直接计入当期损益的各项费用。

（5）其他收益主要是指与企业日常活动相关，除冲减相关成本费用以外的政府补助，以及其他应计入其他收益的内容。

（6）投资收益（或损失）是指企业以各种方式对外投资所取得的收益（或损失）。

（7）公允价值变动收益（或损失）是指企业交易性金融资产等公允价值变动形成的应计入当期损益的利得（或损失）。

（8）信用减值损失是指企业计提各项金融工具信用减值准备所确认的信用损失。

（9）资产减值损失是指企业计提各项资产减值准备所形成的损失。

（10）资产处置收益（或损失）反映企业处置未划分为持有待售的固定资产、在建工程、生产性生物资产及无形资产而产生的处置利得或损失以及出售划分为待售的非流动资产（金融工具、长期股权投资和投资性房地产除外）或处置组（子公司和业务除外）时确认的处置利得或损失，还包括非货币性资产交换中换出非流动资产产生的利得或损失。

（二）利润总额

利润总额是由营业利润、营业外收支净额组成的，其计算公式如下：

利润总额＝营业利润＋营业外收入－营业外支出

其中：

营业外收入是指企业发生的与其日常活动无直接关系的各项利得。营业外支出是指企业发生的与其日常活动无直接关系的各项损失。

（三）净利润

净利润是指企业一定期间的利润总额减去所得税费用后的净额，其计算公式如下：

净利润＝利润总额－所得税费用

其中，所得税费用是指企业确认的应从当期利润总额中扣除的所得税费用。

二、营业外收入与营业外支出

营业外收支是指与企业的日常经营活动无直接关系的各项收支。营业外收支虽然与企业的日常经营活动没有多大关系，具有偶然性和不可预见性，但从企业主体来考虑，同样可以对企业利润总额会产生影响，引起利润总额的增加或减少，属于企业利润总额的组成要素之一。营业外收支包括营业外收入和营业外支出两部分内容。

（一）营业外收入

营业外收入是指企业确认的与其日常活动无直接关系的各项利得。这种收入同营业收入一样，会导致经济利益的流入，最终增加企业的净资产。但与营业收入不同的是，营业外收入并不是企业经营资金耗费所产生的，实际上是企业的一种纯收入，即经济利益的净流入，不需要与有关的费用进行配比。因此，应当严格区分营业收入和营业外收入的界限。

1. 营业外收入的核算内容

营业外收入是指企业发生的与其日常活动无直接关系的各项利得，主要包括非流动资产毁损报废收益、与企业日常活动无关的政府补助、确实无法支付的应付账款、盘盈利得、捐赠利得等。

2. 营业外收入的账务处理

企业应设置“营业外收入”科目，核算营业外收入的取得及结转情况（见图7－11）。该科目贷方登记企业确认的营业外收入，借方登记期末将“营业外收入”科目余额转入“本年利润”科目的营业外收入，结转后“营业外收入”科目无余额。“营业外收入”科目可按营业外收入项目进行明细核算。

营业外收入（损益类）

期末结转“本年利润”的本期营业外收入	确认的营业外收入

图7－11　营业外收入账户结构

【例7－24】 泰山公司将固定资产报废清理的净收益199 900元转作营业外收入，应编制如下会计分录：

借：固定资产清理　　199 900

　　贷：营业外收入——非流动资产毁损报废收益　　199 900

【例7－25】 泰山公司在现金清查中盘盈100元，按管理权限报经批准后转入营业外收入，应编制如下会计分录：

（1）现盘盈时：

借：库存现金　　100

　　贷：待处理财产损溢　　100

（2）批准转入营业外收入时：

借：待处理财产损溢　　100

　　贷：营业外收入　　100

【例7－26】 承【例7－24】和【例7－25】，泰山公司本期营业外收入总额为200 000元，期末结转本年利润，应编制如下会计分录：

借：营业外收入　　200 000

　　贷：本年利润　　200 000

（二）营业外支出

营业外支出是指企业发生的与其日常活动无直接关系的各项损失。这种支出不属于企业生产经营费用，也不产生相应的收入，因而不能与收入相配比，只能直接抵减企业的利润总额。

1. 营业外支出的核算内容

营业外支出主要包括非流动资产毁损报废损失、捐赠支出、盘亏损失、非常损失、罚款支出等。

2. 营业外支出的账务处理

企业应设置“营业外支出”科目，核算营业外支出的发生及结转情况（见图 7－12）。该科目借方登记确认的营业外支出，贷方登记期末将“营业外支出”科目余额转入“本年利润”科目的营业外支出，结转后“营业外支出”科目无余额。“营业外支出”科目可按营业外支出项目进行明细核算。

营业外支出（损益类）

确认的营业外支出	期末结转“本年利润”的本期营业外支出

图 7－12 营业外支出账户结构

【例 7－27】20×3 年 1 月 1 日，泰山公司取得一项价值 1 000 000 元的非专利技术并确认为无形资产，采用直线法摊销，摊销期限为 10 年。2020 年 1 月 1 日，由于该技术已被其他新技术所替代，公司决定将其转入报废处理，报废时已摊销 400 000 元，未计提减值准备。该公司应编制如下会计分录：

借：累计摊销　　400 000
　　营业外支出　　600 000
　　贷：无形资产　　1 000 000

【例 7－28】泰山公司发生原材料自然灾害损失 170 000 元，经批准全部转作营业外支出。泰山公司对原材料采用实际成本进行日常核算，应编制如下会计分录：

借：营业外支出　　170 000
　　贷：待处理财产损溢　　170 000

【例 7－29】泰山公司用银行存款支付税款滞纳金 30 000 元，应编制如下会计分录：

借：营业外支出　　30 000
　　贷：银行存款　　30 000

【例 7－30】泰山公司本期营业外支出总额为 800 000 元，期末结转本年利润，应编制如下会计分录：

借：本年利润 800 000

　　贷：营业外支出 800 000

三、所得税费用

所得税的计算，首先应按所得税法的规定确定应纳税所得额。企业应纳税所得额与企业会计核算出来的利润总额基本一致，但在一些特殊事项上二者之间存在一些差异。例如，企业购买国库券的利息收入，按企业所得税法的规定，可以免交所得税，不计入应纳税所得额，而会计核算上，将企业购买国债利息收入作为当期投资收益，计入利润总额；又如，企业违法经营的罚款和被没收财物的损失，按企业所得税法的规定，在计算纳税所得额时不作为支出从应纳税所得额中扣除，而从会计核算上看，违法经营的罚款和被没收财物，是企业的一项损失，应从利润中扣除。由于这些差异的存在，在计算应纳税所得额时，一般按下面公式计算：

应纳税所得额 = 税前会计利润 + 纳税调整增加额 − 纳税调整减少额

应交所得税 = 应纳税所得额 × 所得税税率

企业应设置“所得税费用”科目，核算企业所得税费用的确认及其结转情况。期末，应将“所得税费用”科目的余额转入“本年利润”科目，借记“本年利润”科目，贷记“所得税费用”科目，结转后，“所得税费用”科目应无余额（见图 7－13）。

所得税费用（损益类）

确认的所得税费用	期末结转“本年利润”的本期所得税费用

图 7－13　所得税费用账户结构

【**例 7－31**】泰山公司 20×3 年全年利润总额（即税前会计利润）为 10 200 000 元，其中包括本年实现的国债利息收入 200 000 元，所得税税率为 25%。假定泰山公司全年无其他纳税调整因素。按照企业所得税法的有关规定，企业购买国债的利息收入免交所得税，即在计算应纳税所得额时可将其扣除。泰山公司当期所得税的计算如下：

应纳税所得额 = 税前会计利润 − 纳税调整减少额 = 10 200 000 − 200 000 = 10 000 000（元）

当期应交所得税额 = 10 000 000 × 25% = 2 500 000（元）

泰山公司应编制如下会计分录：

借：所得税费用　　2 500 000

　贷：应交税费——应交所得税　　2 500 000

四、本年利润的核算

企业本年度实现的净利润（或发生的净亏损），应通过“本年利润”账户进行核算。本科目属于所有者权益类科目。期末将各损益类账户的余额转入“本年利润”账户，其中，“主营业务收入”“其他业务收入”“其他收益”“营业外收入”等科目的贷方余额分别转入“本年利润”科目的贷方；将“主营业务成本”“其他业务成本”“税金及附加”“销售费用”“管理费用”“财务费用”“信用减值损失”“资产减值损失”“营业外支出”“所得税费用”等科目的余额分别转入“本年利润”科目的借方。“投资收益”“公允价值变动损益”“资产处置损益”科目的净收益转入“本年利润”科目的贷方，将“投资收益”“公允价值变动损益”“资产处置损益”科目的净损失转入“本年利润”科目的借方。

利润的结转

结转后，“本年利润”账户若为贷方余额则表示自年初开始累计实现的净利润，若为借方余额则表示自年初开始累计发生的亏损数。

年末，企业应将“本年利润”账户的全部累计余额，转入“利润分配”账户（见图7－14）。若为净利润，借记“本年利润”账户，贷记“利润分配——未分配利润”账户；若为净亏损，作相反的会计分录。年度结账后，“本年利润”账户无余额。

本年利润（所有者权益类）

期末费用、损失类账户的转入数额 年末，企业将“本年利润”账户的累计贷方余额转入“利润分配——未分配利润”账户	期末各收入、利得类账户的转入数额 年末，企业将“本年利润”账户的累计借方余额转入“利润分配——未分配利润”账户

图7－14　本年利润账户结构

会计期末，结转本年利润的方法有表结法和账结法两种。

1. 账结法

账结法下，每月末均需编制转账凭证，将在账上结计出的各损益类科目的余额结转入“本年利润”科目。结转后“本年利润”科目的本月余额反映当月实现的利润或发生的亏损，“本年利润”科目的本年余额反映本年累计实现的利润或发生的亏损。账结法在各月均可通过“本年利润”科目提供当月及本年累计的利润（或亏损）额，但增加了转账环节和工作量。

2. 表结法

表结法下，各损益类科目每月末只需结计出本月发生额和月末累计余额，不结转到“本年利润”科目，只有在年末时才将全年累计余额结转入“本年利润”科目。但每月末要将损益类科目的本月发生额合计数填入利润表的本月数栏，同时将本月末累计余额填入利润表的本年累计数栏，通过利润表计算反映各期的利润（或亏损）。表结法下，年中损益类科目无须结转入“本年利润”科目，从而减少了转账环节和工作量，同时并不影响利润表的编制及有关损益指标的利用。

无论企业采用账结法还是表结法，年末都必须将本年利润账户的余额转入“利润分配——未分配利润”账户，结转后，“本年利润”账户应无余额。

【例 7－32】泰山公司 20×3 年有关损益类科目的年末余额如表 7－1 所示（该企业采用表结法年末一次结转损益类科目，所得税税率为 25%）。

表 7－1　　泰山公司 20×3 年损益类科目年末余额　　单位：元

科目名称	借或贷	结账前余额
主营业务收入	贷	6 000 000
其他业务收入	贷	700 000
公允价值变动损益	贷	150 000
投资收益	贷	600 000
营业外收入	贷	50 000
主营业务成本	借	4 000 000
其他业务成本	借	400 000
税金及附加	借	80 000
销售费用	借	500 000

续表

科目名称	借或贷	结账前余额
管理费用	借	770 000
财务费用	借	200 000
资产减值损失	借	100 000
营业外支出	借	250 000

公司 20×3 年末结转本年利润，应编制如下会计分录：

（1）将各损益类科目年末余额结转入“本年利润”科目：

①结转各项收入、利得类科目：

借：主营业务收入　　6 000 000
　　其他业务收入　　700 000
　　公允价值变动损益　　150 000
　　投资收益　　600 000
　　营业外收入　　50 000
　　贷：本年利润　　7 500 000

②结转各项费用、损失类科目：

借：本年利润　　6 300 000
　　贷：主营业务成本　　4 000 000
　　　　其他业务成本　　400 000
　　　　税金及附加　　80 000
　　　　销售费用　　500 000
　　　　管理费用　　770 000
　　　　财务费用　　200 000
　　　　资产减值损失　　100 000
　　　　营业外支出　　250 000

（2）经过上述结转后，“本年利润”科目的贷方发生额合计 7 500 000 元减去借方发生额合计 6 300 000 元，即为利润总额（税前会计利润）1 200 000 元。

（3）假设泰山公司 20×3 年度不存在所得税纳税调整因素。

（4）应交所得税 =1 200 000×25% =300 000（元）。

①确认所得税费用：

借：所得税费用　　300 000
　　贷：应交税费——应交所得税　　300 000

②将所得税费用结转入“本年利润”科目：

借：本年利润　　300 000

　　贷：所得税费用　　300 000

（5）将“本年利润”科目年末余额900 000元（1 200 000 - 300 000）转入“利润分配——未分配利润”账户。

借：本年利润　　900 000

　　贷：利润分配——未分配利润　　900 000

利润的分配

五、利润分配的核算

（一）利润分配的内容

利润分配是将企业实现的净利润按照相关法律法规进行分配，以保证所有者的合法权益和企业长期、稳定地发展。企业实现的利润应按以下顺序分配：

1. 弥补企业以前年度亏损

企业发生的年度亏损，可以用下一年度的税前利润弥补；下一年度税前利润不足弥补的，可以在5年内延续弥补。超过规定的税前利润弥补亏损的期限，企业可以用税后利润弥补亏损。企业以税前利润或税后利润弥补亏损时，无须编制专门的会计分录，只需将税后利润从“本年利润”科目转入“利润分配——未分配利润”科目，就可以自动弥补以前年度的亏损。企业也可以用盈余公积补亏，企业用盈余公积补亏时，应借记“盈余公积”科目，贷记“利润分配——盈余公积补亏”科目。

2. 提取法定盈余公积金

根据《公司法》规定，公司制企业应按税后利润或弥补亏损后的净利润的10%提取法定盈余公积金，其他企业可以根据需要确定提取比例，但至少应当按10%提取。企业提取的法定盈余公积金已达注册资本的50%时可不再提取。值得注意的是，如果以前年度未分配利润有盈余（即年初未分配利润余额为正数），在计算提取法定盈余公积的基数时，不应包括企业年初未分配利润；如果以前年度有未弥补的亏损（即年初未分配利润余额为负数），应先弥补以前年度亏损再提取盈余公积。

3. 提取任意盈余公积金

公司制企业提取法定盈余公积金后，经过股东会或股东大会决议，可以提取任意盈余公积金，其他企业也可以根据需要提取任意盈余公积金，任意盈余公积的计提比例由企业视情况而定。

4. 向投资者分配利润

企业实现的净利润在扣除上述项目后，再加上期初未分配利润，即为可供投资者分配的利润，企业可在此限额内决定向投资者分配利润的具体数额。

（二）利润分配的账务处理

企业应通过“利润分配”科目，核算企业利润的分配（或亏损的弥补）和历年分配（或弥补）后的未分配利润（或未弥补亏损）。该科目应分别“提取法定盈余公积”“提取任意盈余公积”“应付现金股利或利润”“盈余公积补亏”“未分配利润”等进行明细核算。企业未分配利润通过“利润分配——未分配利润”明细科目进行核算。年末，企业应将全年实现的净利润或发生的净亏损，自“本年利润”科目转入“利润分配——未分配利润”科目，并将“利润分配”科目所属其他明细科目的余额，转入“未分配利润”明细科目。结转后，“利润分配——未分配利润”科目如为贷方余额，表示累积未分配的利润金额；如为借方余额，则表示累积未弥补的亏损金额（见图7－15）。

利润分配（所有者权益类）

全年发生的净亏损转入数额；企业按规定提取的公积金；分配给股东或投资者的现金股利或利润	全年实现的净利润转入数额
历年累计的未弥补亏损	历年累计的未分配利润

图7－15　利润分配账户结构

【例7－33】 泰山公司年初未分配利润为0，本年实现净利润2 000 000元，本年提取法定盈余公积200 000元，宣告发放现金股利800 000元，假定不考虑其他因素。泰山公司应编制如下会计分录：

（1）结转本年利润：

借：本年利润　　2 000 000

　　贷：利润分配——未分配利润　　2 000 000

如企业当年发生亏损，则应借记“利润分配——未分配利润”科目，贷记“本年利润”科目。

（2）提取法定盈余公积、宣告发放现金股利：

借：利润分配——提取法定盈余公积　　200 000

——应付现金股利或利润　　800 000

贷：盈余公积　　200 000

应付股利　　800 000

（3）将“利润分配”科目所属其他明细科目的余额结转至“利润分配——未分配利润”明细科目：

借：利润分配——未分配利润　　1 000 000

贷：利润分配——提取法定盈余公积　　200 000

——应付现金股利或利润　　800 000

年末利润分配之后，只有“利润分配——未分配利润”明细科目有余额。本例中，“利润分配——未分配利润”明细科目的余额在贷方，贷方金额为1 000 000 元（本年利润 2 000 000 – 提取法定盈余公积 200 000 – 应付现金股利 800 000），即为泰山公司本年年末的累积未分配利润。

需要注意的是，企业实现的净利润（或净亏损）经过一系列分配之后的结余部分，就是企业的未分配利润（或未弥补亏损）。由于企业的生产经营活动是连续不断的，当年的未分配利润（或未弥补亏损）结转到下一年度，与下一年度的净利润（或净亏损）一起参加分配。分配之后的结余额又形成新的未分配利润（或未弥补亏损），因而，“未分配利润”明细账余额实际上反映的是历年的积累数，或表示累计的未分配利润，或表示累计的未弥补亏损数。

本章小结

收入是指企业在日常活动中形成的、会导致所有者权益增加的、与所有者投入资本无关的经济利益的总流入。按照企业从事的日常活动在企业中的重要性，可将收入分为主营业务收入和其他业务收入。企业应当在履行了合同中的履约义务，即在客户取得相关商品控制权时确认收入。收入的计量应该按照分摊至各单项履约义务的交易价格。收入的确认和计量大致分为识别与客户订立的合同、识别合同中的单项履约义务、确定交易价格、将交易价格分摊至各单项履约义务、履行各单项履约义务时确认收入五个步骤。

费用是指企业在日常活动中发生的、会导致所有者权益减少的、与向所有者分配利润无关的经济利益的总流出。费用主要包括营业成本、税金及附加和期间费用。

利润是企业在一定会计期间的经营成果。利润包括收入减去费用后的净额、直接计入当期利润的利得和损失等。利润主要分为营业利润、利润总额和净利润三个层次，其中营业利润是企业利润的主要来源渠道，利润总额由营业利润和营业外收支净额组成，企业的利润总额减去所得税为净利润，它反映利润中有多少最终归于投资者所拥有。

会计思政案例分析

东方金钰财务造假案

东方金钰是一家2005年上市的公司，主营业务是珠宝首饰产品的设计、采购和销售。由于其2016~2018年虚构业务数额巨大，被列为2020年证监稽查的典型违法案例之一。2016年至2018年上半年，东方金钰股份有限公司为完成营业收入、利润总额等业绩指标，伪造翡翠原石采购、销售合同，控制19个银行账户伪造采购、销售资金往来，累计虚构利润3.6亿元。东方金钰相关财务数据如表7-2所示。本案例表明，上市公司系统性财务造假严重影响上市公司质量提高，严重侵害投资者合法权益，是不可触碰的监管“高压线”。

表7-2　　东方金钰相关财务数据　　单位：万元

项目	2016年年报	2017年年报	2018年年报
营业收入	659 154.83	927 662.91	296 097.86
同比增长率（%）	-23.89	40.74	-68.08
营业成本	573 981.28	830 398.82	311 561.54
同比增长率（%）	-27.37	44.67	-62.48
毛利率（%）	12.92	10.48	-5.22

根据以上资料，结合收入、费用利润等相关知识，谈谈对东方金钰财务造假案的看法。

（案例来源：2020年证监稽查20起典型违法案例，http://www.csrc.gov.cn/csrc/c100200/c05c3c60224614884871d98cf84f9f39b/content.shtml；叶钦华，叶凡，黄世忠．收入舞弊的识别与应对——基于东方金钰交易造假的案例分析［J］．财务与会计，2021（15）：36-40.）

第八章　财务报告

学习目的与要求

通过本章的学习，可以了解财务报告的意义和作用，理解财务会计报告的使用者及其用途；掌握财务报告的概念、财务报告的构成内容以及资产负债表、利润表的编制方法；了解现金流量表以及所有者权益变动表的编制方法。初步掌握报表附注及财务报告分析的内容。

第一节　财务报告概述

企业财务报告

一、财务信息的需求分析

从根本上说，企业对外披露财务报告的主要作用在于向财务报告的使用者提供信息，以帮助他们评估其目标的实现情况，并作出是否继续参与企业经营活动的决策。因此，明确使用者及其信息需要对财务报告目标的实现是至关重要的。一般而言，财务报告的使用者主要包括投资者、债权人、政府、职工、供应商和顾客等。

（一）投资人

无论哪一个企业都会有相应的投资者，以股份公司为例：股东和其他投资者，享有收益权和剩余资源所有权等权利，是公司对外财务报告的主要使用者。这些集团既包括只拥有有限资源、分散的个别投资者，又包括势力雄厚、组织良好的大投资机构，如控股公司、保险公司和控股基金会等，也应包括潜在投资者。因为存在企业所有权与经营权的分离，不管从投资人与企业管理当局的委托和代理关系分析，还是股东在股票市场上“买—持—卖”的决策角度，投资人都需要以与公司相关的大量信息为依据。由于投资人不一定亲自参与公司的经营管理，因此需要管理人员定期向他们作书面报告。投资者通过阅读和分析公司所披露的财务状况、经营成果和现金流量变动等信息，可以获悉公司以往及本期的盈利水平和风险状况，从而对未来做出合理预期，并据此对公司股价作出适宜的评价，进而作出理性经济决策。

（二）债权人

债权人是指那些向企业贷款或持有企业债券的组织或个人，以及企业在经营中形成的各种负债的债权人。一般来说，债权人分为短期债权人和长期债权人。短期债权人关注的是企业在短期内的偿债能力。因此他们需要获得企业资产变现能力的信息，如流动比率、速动比率、应收账款周转率等。而长期债权人需要了解企业长期偿债的能力，即企业在未来时期支付本金和利息的能力。这种能力反映在企业预期的财务状况上，亦即企业的资本结构、资产流动性、资产的市场价值和长期的盈利前景，所以有关企业未来前景的预测信息与长期债权人的需要密切相关。

（三）政府及其有关部门

作为社会和经济的组织者和管理者，政府有必要也有权了解企业的各种情况。然而，政府对企业信息的需要程度与其所采用的管理企业的体制直接相关。在采用以行政手段为主的企业管理体制时，企业的行为受到政府的严格控制，企业必须向政府提供大量详细的信息。在采用以市场调节为主的控制手段时，政府往往利用法律来规范企业的行为，政府与企业的关系仅限于执法与守法的关系，政府需要企业直接提供的信息相对较少。政府及其有关部门之所以需要企业提供财务报告是因为：

1. 用来实行宏观经济调控

一般说来，各个国家的政府都在不同的程度上参与国民经济的调节与控制活动。宏观经济决策需要各种信息，其中许多信息来自企业的财务报告。

2. 用于课征企业税收，特别是所得税

许多国家的所得税都是以企业财务报表提供的信息为基本依据，再进行必要的调整计算出来的。在我国，政府课征的所得税、增值税、房产税等都与财务报表数据有关。总之，报表上的信息与政府的税收额、税收政策的制定有着密切的关系。

3. 用于管制某些特定行业

有些关系到国计民生的行业或骨干企业往往是国家直接管理的对象，如铁路、航空、公用事业、银行、保险公司、石油公司、军工企业等。在大多数情况下，这些行业的产品或服务价格往往由政府根据财务报表上的成本数据加以确定。

（四）职工

由于与企业利益有着密切的联系，职工总是希望在能够长期保持盈利的企业中工作，获得较高的工资报酬和拥有良好的工作环境及福利条件等。财务报告能够帮助职工评估企业的经济地位、存在的风险和发展的潜力，并由此推断就业、提薪和升职的可能性。这些决策影响国民经济中人力资源的分配。工会和职工个人还可能利用财务报告数据，作为签订报酬契约的基础，或作为提薪和提高福利待遇的理由。

（五）供应商和顾客

作为供应商，他们关注的是企业长期经营的能力、商业信用和偿债能力等。财务报告在帮助供应商评估企业长期生存能力、偿债能力等方面发挥重大的作用。

顾客往往需要了解企业长期供应商品的能力、产品价格、成本和性能以及售后服务等。财务报告信息能够帮助顾客预测企业生存与发展的可能性，评估产品价格的合理性与售后继续提供维修、调换等服务的能力等。

二、财务报告的含义及构成

财务报告，是指企业对外提供的反映企业某一特定日期财务状况和某一会计期间经营成果、现金流量的报告文件。会计作为一个以提供财务信息为主的经济信息系统，其基本目标是提供有助于人们进行经济控制和经济决策的财务信息及其他有关信息，而编制财务报告则是会计提供信息的主要手段。

财务报告包括财务报表和其他应当在财务报告中披露的相关信息和资料。在我国，按照财政部颁布的《企业会计准则》规定，财务报告分为年报、半年报、季报和月报几种。财务报表是企业财务报告的核心，财务报表由报表本身及其附注两部分构成。

年度财务报表至少应当包括下列组成部分：

（1）资产负债表；

（2）利润表；

（3）现金流量表；

（4）所有者权益（或股东权益，下同）变动表；

（5）附注。

半年报、季报和月报称为中期报告，中期财务报告至少应当包括资产负债表、利润表、现金流量表和报表附注。

资产负债表是财务报表的核心，主导了财务报表的报表体系。利润表、现金流量表和所有者权益变动表都是对资产负债表数据的进一步细化和说明。利润表用来解释净利润的产生过程和综合收益总额的构成，其数据对应于资产负债表中的留存收益和其他综合收益等项目，作为留存收益产生过程的详细解释说明。

所有者权益变动表用来解释所有者权益年末数与年初数的差异形成过程，主要反映资产负债表所有者权益各明细项目的增减变化和结构变化。

现金流量表则是对净利润数据的补充，同时也是解释资产负债表货币资金等（现金与现金等价物）年度变化情况以及结构变化情况，是资产负债表和利润表的数据补充。

三、财务报表的分类

（一）按反映内容不同，可以分为静态财务报表和动态财务报表

静态财务报表是指综合反映某一特定时点上的静态财务状况的报表，如资产负债表；动态财务报表是指反映企业一定时期内动态的经营成果、现金流量等会计信息的报表，如利润表、现金流量表等。

（二）按照编报的时间不同，可以分为中期财务报表和年度财务报表

中期财务报表包括月份、季度、半年期财务报表。中期财务报表的内容可根据要求适当简化。年度财务报表是全面反映企业整个会计年度的经营成果、现金流量情况及年末财务状况的财务报表。企业每年年底必须编制完整的财务报表并报送给财务信息的需求者。

（1）月报是每个月度终了时编制的报表。

（2）季报是季度终了时编制的报表，上市公司应于季度终了后30天内对外提供。

（3）半年报是每个会计年度的前6个月结束后编制的报表，上市公司应

当于年度中期结束后60天内对外提供。

（4）年报是年度终了时编制的报表，全部报表在年度终了时均应编报，上市公司应当于年度终了后4个月内对外提供。

月报和季报的编报要求简明扼要、反映及时；年报的编报要求揭示完整、反映全面；半年报在会计信息的详细程度方面，介于月报和年报之间。

上述月报、季报和半年报也可称为中期财务报告，也就是说，凡短于一个完整的会计年度的报告期间，均可称为中期；以中期为基础编制的财务报告均属于中期财务报告。

（三）按编报的会计主体不同，分为个别财务报表和合并财务报表

个别财务报表是指在以单个企业为会计主体，根据账簿资料编制的报表，用以反映会计主体本身的财务状况和经营成果和现金流量情况；合并财务报表是以母公司和子公司组成的企业集团为一个会计主体，以母公司和子公司单独编制的个别财务报表为基础，由母公司编制的综合反映企业集团经营成果、财务状况及其资金变动情况的财务报表。

（四）按服务对象，可以分为对外报表和内部报表

对外报表是企业必须定期编制、定期向上级主管部门、投资者、财税部门、债权人等报送或按规定向社会公布的财务报表。这是一种主要的、定期的、规范化的财务报表。它要求有统一的报表格式、指标体系和编制时间等，本章所讲述的资产负债表、利润表、现金流量表和所有者权益变动表等财务报表均属于对外报表。内部报表是企业根据其内部经营管理的需要而编制的，供其内部管理人员使用的财务报表。它不要求统一格式，没有统一指标体系，如成本报表属于内部报表。

四、财务报表列报的基本要求

如同日常交易和事项的确认、计量要遵守统一的会计标准一样，作为会计核算体系中必要组成部分的财务报表列报也不例外。财务报表应当提供什么会计信息，具体的会计信息如何编报，这些都要按照统一的会计标准。根据我国企业会计准则的规定，企业编制财务报表，应当遵守以下基本要求：

（一）依据各项会计准则确认和计量的结果编制财务报表

企业应当根据实际发生的交易和事项，遵循各项具体会计准则的规定进

行确认和计量，并在此基础上编制财务报表。对于遵守的承诺，企业应当在附注中对这一情况作出文字性描述，即“遵循了企业会计准则”。

（二）列报基础

企业编制财务报表的基础是持续经营。持续经营是会计的基本前提，之所以需要假定企业持续经营，是因为只有在持续经营的假定前提，跨期业务才可以在前后多个期间得以合理确认、计量与报告。会计准则规范的是持续经营条件下企业对所发生交易和事项确认、计量及报表列报；相反，如果企业经营出现了非持续经营，应当采用其他基础编制财务报表。

非持续经营是企业在极端情况下出现的一种情况，非持续经营往往取决于企业所处的环境以及企业管理部门的判断。一般而言，企业如果存在以下情况之一，则通常表明其处于非持续经营状态：（1）企业已在当期进行清算或停止营业；（2）企业已经正式决定在下一个会计期间进行清算或停止营业；（3）企业已确定在当期或下一个会计期间没有其他可供选择的方案而将被迫进行清算或停止营业。

（三）重要性和项目列报

重要性是企业会计信息质量的一个重要特征。财务报表是通过对大量的交易或其他事项进行处理而生成的，这些交易或其他事项按其性质或功能汇总归类而形成财务报表中的项目。关于项目在财务报表中是单独列报还是合并列报，应当依据重要性原则来判断。总的原则是，如果某项目单个看不具有重要性，则可将其与其他项目合并列报；如具有重要性，则应当单独列报。

重要性是判断项目是否单独列报的重要标准。如果财务报表某项目的省略或错报会影响使用者据此作出经济决策的，则该项目就具有重要性。企业在进行重要性判断时，应当根据所处环境，从项目的性质和金额大小两方面予以判断：一方面，应当考虑该项目的性质是否属于企业日常活动、是否对企业的财务状况和经营成果具有较大影响等因素；另一方面，判断项目金额大小的重要性，应当通过单项金额占资产总额、负债总额、所有者权益总额、营业收入总额、净利润等直接相关项目金额的比重加以确定。

（四）列报的一致性

一致性，即可比性，它是会计信息质量的一项重要质量要求，目的是使同一企业不同期间和同一期间不同企业的财务报表相互可比。为此，财务报表项目的列报应当在各个会计期间保持一致，不得随意变更，这一要求不仅针对财务报表中的项目名称，还包括财务报表项目的分类、排列顺序等方面。

当会计准则要求改变，或企业经营业务的性质发生重大变化后、变更财务报表项目的列报能够提供更可靠、更相关的会计信息时，财务报表项目的列报是可以改变的。

（五）财务报表项目金额间的相互抵销

为了保证财务报表中的会计信息完整性和可比性，财务报表项目应当以总额列报，资产和负债、收入和费用不能相互抵销，即不得以净额列报，但企业会计准则另有规定的除外。

以下两种情况不属于抵销：（1）资产计提的减值准备，实质上意味着资产的价值确实发生了减损，资产项目应当按扣除减值准备后的净额列示，这样才反映了资产当时的真实价值，并不属于上面所述的抵销。（2）非日常活动并非企业主要的业务且具有偶然性，从重要性来讲，非日常活动产生的损益以收入和费用抵销后的净额列示，对公允反映企业财务状况和经营成果影响不大，抵销后反而更能有利于报表使用者的理解。因此，非日常活动产生的损益应当以同一交易形成的收入扣减费用后的净额列示，并不属于抵销。例如，非流动资产处置形成的利得和损失，应按处置收入扣除该资产的账面金额和相关销售费用后的余额列示。

（六）比较信息的列报

为了满足信息使用者的需要，企业在列报当期财务报表时，至少应当提供所有列报项目上一个可比会计期间的比较数据，以及与理解当期财务报表相关的说明。比较信息的列报更能如实地反映企业财务状况、经营成果和现金流量的状况和发展趋势，提高报表使用者的判断与决策能力。

在财务报表项目的列报确需发生变更的情况下，企业应当对上期比较数据按照当期的列报要求进行调整，并在附注中披露调整的原因和性质，以及调整的各项目金额。但是，在某些情况下，对上期比较数据进行调整是不切实可行的，则应当在附注中披露不能调整的原因。

（七）财务报表表首的列报要求

财务报表一般分为表首、正表两部分，其中，在表首部分企业应当概括地说明下列基本信息：（1）编报企业的名称，如企业名称在所属当期发生了变更的，还应明确标明；（2）对资产负债表而言，须披露资产负债表日，面对利润表、现金流量表、所有者权益变动表而言，须披露报表涵盖的会计期间；(3) 货币名称和单位，按照我国企业会计准则的规定，企业应当以人民币作为记账本位币列报，并标明金额单位，如人民币元、人民币万元等；(4) 财务报表是合并财务报表的，应当予以标明。

（八）报告期间

我国现行的会计年度自公历 1 月 1 日起至 12 月 31 日止。因此，在编制年度财务报表时，可能存在年度财务报表涵盖的期间短于一年的情况，比如企业在年度中间（如 3 月 1 日）开始设立等，在这种情况下，企业应当披露年度财务报表的实际涵盖期间及其短于一年的原因，并应当说明由此引起财务报表项目与比较数据不具可比性这一事实。

第二节　资产负债表

资产负债表

一、资产负债表的意义

资产负债表是反映企业某一特定日期财务状况的会计报表，它是根据资产、负债和所有者权益（或股东权益，下同）之间的相互关系，按照一定的分类标准和一定的顺序把企业一定时期的资产、负债和所有者权益各项目予以适当排列，并对日常工作中形成的大量数据进行高度浓缩整理后编制而成的。它表明企业在某一特定日期所拥有或控制的经济资源、所承担的现有义务和所有者对净资产的要求权。

我国资产负债表按账户式反映，其编制原理是资产 = 负债 + 所有者权益。资产负债表分为左方和右方，左方反映资产各项目，自上往下按流动性由强到弱排列；右方列示负债和所有者权益各项目，资产合计等于负债和所有者权益合计。通过账户式资产负债表，反映资产、负债和所有者权益之间的内在关系，并达到资产负债表左方和右方平衡。同时，资产负债表还提供年初数和期末数的比较资料。

二、资产负债表的格式

任何会计报表一般都由三部分内容组成：表首、报表主体和报表附注。

其中，表首包括报表名称、报表编制单位名称、报表编制时间和报表的金额计量单位；报表主体，顾名思义，即会计报表的核心与主体，又称表内；报表附注是对表首和报表主体部分的进一步说明。

资产负债表的格式一般分为账户式和报告式。

1. 账户式资产负债表

账户式资产负债表是以“资产 = 负债 + 所有者权益”这一会计基本等式为基础排列的报表。在这种方式下，企业资产负债表的表内一分为二，左方列示资产，反映企业全部资产的分布及存在形态；右方列示负债和所有者权益，反映全部负债和所有者权益的内容及其结构情况形成，左右相互对称，类似“T”型账户，所以，这种格式的报表称为账户式资产负债表。由于账户式资产负债表是根据基本会计恒等式的规律要求，资产负债表左右双方应当平衡，即资产总计等于负债与所有者权益总计。

账户式资产负债表能够使信息使用者一目了然地了解企业所拥有的经济资源，并清楚这些经济资源的形成渠道。在此基础上，能够较清晰地揭示有关项目之间的内在勾稽关系，便于使用者对资产负债表进行相应的结构分析。在我国，资产负债表采用账户式结构，世界许多国家也普遍采用这一格式。报表分为左右两方，左方列示资产各项目，右方列示负债和所有者权益各项目。

2. 报告式资产负债表

报告式资产负债表是将资产、负债和所有者权益项目采用垂直分列的方式排列。其具体垂直分列又包括两种：（1）依照“资产 - 负债 = 所有者权益”的等式；（2）依照“资产 = 负债 + 所有者权益”的等式；报告式资产负债表的具体格式如表 8 - 1 所示。

表 8 - 1　　资产负债表（报告式）　　单位：元

“资产 - 负债 = 所有者权益”下的报告式		“资产 = 负债 + 所有者权益”下的报告式	
资产：		资产：	
资产各项目	（略）	资产各项目	（略）
资产合计	2 500 000	资产合计	2 500 000
减：负债：		负债：	
负债各项目	（略）	负债各项目	（略）
负债合计	1 500 000	负债合计	1 500 000
所有者权益：		所有者权益：	
所有者权益各项目	（略）	所有者权益各项目	（略）
所有者权益合计	1 000 000	所有者权益合计	1 000 000

报告式资产负债表的优点在于便于编制比较资产负债表，即在一张报表中，除了列示本期的财务状况外，还可以根据需要增设几个栏目，以揭示过去不同时期的财务状况；但其缺点是资产和负债、所有者权益之间的恒等关系不能一目了然。

三、资产负债表的编制方法

我国的资产负债表采用账户式，表内项目按流动性由强到弱排列。

资产负债表各项目均需填列“期末余额”和“上年年末余额”两栏。

资产负债表的“上年年末余额”栏内各项数字，应根据上年年末资产负债表的“期末余额”栏内所列数字填列。如果上年度资产负债表规定的各个项目的名称和内容与本年度不相一致，应按照本年度的规定对上年年末资产负债表各项目的名称和数字进行调整，填入本表“上年年末余额”栏内。

资产负债表的“期末余额”栏主要有以下几种填列方法：

（1）根据总账科目余额填列。如“短期借款”“资本公积”等项目，根据“短期借款”“资本公积”各总账科目的余额直接填列；年报中则可以直接根据“利润分配——未分配利润”科目的期末余额直接填列。

（2）根据几个总账科目的期末余额计算填列，如“货币资金”项目，需根据“库存现金”“银行存款”“其他货币资金”三个总账科目的期末余额的合计数填列；1～11 月未分配利润项目，根据“本年利润”科目期末贷方余额减“利润分配”科目期末借方余额的数额填列（如发生亏损，有未弥补亏损，则应在本项目内以“－”号填列）。

（3）根据明细账科目余额计算填列。如“应付账款”项目，需要根据“应付账款”和“预付账款”两个科目所属的相关明细科目的期末贷方余额计算填列；“预付款项”项目，需要根据“应付账款”科目和“预付账款”科目所属的相关明细科目的期末借方余额减去与“预付账款”有关的坏账准备贷方余额计算填列；“预收款项”项目，需要根据“应收账款”科目和“预收账款”科目所属相关明细科目的期末贷方金额合计填列；“应收账款”项目，需要根据“应收账款”科目和“预收账款”科目所属的相关明细科目的期末借方余额之和，减去“坏账准备”科目的贷方余额填列；“研发支出”项目，需要根据“研发支出”科目所属的“资本化支出”明细科目期末余额计算填列；“应付职工薪酬”项目，需要根据“应付职工薪酬”科目的明细科目期末余额计算填列；“一年内到期的非流动资产”“一年内到期的非流动负债”项目，需要根据相关非流动资产和非流动负债项目的明细科目余额计算填列。

（4）根据总账科目和明细账科目余额分析计算填列。如“长期借款”项目，需要根据“长期借款”总账科目余额扣除“长期借款”科目所属的明细科目中将在一年内到期且企业不能自主地将清偿义务展期的长期借款后的金额计算填列；“其他非流动资产”项目，应根据有关科目的期末余额减去将于一年内（含一年）收回数后的金额计算填列；“其他非流动负债”项目，应根据有关科目的期末余额减去将于一年内（含一年）到期偿还数后的金额计算填列。

（5）根据有关科目余额减去其备抵科目余额后的净额填列。如资产负债表中“应收票据”“应收账款”“长期股权投资”“在建工程”等项目，应当根据“应收票据”“应收账款”“长期股权投资”“在建工程”等科目的期末余额减去“坏账准备”“长期股权投资减值准备”“在建工程减值准备”等备抵科目余额后的净额填列。“投资性房地产”（采用成本模式计量）项目，应当根据“投资性房地产”的期末余额，减去“投资性房地产累计折旧”“投资性房地产减值准备”等备抵科目的余额填列。“固定资产”项目，则应根据“固定资产”科目的期末余额，减去“累计折旧”“固定资产减值准备”等备抵科目的期末余额，以及“固定资产清理”科目期末余额后的净额填列。“无形资产”项目，应当根据“无形资产”科目的期末余额，减去“累计摊销”“无形资产减值准备”等备抵科目余额后的净额填列。

（6）综合运用上述填列方法分析填列。如资产负债表中的“存货”项目，需要根据“原材料”“库存商品”“委托加工物资”“周转材料”“材料采购”“在途物资”“生产成本”“发出商品”“材料成本差异”等总账科目期末余额的分析汇总数，再减去“存货跌价准备”科目余额后的净额填列。

四、资产负债表编制举例

泰山公司20×3年12月31日有关科目的余额如表8－2所示。

表8－2 科目余额表

20×3 年 12 月 31 日　　　　单位：元

科目名称	年初借方余额	期末借方余额	科目名称	年初贷方余额	期末贷方余额
库存现金	2 000	2 000	短期借款	300 000	50 000
银行存款	1 280 000	811 445	应付票据	200 000	100 000
其他货币资金	124 300	7 300	应付账款	953 800	953 800
交易性金融资产	15 000	0	其他应付款	51 000	50 000

续表

科目名称	年初借方余额	期末借方余额	科目名称	年初贷方余额	期末贷方余额
应收票据	246 000	46 000	应付职工薪酬	110 000	180 000
应收账款	300 000	600 000			
坏账准备	-900	-1 800	应交税费	36 600	211 944
预付账款	200 000	100 000	应付股利		32 215.85
其他应收款	5 000	5 000	长期借款	1 600 000	1 160 000
在途物资	225 000	275 000	其中：一年内到期的长期借款	1 000 000	0
原材料	550 000	45 000			
包装物	38 050	38 050			
低值易耗品	50 000	0	实收资本	5 000 000	5 000 000
库存商品	1 716 950	2 216 650	盈余公积	100 000	135 685.15
固定资产	1 750 000	2 651 000	利润分配		
累计折旧	-400 000	-170 000	（未分配利润）	50 000	220 000
工程物资		150 000			
在建工程	1 500 000	578 000			
无形资产	800 000	740 000			
合计	8 401 400	8 093 645	合计	8 401 400	8 093 645

根据表 8-2 的资料，编制泰山公司 20×3 年 12 月 31 日的资产负债表，如表 8-3 所示。

表 8-3 **资产负债表**

会企 01 表

编制单位：泰山公司 20×3 年 12 月 31 日 单位：元

资产	期末余额	年初余额	负债和所有者权益（或股东权益）	期末余额	年初余额
流动资产：			流动负债：		
货币资金	820 745	1 406 300	短期借款	50 000	300 000
交易性金融资产		15 000	交易性金融负债		
应收票据	46 000	24 600	应付票据	100 000	200 000

续表

资产	期末余额	年初余额	负债和所有者权益（或股东权益）	期末余额	年初余额
应收账款	598 200	299 100	应付账款	953 800	953 800
预付款项	100 000	200 000	预收款项	0	0
其他应收款	5 000	5 000	合同负债		
存货	2 574 700	2 580 000	应付职工薪酬	180 000	110 000
合同资产	0	0	应交税费	211 944	36 600
			其他应付款	82 215. 85	51 000
一年内到期的非流动资产			一年内到期的非流动负债		1 000 000
其他流动资产			其他流动负债		
流动资产合计	4 144 645	4 751 400	流动负债合计	1 577 959. 85	2 651 400
			非流动负债：		
非流动资产：			长期借款	1 160 000	600 000
固定资产	2 481 000	1 350 000	应付债券		
在建工程	728 000	1 500 000	预计负债		
无形资产	740 000	800 000	其他非流动负债		
			非流动负债合计	1 160 000	600 000
			负债合计	2 737 959. 85	3 251 400
其他非流动资产			所有者权益：		
非流动资产合计	3 949 000	3 650 000	实收资本	5 000 000	5 000 000
			资本公积		
			其他综合收益		
			盈余公积	135 685. 15	100 000
			未分配利润	220 000	50 000
			所有者权益合计	5 355 685. 15	5 150 000
资产总计	8 093 645	8 401 400	负债和所有者权益总计	8 093 645	8 401 400

第三节 利 润 表

利润表

一、利润表的意义

利润表是反映企业一定期间生产经营成果的会计报表。它是一张动态报表，把一定期间的营业收入与其同一会计期间相关的费用进行配比，以计算出企业一定时期的净利润（或净亏损）。通过利润表提供的不同时期的比较数字（本月数、本年累计数、上年数），可以分析企业今后利润的发展趋势及获利能力，了解投资者投入资本的完整性。由于利润是企业经营业绩的综合体现，又是进行利润分配的主要依据。因此，利润表是企业财务报表中的主要报表。

二、利润表的格式和内容

利润表是依据“利润 = 收入 – 费用 + 直接计入当期利润的利得 – 直接计入当期利润的损失”这一会计等式，按照一定的标准和顺序，将企业一定会计期间的各项收入、费用以及构成利润的各个项目予以适当排列编制而成的。

利润表通常有单步式和多步式两种格式。单步式利润表是通过一次计算得出当期净损益，即将本期实现的所有收入、利得汇集在一起，将本期发生的所有费用、损失也汇集在一起，然后将收入、利得合计减去费用、损失合计，得出本期的经营成果。单步式利润表格式简单，编制方便，也便于报表阅读者理解。但单步式利润表不能揭示收入与费用之间的对照关系，也不便于同行业企业间报表指标的对比。

多步式利润表要通过多步计算确定企业当期的净利润。即：

（1）营业利润 = 营业收入 – 营业成本 – 税金及附加 – 销售费用 – 管理费用 – 财务费用 + 其他收益 + 投资收益（– 投资损失）+ 公允价值变动收益（– 公允价值变动损失）– 信用减值损失 – 资产减值损失 + 资产处置收益（– 资产处置损失）

（2）利润总额 = 营业利润 + 营业外收入 – 营业外支出

（3）净利润（或净亏损）= 利润总额 – 所得税费用

（4）综合收益 = 净利润 + 其他综合收益的税后净额

多步式利润表将收入、费用、利得和损失项目加以归类，分步反映综合收益的构成内容，层次清楚，便于企业前后期报表及不同企业之间会计信息的对比，也有利于预测。

三、利润表的编制方法

由于不同的国家和地区对会计报表的信息要求不完全相同，利润表的结构也不完全相同。但目前比较普遍的利润表的结构有多步式利润表和单步式利润表两种。我国一般采用多步式利润表格式。

按照我国《企业会计准则第 30 号——财务报表列报》的要求，利润表各项目主要根据各损益类科目的发生额分析填列，其编制方法如下：

（1）“营业收入”项目，应根据“主营业务收入”和“其他业务收入”两个科目的发生额之和填列。

（2）“营业成本”项目，应根据“主营业务成本”和“其他业务成本”两个科目的发生额之和填列。

（3）“税金及附加”“销售费用”“管理费用”各项目，分别根据“税金及附加”“销售费用”“管理费用”科目的本期发生额分析填列。

（4）“研发费用”项目，反映企业进行研究与开发过程中发生的费用化支出。该项目应根据“管理费用”科目下的“研发费用”明细科目的发生额分析填列。

（5）“财务费用”项目，应根据“财务费用”科目的发生额分析填列。

其中：“利息费用”项目，反映企业为筹集生产经营所需资金等而发生的应予费用化的利息支出。该项目应根据“财务费用”科目的相关明细科目的发生额分析填列。

“利息收入”项目，反映企业确认的利息收入。该项目应根据“财务费用”科目的相关明细科目的发生额分析填列。

（6）“信用减值损失”项目，应根据“信用减值损失”科目的本期发生额分析填列。

（7）“资产减值损失”项目，应根据“资产减值损失”科目的本期发生额分析填列。

（8）“投资收益”项目，应根据“投资收益”科目的发生额分析填列。如为投资损失，以“－”号填列。

（9）“公允价值变动收益”项目，应根据“公允价值变动损益”科目的发生额分析填列。如为公允价值变动损失，以“-”号填列。

（10）“资产处置收益”项目，应根据“资产处置损益”科目的发生额分析填列；如为处置损失，以“-”号填列。

（11）“营业外收入”项目，应根据“营业外收入”科目的发生额分析填列。

（12）“营业外支出”项目，应根据“营业外支出”科目的发生额分析填列。

（13）“所得税费用”项目，应根据“所得税费用”科目的发生额分析填列。

利润表中“营业利润”“利润总额”“净利润”“综合收益总额”各项目，根据计算结果填列，如为亏损则应以“-”号填列。

报表中的“本期金额”栏反映各项目的本期实际发生数，报表中的“上期金额”栏各项目，反映上期的比较数据。

四、利润表编制举例

资料：泰山公司发行普通股100万股，20×3年度有关损益科目的发生额如表8-4所示。

表8-4　泰山公司20×3年度有关损益科目的发生额　单位：元

科目名称	借方发生额	贷方发生额
主营业务收入		1 000 000
其他业务收入		250 000
主营业务成本	700 000	
其他业务成本	50 000	
税金及附加	2 000	
销售费用	20 000	
管理费用	158 000	
财务费用	41 500	
投资收益		31 500
营业外收入		50 000
营业外支出	19 700	
所得税费用	102 399	

根据上述资料，编制泰山公司利润表如表 8－5 所示。

表 8－5　　　　利润表

会企 02 表

编制单位：泰山公司　　　　20×3 年度　　　　单位：元

项目	本期金额	上期金额
一、营业收入	1 250 000	
减：营业成本	750 000	
税金及附加	2 000	
销售费用	20 000	
管理费用	158 000	
研发费用		
财务费用	41 500	
其中：利息费用	41 500	
利息收入		
加：投资收益（损失以“－”号填列）	31 500	
公允价值变动收益（损失以“－”号填列）		
资产处置收益（损失以“－”号填列）		
信用减值损失（损失以“－”号填列）		
资产减值损失（损失以“－”号填列）		
二、营业利润（亏损以“－”号填列）	310 000	
加：营业外收入	50 000	
减：营业外支出	19 700	
三、利润总额（亏损总额以“－”号填列）	340 300	
减：所得税费用	102 399	
四、净利润（净亏损以“－”号填列）	237 901	
五、其他综合收益的税后利润净额		
六、综合收益总额	237 901	
七、每股收益	0.24	
（一）基本每股收益		
（二）稀释每股收益		

第四节 现金流量表

现金流量表和所有者权益变动表

一、现金流量表概述

现金流量表是反映企业在一定会计期间现金和现金等价物流入和流出的报表。其中，现金是指库存现金、可以随时用于支付的存款；现金等价物是指企业持有的期限短（一般指购买日起，3 个月内到期）、流动性强、易于转换为已知金额现金、价值变动风险很小的投资。例如，企业购买的 3 个月或更短时间内可到期或即可转换为现金的短期债券投资。

1. 现金

现金流量表中的现金，是指企业库存现金以及可以随时用于支付的存款。不能随时用于支付的存款不属于现金。现金主要包括：

（1）库存现金。库存现金是指企业持有可随时用于支付的现金，与“库存现金”账户的核算内容一致。

（2）银行存款。银行存款是指企业存入金融机构、可以随时用于支取的存款，与“银行存款”账户核算内容基本一致，但不包括不能随时用于支付的存款。例如，不能随时支取的定期存款等不应作为现金；提前通知金融机构便可支取的定期存款则应包括在现金范围内。

（3）其他货币资金。其他货币资金是指存放在金融机构的外埠存款、银行汇票存款、银行本票存款、信用卡存款、信用证保证金存款和存出投资款等，与“其他货币资金”账户核算内容一致。

2. 现金等价物

现金等价物，是指企业持有的期限短、流动性强、易于转换为已知金额现金、价值变动风险很小的投资。其中，“期限短”一般是指从购买日起 3 个月内到期，例如，可在证券市场上流通的 3 个月内到期的短期债券等。现金等价物虽然不是现金，但其支付能力与现金的差别不大，可视为现金。例如，企业为保证支付能力，手持必要的现金，为了不使现金闲置，可以购买短期债券，在需要现金时，随时可以变现。

对于流动性很高的投资，是否属于现金等价物，一般应具备以下四个条件，即：①期限短；②流动性强；③易于转换为已知金额的现金；④价值变动风险很小。其中，期限短、流动性强，强调了变现能力，而易于转换为已知金额的现金、价值变动风险很小，则强调了支付能力的大小。现金等价物通常包括3个月内到期的短期债券投资。由于权益性投资变现的金额通常不确定，因而不属于现金等价物。

不同企业现金及现金等价物的范围可能不同。企业应当根据经营特点等具体情况，确定现金及现金等价物的范围。

企业应当根据具体情况，确定现金及现金等价物的范围，一经确定不得随意变更。如果发生变更，应当按照会计政策变更处理。

二、现金流量的分类

现金流量是指一定会计期间企业现金的流入和流出，可以分为三类，即经营活动产生的现金流量、投资活动产生的现金流量和筹资活动产生的现金流量。

1. 经营活动产生的现金流量

经营活动是指企业投资和筹资活动以外的所有交易和事项，包括销售商品或提供劳务、购买商品或接受劳务、收到返还的税费、经营性租赁、支付工资、广告费、交纳各项税款等。各类企业由于行业特点不同，对经营活动的认定存在一定差异。

2. 投资活动产生的现金流量

投资活动是指企业长期资产的购建和不包括在现金等价物范围内的投资及其处置活动。现金流量表中的“投资”既包括对外投资，又包括长期资产的购建与处置。投资活动包括取得和收回投资、购建和处置固定资产、购建和处置无形资产等。通过投资活动产生的现金流量，可以判断投资活动对企业现金流量净额的影响程度。

3. 筹资活动产生的现金流量

筹资活动是指导致企业资本及债务规模和构成发生变化的活动。筹资活动包括发行股票或接受投入资本、分派现金股利、发行和偿还公司债券等。通过筹资活动产生的现金流量，可以分析企业通过筹资活动获取现金的能力。

三、现金流量表的内容和填列方法

1. 内容

我国企业的现金流量表包括正表和补充资料两部分。正表采用报告式的结构，按照现金流量的性质依次分类反映经营活动产生的现金流量、投资活动产生的现金流量和筹资活动产生的现金流量，最后汇总反映企业现金及现金等价物净增加额。

补充资料包括三部分内容：（1）将净利润调节为经营活动的现金流量；（2）不涉及现金收支的投资和筹资活动；（3）现金及现金等价物净增加情况。

2. 填列方法

经营活动产生的现金流量通常可以采用直接法和间接法两种方法反映。

直接法是通过现金收入和现金支出的主要类别反映来自企业经营活动、投资活动、筹资活动的现金流量。采用直接法时，经营活动一般以利润表中的营业收入为起点，调整与经营活动有关项目的增减变动，然后计算出经营活动的现金流量。

间接法是以本期净利润为起点，调整不涉及现金的收入、费用、营业外收支等有关项目的增减变动，据此计算出经营活动的现金流量。在我国，现金流量表正表采用直接法编制，现金流量表的补充资料采用间接法反映经营活动现金流量。

四、现金流量表的基本格式

依据《企业会计准则》的规定，现金流量表的格式如表 8－6 和表 8－7 所示。

表 8－6　　现金流量表

会计 03 表

编制单位：泰山公司　　20×3 年度　　单位：元

项目	行次	上年数	本年数
一、经营活动产生的现金流量：			
销售商品、提供劳务收到的现金	1		
收到的税费返还	2		
收到的其他与经营活动有关的现金	3		
经营活动现金流入小计	4		
购买商品、接受劳务支付的现金	5		
支付给职工以及为职工支付的现金	6		
支付的各项税费	7		

续表

项目	行次	上年数	本年数
支付的其他与经营活动有关的现金	8		
经营活动现金流出小计	9		
经营活动产生的现金流量净额	10		
二、投资活动产生的现金流量：			
收回投资所收到的现金	11		
取得投资收益所收到的现金	12		
处置固定资产、无形资产和其他长期资产所收回的现金净额	13		
处置子公司及其他营业单位收到的现金净额	14		
收到的其他与投资活动有关的现金	15		
投资活动现金流入小计	16		
购建固定资产、无形资产和其他长期资产所支付的现金	17		
投资所支付的现金	18		
取得子公司及其他营业单位支付的现金净额	19		
支付的其他与投资活动有关的现金	20		
投资活动现金流出小计	21		
投资活动产生的现金流量净额	22		
三、筹资活动产生的现金流量：			
吸收投资所收到的现金	23		
借款所收到的现金	24		
收到的其他与筹资活动有关的现金	25		
筹资活动现金流入小计	26		
偿还债务所支付的现金	27		
分配股利、利润或偿付利息所支付的现金	28		
支付的其他与筹资活动有关的现金	29		
筹资活动现金流出小计	30		
筹资活动产生的现金流量净额	31		
四、汇率变动对现金的影响	32		
五、现金及现金等价物净增加额	33		
加：期初现金及现金等价物余额	34		
六、期末现金及现金等价物余额	35		

表8-7 **现金流量表补充资料**

项目	行次	上年数	本年数
1. 将净利润调节为经营活动的现金流量:			
净利润	36		
加:资产减值准备	37		
固定资产折旧	38		
无形资产摊销	39		
长期待摊费用摊销	40		
处置固定资产、无形资产和其他长期资产的损失(减收益)	41		
固定资产报废损失(收益以“-”号填列)	42		
公允价值变动损失(收益以“-”号填列)	43		
财务费用(收益以“-”号填列)	44		
投资损失(收益以“-”号填列)	45		
递延所得税资产减少(增加以“-”号填列)	46		
递延所得税负债增加(减少以“-”号填列)	47		
存货的减少(增加以“-”号填列)	48		
经营性应收项目的减少(减:增加)	49		
经营性应付项目的增加(减:减少)	50		
其他	51		
经营活动产生的现金流量净额	52		
2. 不涉及现金收支的投资和筹资活动			
债务转为资本	53		
一年内到期的可转换公司债券	54		
融资租入固定资产	55		
3. 现金及现金等价物净增加情况			
现金的期末余额	56		
减:现金的期初余额	57		
加:现金等价物的期末余额	58		
减:现金等价物的期初余额	59		
现金及现金等价物净增加额	60	—	

第五节　所有者权益变动表

一、所有者权益变动表的意义

所有者权益变动表应当反映构成所有者权益的各组成部分当期的增减变动情况。当期损益、直接计入所有者权益的利得和损失以及与所有者（或股东，下同）的资本交易导致的所有者权益的变动，应当分别列示。

所有者权益变动表至少应当单独列示反映下列信息的项目：

（1）净利润；

（2）直接计入所有者权益的利得和损失项目及其总额；

（3）会计政策变更和差错更正的累积影响金额；

（4）所有者投入资本和向所有者分配利润等；

（5）按照规定提取的盈余公积；

（6）实收资本（或股本）、资本公积、盈余公积、未分配利润的期初和期末余额及其调节情况。

二、所有者权益变动表的基本格式

依据《企业会计准则第30号——财务报表列报》的规定，所有者权益变动表的格式如表8－8所示。

表8－8　　所有者权益变动表

会企04表

编制单位：　　　　____年度　　　　单位：元

项目	本年金额						上年金额					
	实收资本（或股本）	资本公积	减：库存股	盈余公积	未分配利润	所有者权益合计	实收资本（或股本）	资本公积	减：库存股	盈余公积	未分配利润	所有者权益合计
一、上年年末余额												
加：会计政策变更												

续表

项目	本年金额						上年金额					
	实收资本（或股本）	资本公积	减：库存股	盈余公积	未分配利润	所有者权益合计	实收资本（或股本）	资本公积	减：库存股	盈余公积	未分配利润	所有者权益合计
前期差错更正												
二、本年年初余额												
三、本年增减变动金额（减少以“-”号填列）												
（一）净利润												
（二）直接计入所有者权益的利得和损失												
1. 可供出售金融资产公允价值变动净额												
2. 权益法下被投资单位其他所有者权益变动的影响												
3. 与计入所有者权益项目相关的所得税影响												
4. 其他												
上述（一）和（二）小计												
（三）所有者投入和减少资本												
1. 所有者投入资本												
2. 股份支付计入所有者权益的金额												
3. 其他												
（四）利润分配												
1. 提取盈余公积												
2. 对所有者（或股东）的分配												
3. 其他												
（五）所有者权益内部结转												

续表

项目	本年金额						上年金额					
	实收资本（或股本）	资本公积	减：库存股	盈余公积	未分配利润	所有者权益合计	实收资本（或股本）	资本公积	减：库存股	盈余公积	未分配利润	所有者权益合计
1. 资本公积转增资本（或股本）												
2. 盈余公积转增资本（或股本）												
3. 盈余公积弥补亏损												
4. 其他												
四、本年年末余额												

第六节 附　注

一、附注概述

附注是对资产负债表、利润表、现金流量表和所有者权益变动表等报表中列示项目的文字描述或明细资料，以及对未能在这些报表中列示项目的说明等。附注主要起到两方面的作用：第一，附注的披露，是对资产负债表、利润表、现金流量表和所有者权益变动表列示项目含义的补充说明，以帮助财务报表使用者更准确地把握其含义。例如，通过阅读附注中披露的固定资产折旧政策的说明，使用者可以掌握报告企业与其他企业在固定资产折旧政策上的异同，以便更准确地进行比较。第二，附注提供了对资产负债表、利润表、现金流量表和所有者权益变动表中未列示项目的详细或明细说明。例如，通过阅读附注中披露的存货增减变动情况，财务报表使用者可以了解资产负债表中未单列的存货分类信息。

通过附注与资产负债表、利润表、现金流量表和所有者权益变动表列示项目的相互参照关系，以及对未能在财务报表中列示项目的说明，可以使财务报表使用者全面了解企业的财务状况、经营成果和现金流量以及所有者权益的情况。

二、附注的主要内容

附注是财务报表的重要组成部分。根据《企业会计准则》的规定，企业应当按照如下顺序披露附注的内容：

（一）企业的基本情况

（1）企业注册地、组织形式和总部地址。
（2）企业的业务性质和主要经营活动。
（3）母公司以及集团最终母公司的名称。
（4）财务报告的批准报出者和财务报告的批准报出日。
（5）营业期限有限的企业，还应当披露有关营业期限的信息。

（二）财务报表的编制基础

财务报表的编制基础是指财务报表是在持续经营基础上还是非持续经营基础上编制的。企业一般是在持续经营基础上编制财务报表，清算、破产属于非持续经营基础。

（三）遵循企业会计准则的声明

企业应当声明编制的财务报表符合企业会计准则的要求，真实、完整地反映了企业的财务状况、经营成果和现金流量等有关信息，以此明确企业编制财务报表所依据的制度基础。

（四）重要会计政策和会计估计

企业应当披露采用的重要会计政策和会计估计，不重要的会计政策和会计估计可以不披露。在披露重要会计政策和会计估计时，企业应当披露重要会计政策的确定依据和财务报表项目的计量基础，以及会计估计中所采用的关键假设和不确定因素。

会计政策的确定依据，主要是指企业在运用会计政策过程中所作的对报表中确认的项目金额最具影响的判断，有助于财务报表使用者理解企业选择和运用会计政策的背景，增加财务报表的可理解性。财务报表项目的计量基础，是指企业计量该项目采用的是历史成本、重置成本、可变现净值、现值还是公允价值，这直接影响财务报表使用者对财务报表的理解和分析。

在确定财务报表中确认的资产和负债的账面价值过程中，企业需要对不确定的未来事项在资产负债表日对这些资产和负债的影响加以估计，如企业预计固定资产未来现金流量采用的折现率和假设。这类假设的变动对这些资产和负债项目金额的确定影响很大，有可能会在下一个会计年度内作出重大调整。因此，强调这一披露要求，有助于提高财务报表的可理解性。

（五）会计政策和会计估计变更以及差错更正的说明

企业应当按照会计政策、会计估计变更和差错更正会计准则的规定，披露会计政策和会计估计变更以及差错更正的有关情况。

（六）报表重要项目的说明

企业对报表重要项目的说明，应当按照资产负债表、利润表、现金流量表、所有者权益变动表及其项目列示的顺序，采用文字和数字描述相结合的方式进行披露。报表重要项目的明细金额合计应当与报表项目金额相衔接，主要包括以下重要项目：

应收款项、存货、长期股权投资、投资性房地产、固定资产、无形资产、职工薪酬、应交税费、短期借款和长期借款、应付债券、长期应付款、营业收入、公允价值变动收益、投资收益、资产减值损失、营业外收入、营业外支出、所得税费用、其他综合收益、政府补助、借款费用。

（七）或有和承诺事项、资产负债表日后非调整事项、关联方关系及其交易等需要说明的事项

（八）有助于财务报表使用者评价企业管理资本的目标、政策及程序的信息

第七节　财务报表分析

一、财务报表分析的意义

企业定期编报的财务报表，是企业投资人、债权人、政府有关机构以及企业内部经营管理者等进行决策所必需的信息来源。但是财务报表提供的信息是对企业财务状况、经营成果和现金流量情况的高度概括和综合。要进行

有效的决策，还需要对财务报表提供的数据进一步加工、进行比较、分析、评价和解释，取得与被分析企业相关的经济决策所需要的财务信息，减少决策不当造成的风险。

财务报表分析就是以财务报表和其他相关资料为依据，采用专门的方法，计算、分析、评价企业财务状况、经营成果和现金流量及其变动，目的是了解过去、评价现在、预测未来，为企业内部和外部利益相关者提供决策有用的信息。

二、财务报表分析的方法

财务报表分析的方法主要有比较分析法、比率分析法、趋势分析法、因素分析法等。

（一）比较分析法

比较分析法也称对比分析法，是指通过会计报表项目实际数与基数的对比来揭示实际数与基数的差异，借以了解经济活动的成效和问题的一种分析方法。比较分析法是财务报表分析中常用的一种分析方法。

根据分析的目的和要求不同，对比的基数一般有计划（预算）数、行业平均数、前期实际数或以往年度同期实际数、企业历史先进水平或国内外同行业的先进水平等。

比较分析法只适用于同质指标的对比，例如，资产负债表中某一项目的实际数与其基数对比，利润表中某一项目的实际数与其基数对比。对比时要注意指标之间的可比性，即进行对比的各项指标，在经济内容、计算方法、计算期等方面应当可比。如果指标之间存在不可比因素，应先按可比的口径进行调整，然后再进行比较。

（二）比率分析法

比率分析法是通过计算会计报表中相关指标之间关系的比率，来分析和评价企业的财务状况和经营成果的一种分析方法。比率分析法主要有相关指标比率分析法和结构比率分析法两种。

1. 相关指标比率分析法

相关指标比率分析法是将两个性质不同但又相关的报表项目进行对比，求出其相对数，得到各种财务比率，以揭示会计报表中相关项目间的关系的一种比率分析法。

在实际工作中，即使处于同一行业，由于企业规模不同，单纯将不同企业会计报表中各项目的绝对数金额进行比较，也不一定能说明问题。如果计算相关指标之间的相对数，例如，计算个别企业的资产负债率、销售利润率、成本利润率、存货周转率等，就可以将不同企业的财务状况和经营成果进行比较。相关指标比率分析是财务报表分析的重点和基础。

2. 结构比率分析法

结构比率分析法是指某项经济指标的各个组成部分占总体的百分比。其一般计算公式如下：

结构比率 =（总体中某个组成部分的数额 ÷ 该总体总额）×100%

在会计报表分析中，可以计算某项资产占资产总额的比重，某项负债占负债总额的比重等。通过计算构成比率，可以了解某项经济指标的构成情况及其结构的增减变动情况，分析其构成是否合理等。

（三）趋势分析法

趋势分析法是将企业连续若干期的会计报表中相同的指标进行对比，以揭示某个经济指标在连续几个会计期间内的增减变动情况，据以预测分析对象发展趋势的一种分析方法。

采用趋势分析法，在连续若干期之间进行比较时，可以进行绝对数比较，也可以进行相对数比较；可以选定其中的某一期为基期，其他各期都与该基期的数据进行对比，也可分别以上一期为基期，将下一期与上一期的基数进行对比。

（四）因素分析法

因素分析法是用来确定某项综合性经济指标各构成因素的变动对该综合性指标影响程度的一种分析方法。比较分析法、比率分析法、趋势分析法可以揭示实际数与基数之间的差异，但不能揭示引起差异的因素和各因素的影响程度。采用因素分析法则可以进一步分析差异产生的原因，并揭示相关因素对这一差异的影响程度。

三、财务报表分析运用的主要指标

财务报表分析中，通常计算的指标有反映企业偿债能力、营运能力和盈利能力三大类指标。

（一）反映企业偿债能力的指标

偿债能力的分析包括短期偿债能力分析和长期偿债能力分析两个方面。反映企业短期偿债能力的指标主要有流动比率和速动比率等；反映企业长期偿债能力的指标通常有资产负债率和已获利息倍数等。

1. 流动比率

流动比率是指企业的流动资产总额与流动负债总额的比值。它是衡量企业短期偿债能力最常用的指标。其计算公式如下：

流动比率 = 流动资产 ÷ 流动负债

流动比率越高，说明企业资产的流动性越大、短期偿债能力越强。一般认为，流动比率在 2 左右时，企业的短期偿债能力才会有保证。但是，由于各行业的经营性质、经营模式不同，每个企业的商业模式和理财方式也不同，企业之间合理的流动比率会有较大差别，比较时应综合考虑多方面的因素。

2. 速动比率

速动比率也称酸性测试比率，是指速动资产与流动负债的比值。速动资产是指企业流动资产扣除流动性较差的存货之后的部分。速动比率在衡量短期偿债能力方面的敏感度高于流动比率，是对流动比率的补充，它反映了企业短期内可变现资产偿还流动负债的能力。其计算公式如下：

速动比率 = 速动资产 ÷ 流动负债

速动比率越高，表明企业的短期偿债能力越强。通常认为，速动比率在 1 左右属于正常值。与流动比率一样，不同行业、不同规模和不同经营模式的企业，速动比率会有较大差异。例如，应收账款较少的小型零售企业，速动比率低于 1 是很正常的，而一些赊销业务比重大、应收账款很多的企业，速动比率可能会大于 1。因此，在财务报表分析过程中，对速动比率的分析仍需综合考虑多方面的因素，包括企业历史水平、行业平均水平等。速动资产的具体内容对速动资产的变现力影响很大，其中应收账款的变现能力是影响速动比率可信度的重要因素。

3. 资产负债率

资产负债率也称负债比率，它是指负债总额除以资产总额的百分比。该指标反映资产总额中有多大比例是通过举债筹集的，进而揭示债权人发放贷款的安全程度。其计算公式如下：

资产负债率 =（负债总额 ÷ 资产总额）×100%

对债权人而言，资产负债率越低，其贷款安全程度就越高；资产负债率越高，债权人承担的风险就越大。对股东而言，只要全部资本利润率大于借款利息率，则资产负债率越高，杠杆效应越好。

4. 已获利息倍数

已获利息倍数也称利息保障倍数，是指企业息税前利润与利息费用的比率。其计算公式如下：

$$已获利息倍数=息税前利润\div利息费用$$

其中，息税前利润是指利润表中未扣除利息费用和所得税费用之前的利润。它可以用利润总额加利息费用来测算。对于利润表中没有单独列示“利息费用”的情况，外部报表使用者可以用“净利润+所得税费用+财务费用”或“利润总额+财务费用”的公式进行估算。利息费用是指本期发生的全部利息费用，包括计入财务费用中的利息费用和计入固定资产成本中的利息费用。

已获利息倍数指标反映企业用经营所得支付债务利息的能力。该指标越大，企业支付利息费用的能力就越强。在分析企业的利息保障倍数时，应将该企业的这一指标与本企业历史水平、其他企业、特别是行业平均水平进行比较，以便作出客观评价。

（二）反映企业营运能力（效率）的指标

企业营运能力是指企业运用资产获取收入的能力，通常用各种资产的周转率指标来衡量。衡量企业营运能力的指标主要有存货周转率、应收账款周转率等。

1. 存货周转率

存货周转率（或周转次数）是衡量和评价企业从购入存货、投入生产、到存货售出等各环节运营效率的综合性指标。它是销售成本与存货平均余额的比值，也称存货周转次数。用时间表示的存货周转率就是存货周转天数。其计算公式如下：

$$存货周转率=销售成本\div存货平均余额$$

$$存货周转天数=360（或365）\div存货周转率$$

其中：

$$存货平均余额=(存货期初余额+存货期末余额)\div2$$

一般来讲，存货周转速度越快，存货的占用水平越低，流动性越强，存货转换为现金和应收账款的速度就越快。因此，提高存货周转率可以提高企业资产的变现能力。

有些企业的存货在流动资产中占的比重较大，其周转速度的快慢，不仅反映存货的管理水平，而且直接影响企业的短期偿债能力。因此，在对存货周转率进行分析时，既要分析引起存货数量发生变化的因素，如企业季节性生产的变化、存货金额的变化等，还要对存货结构以及影响存货周转速度的重要项目进行分析。

2. 应收账款周转率

应收账款周转率（或周转次数）是指企业本期发生的赊销净额与同期应收账款平均余额的比值，它是用来衡量应收账款周转速度的指标。用时间表示的应收账款周转速度是应收账款周转天数，也叫平均应收账款回收期，表示企业从取得应收账款的权利到收回款项所需要的时间。其计算公式为：

应收账款周转率 = 赊销净额 ÷ 应收账款平均余额

应收账款周转天数 = 360（或365）÷ 应收账款周转率

其中：

赊销净额 = 销售收入 − 现销收入 − 销售折扣和折让

应收账款平均余额 =（应收账款期初余额 + 应收账款期末余额）÷ 2

式中的应收账款期初余额和期末余额均为未扣除坏账准备的应收账款金额。

实际工作中，企业的赊销收入和现销收入不属于要求披露的内容，因此，外部会计报表使用者在分析应收账款周转率时，可用销售收入净额估算。

一般来说，应收账款周转率越高，平均应收账期越短，应收账款的回收速度越快。分析时，可将本期的应收账款周转率和应收账款周转天数与该企业前期数、行业平均水平或其他类似企业的指标相比较，客观评价和判断该企业应收账款周转速度的快慢。

作为反映企业营运能力的指标，存货周转天数和应收账款周转天数相加，可以得到企业的经营周期。

3. 总资产周转率

总资产周转率计算公式为：总资产周转率 = 销售收入总额 ÷ 平均资产总额。

总资产周转率是指企业在一定时期内销售（营业）收入同平均资产总额的比值。总资产周转率是综合评价企业全部资产的经营质量和利用效率的重要指标。周转率越大，说明总资产周转越快，反映出销售能力越强。

（三）反映企业盈利能力的指标

盈利能力是指企业赚取利润的能力。不论是企业的投资人、债权人，还是企业管理层，都十分重视和关心企业的盈利能力，因为盈利是企业实现利益相关者价值最大化的重要基础。反映企业盈利能力的指标很多，这里重点介绍以下几个指标：

1. 销售利润率

销售利润率是指利润占销售收入的百分比。它表示每100元销售收入带来利润的多少，反映销售收入的收益水平。按照不同的利润指标，可以计算企业的销售毛利率和销售净利率等。销售净利率的计算公式如下：

$$销售净利率 = 净利润 \div 销售收入 \times 100\%$$

2. 净资产收益率

净资产收益率，也称权益报酬率，是指净利润与净资产平均余额的百分比。其计算公式如下：

$$净资产收益率 = 净利润 \div 净资产平均余额 \times 100\%$$

其中：

$$净资产平均余额 = (期初净资产 + 期末净资产) \div 2$$

净资产收益率反映企业所有者投入资本的获利能力，具有很强的综合性。该指标越大，说明所有者投入资本的获利能力越强。

3. 每股收益

基本每股收益即企业利用每股的股东权益做资本在一定时期内（一年、半年）所创造的归股东所有的利益，它反映了一定时期内企业有盈利水平和盈利能力，该数值越大，说明公司盈利能力越强。

$$普通股每股收益 = (税后利润 - 优先股股利)/发行在外的普通股平均股数$$

每股收益通常被用来反映企业的经营成果，衡量普通股的获利水平及投资风险，是投资者等信息使用者据以评价企业盈利能力、预测企业成长潜力进而作出相关经济决策的重要的财务指标之一。

本章小结

财务报告，是指企业对外提供的反映企业某一特定日期财务状况和某一会计期间经营成果、现金流量的报告文件。财务报告分为年报、半年报、季报和月报几种。

年度财务报表至少应当包括下列组成部分：(1) 资产负债表；(2) 利润表；(3) 现金流量表；(4) 所有者权益（或股东权益，下同）变动表；(5) 附注。称为“四表一注”。

半年报、季报和月报称为中期报告，中期财务报告至少应当包括资产负债表、利润表、现金流量表和报表附注。

资产负债表是反映企业某一特定日期财务状况的会计报表，属于静态报表。资产负债表主要反映企业的偿债能力。该表编制的理论依据是“资产=负债+所有者权益”。资产负债表的格式主要有报告式和账户式。我国资产负债表是账户式。资产项目自上往下按流动性由强到弱排列，资产负债表各项目主要根据有关账户期末余额填列。

利润表是反映企业一定期间经营成果的会计报表，属于动态报表。利润表主要反映企业的获利能力。利润表的理论依据是“收入－费用=利润”。利润表的格式主要有单步式和多步式。我国采用多步式。利润表各项目根据相关账户的本期发生额填列。

现金流量表是反映企业在一定会计期间现金和现金等价物流入和流出的报表。现金流量是指一定会计期间企业现金的流入和流出，可以分为三类，即经营活动产生的现金流量、投资活动产生的现金流量和筹资活动产生的现金流量。

所有者权益变动表应当反映构成所有者权益的各组成部分当期的增减变动情况。当期损益、直接计入所有者权益的利得和损失以及与所有者（或股东，下同）的资本交易导致的所有者权益的变动，应当分别列示。

附注是对资产负债表、利润表、现金流量表和所有者权益变动表等报表中列示项目的文字描述或明细资料，以及对未能在这些报表中列示项目的说明等。

财务报表分析就是以财务报表和其他相关资料为依据，采用专门的方法，计算、分析、评价企业财务状况、经营成果和现金流量及其变动，目的是了解过去、评价现在、预测未来，为企业内部和外部利益相关者提供决策有用的信息。财务报表分析的方法主要有比较分析法、比率分析法、趋势分析法、因素分析法等。

财务报表分析中，通常计算的指标有反映企业偿债能力、营运能力和盈利能力三大类指标。

偿债能力的分析包括短期偿债能力分析和长期偿债能力分析两个方面。反映企业短期偿债能力的指标主要有流动比率和速动比率等；反映企业长期偿债能力的指标通常有资产负债率和已获利息倍数等。

企业营运能力是指企业运用资产获取收入的能力，通常用各种资产的周转率指标来衡量。衡量企业营运能力的指标主要有存货周转率、应收账款周转率等。

盈利能力是指企业赚取利润的能力。反映企业盈利能力的指标很多，如销售利润率、净资产收益率等。

会计思政案例分析

可持续发展战略下的财务信息披露——以海尔智家为例

可持续发展是人类对工业文明进程进行反思的结果，是人类为了克服一系列环境、经济和社会问题，特别是全球性的环境污染和广泛的生态破坏，以及它们之间关系失衡所作出的理性选择，“经济发展、社会发展和环境保护是可持续发展的相互依赖互为加强的组成部分”，党中央、国务院把可持续发展作为国家的基本战略，号召全国人民积极参与这一伟大实践。近几年来，在可持续发展的全球性要求下，企业在环境、社会和公司治理方面的实践日益引起人们的重视。国务院国资委、证监会等多个部门出台了一系列政策，从信息披露、公司治理、生态保护等多个角度对企业进行指导。

作为全球化企业的代表之一，海尔智家在可持续发展战略方面一直处于行业的前沿位置，通过绿色低碳发展、ESG（环境、社会、治理）理念融入等举措，不断推动企业的可持续发展进程。海尔智家在其2023年度报告中披露了多个财务报表，包括资产负债表、利润表和现金流量表等。这些报表反映了公司在财务状况、经营活动和资金运作等方面的情况（见表8－9和表8－10），为研究可持续发展战略对会计信息质量的影响提供了重要数据支持。

表8－9　海尔智家股份有限公司2023年年度报告营业收入和营业成本　单位：元

项目	本期发生额		上期发生额	
	收入	成本	收入	成本
主营业务	633 158 770.00	546 305 360.36	335 344 865.65	292 889 261.14
其他业务	87 833 714.07	79 980 358.06	89 317 060.67	77 735 951.48
合计	720 992 484.07	626 285 718.42	424 661 926.32	370 625 212.62

表8－10　海尔智家股份有限公司2023年年度报告利润表及现金流量表相关科目变动分析表

科目	本期数（元）	上年同期数（元）	变动比例（%）
营业收入	261 427 783 050.10	243 578 924 958.47	7.33
营业成本	179 053 959 580.31	167 263 342 432.05	7.05
销售费用	40 978 039 605.37	38 600 298 275.47	6.16

续表

科目	本期数（元）	上年同期数（元）	变动比例（%）
管理费用	11 489 640 885.88	10 846 346 796.51	5.93
财务费用	514 155 779.97	-241 752 219.47	不适用
研发费用	10 221 013 589.28	9 507 384 787.81	7.51
经营活动产生的现金流量净额	25 262 376 228.30	20 256 557 145.86	24.71
投资活动产生的现金流量净额	-17 085 065 181.85	-8 925 734 712.45	不适用
筹资活动产生的现金流量净额	-7 841 032 853.05	-3 900 450 140.92	不适用
其他收益	1 558 864 654.36	1 070 103 842.60	45.67
公允价值变动收益	19 753 663.05	-122 442 933.65	不适用
信用减值损失	-242 642 129.31	-431 377 480.82	不适用
资产处置收益	-15 342 697.67	206 742 815.79	-107.42
营业外支出	295 802 566.43	190 706 969.79	55.11
少数股东损益	135 454 728.88	21 258 126.54	537.19

海尔智家在会计信息披露的实践中展现了多方面的举措和成果，海尔严格遵守了境内外的信息披露监管规定，始终履行信息披露的法定义务。2023年，海尔不仅在提高强制性信息披露水平方面作出了努力，而且加大了对公司战略、战略投资并购项目、公司治理、ESG等境内外投资者和资本市场关注事项的自愿性披露力度。这种自愿性披露不仅包括了基本财务数据和重要经营指标，还涵盖了公司未来发展规划、风险管理、社会责任履行等方面，为投资者和利益相关方提供了更全面、更透明的信息支持。

与此同时，海尔智家在社会责任披露方面也有着显著的表现。公司积极参与健康教育、乡村建设、志愿服务等社区公益事业，并将这些社会责任工作纳入信息披露的范畴中。具体来说，公司通过单独披露社会责任报告、可持续发展报告或ESG报告的方式，向公众和投资者展示了其在社会责任方面的承担和实践。海尔推出了“海洋探索计划”和“种子唤醒计划”，为儿童提供精神关怀和智慧启蒙；深入参与乡村振兴事业，助力美丽乡村建设，提高乡村生产生活水平；积极参与灾情救援与帮扶行动，向受灾群众捐赠物资和现金，展现了海尔智家的社会责任担当和关怀行动。

（案例来源：本案例中的数据来自海尔智家上市公司2023年度财务报告。）

思考：请结合会计信息质量特征，分析可持续发展战略下的企业财务信息质量有什么要求？

参考文献

［1］财政部会计司编写组．企业会计准则汇编2021［M］．北京：经济科学出版社，2021.

［2］财政部会计司编写组．企业会计准则讲解2010［M］．北京：人民出版社，2010.

［3］财政部会计资格评价中心．初级会计实务［M］．北京：经济科学出版社，2021.

［4］葛家澍，唐予华．关于会计定义的探讨（续）［J］．会计研究，1983（10）.

［5］马卡洛夫．会计核算原理［M］．北京：财政出版社，1957.

［6］綦好东，吕玉芹．基础会计［M］．北京：经济科学出版社，2017.

［7］王爱国，韩跃．智能会计概论［M］．北京：高等教育出版社，2021.

［8］王爱国，潘秀芹．会计学原理［M］．北京：经济科学出版社，2019.

［9］杨纪琬，阎达五．开展我国会计理论研究的几点意见——兼论会计学的科学属性［J］．会计研究，1980（1）.

［10］杨时展．会计信息系统说三评——决策论和受托责任论的论争［J］．财会通讯，1992（6）.

［11］余绪缨．现代管理会计是一门有助于提高经济效益的科学［J］．中国经济问题，1983（4）.

［12］赵雪媛．会计学［M］．北京：中国财政经济出版社，2021.

［13］中国注册会计师协会．会计［M］．北京：中国财政经济出版社，2021.

［14］中华人民共和国财政部．企业会计准则：合订本［M］．北京：经济科学出版社，2020.